Nuevas Rutas del Rock

Redbook

EZIO GUAITAMACCHI

Nuevas Rutas del Rock

VIAJE POR LOS LUGARES DE LA MÚSICA

LOOK

Look es una colección creada y dirigida por Dalia Ediciones S.L. (MMA)

Diseño de cubierta:
Regina Richling

Traducción:
Josep Maria Pinto

Compaginación:
Grafime

ISBN: 978-84-948268-5-6

Depósito legal: B-20.987-2018

Impreso por Sagrafic
Pasaje Carsi, 6 08025 Barcelona

Impreso en España - *Printed in Spain*

AGRADECIMIENTOS

Gracias a Filippo Guaitamacchi, mi sobrino preferido, por su excelente trabajo de selección del material fotográfico.
Gracias a Andrea Sparacino por su constante apoyo y su constructiva lectura, y gracias también a su «gemelo», Maurizio Vedovati, presidente más que honorario de mi club de fans.
Gracias a Marco Sbrozi (auténtico entendido en fútbol) por su confianza y entusiasmo.
Gracias a la incansable Sara Giudice por su labor de promoción.
Gracias a Alessandra Tau por la ideación del proyecto gráfico y a Sara Taglialegne por haber desarrollado toda la obra con pasión y profesionalidad.
Finalmente, gracias a toda la familia Hoepli, en particular a Barbara y al gran Ulrico, el más roc-kero de todos.

A la bella Nico,
compañera de viaje (y de vida)
única e insustituible

SUMARIO

2. *Born in the USA, el sonido de la provincia*

3. *La tierra de Albión*

NUEVAS RUTAS DEL ROCK

de Ezio Guaitamacchi

En este *Nuevas Rutas del rock* he querido proponer una serie de itinerarios musicales como los he vivido yo, en el curso del tiempo. El libro, un poco guía turística, un poco enciclopedia, pero principalmente relato de viaje, quiere ser sobre todo un modo de estimular la fantasía y la imaginación del lector, desvelar anécdotas e «historias que han hecho historia», todo ello visto desde la perspectiva de los lugares que han sido testimonio de dichas historias. Desde luego, me sentiría muy agradecido si, además de apreciar la obra, usted, lector, lo utilizara también como punto de partida para uno de sus próximos viajes y, tal vez, me hiciera partícipe del mismo enviándome un resumen o una simple selfie. Así que, queridos viajeros, ya sea con maleta o con la fantasía: ¡«happy trails»!

MIS COMPAÑEROS DE VIAJE

“Si se tuviera que hacer un libro sobre las rutas del rock, ¿quién debería redactarlo? ¿Quién mejor que mi amigo Ezio podía ser 'the Man'? Ezio ha pasado gran parte de su vida recorriendo los caminos del rock, siguiendo los pasos de sus protagonistas, en busca de su historia, de su música. Pienso que pocas personas han tenido su constante curiosidad y su respetuosa paciencia a la hora de abordar, entrevistar y, al final, entablar amistad con las mujeres y los hombres del rock.
En mi carrera, que ya supera los cuarenta años, he conocido y frecuentado a centenares de personas relacionadas profesionalmente con la música; me bastan los dedos de una mano para hacer una lista de los pocos capaces de una auténtica empatía con el artista. Ezio es uno de ellos. Ezio ama la música y ama a quien la hace, simplemente, sin envidia, sin hastío ni frustraciones. Y los artistas lo notan, como siempre lo he notado yo, que ya conozco gran parte de sus historias, porque él me las ha contado, en mi casa, después de almorzar o después de cenar, sólo por el gusto de compartir. Toda la suerte del mundo, Ezio, y que tus rutas del rock dibujen un largo camino.”

Angelo Branduardi

“Delante de Ezio Guaitamacchi siempre siento una sensación de estupor y devoción: es una enciclopedia viva de anécdotas, historias, aventuras del rock. Y cada historia, a través de su modo de contar, adquiere nueva vida, y parece que haya sucedido ayer, como si el tiempo no hubiera pasado.”

Simone Cristicchi

“ Viajar con la música es una experiencia especial. Viajar por la música a los lugares de la música tal vez lo es todavía más. Ezio lo sabe perfectamente y es la persona que conozco más apta para contárnoslo. ”

Niccolò Fabi

“ Ezio Guaitamacchi es una persona apreciable por varios motivos. Si me centro en los que tiene más sentido nombrar aquí, sin duda están sus conocimientos: cantidades considerables de nociones, nombres, datos y anécdotas caracterizan su sabiduría. Este elemento, de hecho, es común a algunos de sus colegas (¿acaso debería decir 'de la vieja escuela'? En parte sí y en parte no), dado que un rasgo que los une es la enorme pasión por el mundo del rock y su mitología, hasta llegar a cumbres de conocimiento delirantes. Pero justamente centrándome en este último aspecto, la mitología, lo que siempre me ha gustado en particular de Ezio es su capacidad evidente de apartarse de las derivas ingenuas que a menudo distorsionan un poco las fantasías de ciertos amantes del rock, en mi opinión demasiado enraizados en el mito allí donde en realidad apenas hay mito. Así, de un lado, Ezio es competente y está dotado de agudeza intuitiva, mientras que del otro lado va bien equipado con el desencanto normal que no le iría nada mal a otros. Y en lo que a mí respecta, esta es una cualidad importante. ”

Cristiano Godano (Marlene Kuntz)

“ Creo que hasta ahora nunca se ha publicado un libro que recorra las rutas del rock, pero justo ahora que está a punto de suceder, me doy cuenta de que, de alguna manera, Ezio ya es un auténtico atlas viviente desde hace tiempo, una especie de cuadro vivo de la historia del rock. He compartido a menudo con él los escenarios de media Italia (la otra mitad la haremos pronto...): durante sus RockFiles intervengo con mi guitarra cuando se citan a nuestros héroes, Neil Young, Bob Dylan, John Lennon, Bob Marley. Y entonces 'arranco' con una canción. ¿Arranco? Sí, arranco. De hecho, las veladas de Mr. Guaitamacchi (gran experto, pero diría que exegeta, hermeneuta de la historia del rock, además de tenista) son auténticos viajes.

Y el viaje es la temática más común en mis canciones ('viaje sin viento'). Cuando trabajamos juntos, a menudo me veo siguiendo sus liturgias, sus pasos, sus relatos, hasta el punto de sumergirme en ellos y olvidarme de que estoy en el escenario con él para cantar. En suma, escenas tipo Tommy, con él como reverendo del rock/Clapton y yo monaguillo/Townshend.
Ezio no está para bromas cuando cuenta historias del rock y, desde su púlpito, contagia a los espectadores, incluso a los 'fieles'. Al final, uno vuelve a estar con los pies en el suelo y el culo en la silla después de haber viajado durante un rato. Y el viaje necesitaba de alguien que nos guiara. ”
Ahora ya lo tenemos.»

Omar Pedrini

MORRISON HOTEL
ROOMS
FROM $ 2.50 UP

1
SOÑANDO CON CALIFORNIA

Una sugestiva exploración de la Costa Oeste, en los lugares que acogieron la mayor revolución artística y cultural del mundo moderno.
Para admirar el San Francisco de los hijos de las flores y su sorprendente bahía, antes de bajar a lo largo de la costa atravesando el Big Sur y llegar a la ciudad de Los Angeles. Y aquí, finalmente, aventurarse por las callejuelas del Laurel Canyon, donde nació aquel rock de autor, poético y político, que hoy sigue más vivo y actual que nunca.

I WANT TO TAKE YOU HIGHER
SAN FRANCISCO DAYS

A mediados de la década de 1960, un barrio semiabandonado de San Francisco, a un paso del Golden Gate Park, se convirtió en el epicentro de la revolución artístico-cultural más relevante, influyente y fascinante del siglo xx. En las espaciosas (y bellísimas) casas victorianas de Haight Street y de las calles de los alrededores, un manojo de «exploradores de la mente humana» dieron vida a una multiplicidad de iniciativas nunca vistas anteriormente, unidas por el lema «peace and love» y apoyadas por una banda sonora formidable. Aún hoy, transitar por Haight-Ashbury en busca de los lugares sagrados significa sumergirse en las buenas vibraciones del rock psicodélico.

Cuando Scott McKenzie cantaba que «por las calles de San Francisco, los muchachos llevan flores en el pelo» pensaba en la zona de **Haight-Ashbury** (o simplemente The Haight, como la llaman todavía hoy los habitantes de la ciudad de la bahía).

Corría el año 1967, el Summer of Love estaba a punto de estallar, pero los primeros hippies ya se aprestaban a dejar su cuartel general porque, como dijo alguien en la época, «más que una flor en el pelo, en San Francisco era mejor moverse con una P38 en el bolsillo».

Se refería al hecho de que, en un plazo muy breve de tiempo, lo que había sido una comunidad artística en busca de valores diferentes y nuevos estilos de vida se estaba transformando rápidamente. Los hijos de las flores marcaban tendencia, el hippismo se había convertido en una moda que había invadido el planeta, y las drogas ya no se consideraban un medio de experimentación para expandir la capacidad de la mente, sino un simple (y peligrosísimo) modo de evasión de la realidad. Incluso antes de la revolución psicodélica, San Francisco había sido una ciudad aventurera, libertaria y experimental. Y no es casual que la música marcara constantemente sus ritmos de vida, sus pulsiones emotivas, las vibraciones de su alma; desde 1850, cuando pasó de ser una simple misión franciscana al epicentro de la más excitante fiebre del oro de la historia (la Gold Rush) y no de los puertos comerciales más ricos de los Estados Unidos.

Casas victorianas en Haight-Ashbury

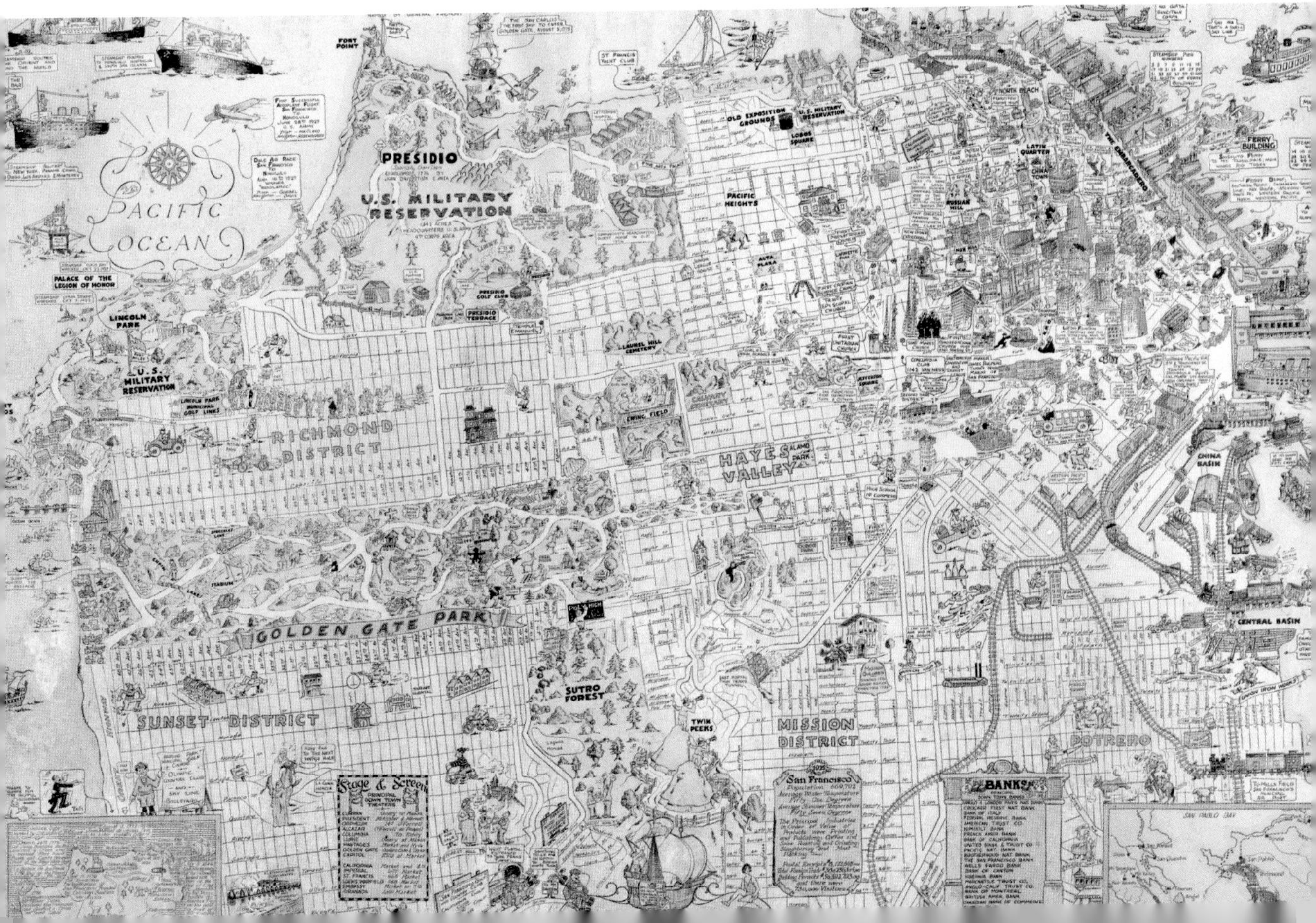

BANDA SONORA

IF YOU'RE GOING TO SAN FRANCISCO (BE SURE TO WEAR SOME FLOWERS IN YOUR HAIR)

Scott McKenzie (1967)

Esta canción nunca cuajó entre los hippies de San Francisco (quizás porque la había escrito John Philips de The Mamas & The Papas, que era de Los Angeles) pero para el resto del mundo fue un himno generacional. «For those who come to San Francisco / Summertime will be a love-in there / In the streets of San Francisco / Gentle people with flowers in their hair». Perfumada.

El terrible terremoto de 1906, que sacudió toda la ciudad, arrasó, entre otros edificios, el Unique Theater de Sid Grauman, en Market Street, uno de los templos más célebres del vodevil del país. Grauman se las ingenió entonces para alquilar una tienda de campaña de un pastor evangelista y

«SAN FRANCISCO ES LA ATLÁNTIDA DEL TERCER MILENIO»

Carlos Santana

la dispuso en un lugar vacío en la esquina entre Post y Steiner. Luego hizo construir paredes alrededor y lo cubrió todo con un techo de aluminio: el teatro y las tres representaciones cotidianas estaban a salvo.

Entre los artistas de Grauman había un tal Al Jolson, una estrella menor del vodevil: Al se pintaba la cara de negro, como los *blackface minstrel*, para hacer creíble su repertorio afroamericano. En el plazo de unos años se convertiría en el *entertainer* más popular de los Estados Unidos. En 1928, en el mismo lugar en el que actuaba Al Jolson, se construyó una instalación para patinaje sobre hielo que, en la década de 1950, se llamaría **Winterland**. A mediados de la década de los sesenta, el Winterland se convirtió en uno de los escenarios más prestigiosos del mundo del rock, gracias a la iniciativa de Bill Graham, que trasladó hasta aquella instalación de mayor capacidad (5.400 plazas) los conciertos que promovía en el Fillmore.

En el Winterland tocaron todas las leyendas de los Sixties, de Jimi Hendrix a Janis Joplin, que justamente tuvo allí un pésimo debut como solista después de abandonar a Big Brother & The Holding Company. En el día de Acción de Gracias de 1976, The Band se despidió de los escenarios junto a invitados excelentes, de Neil Young

El legendario Winterland, donde los Sex Pistols dieron su último concierto y The Band bailó «El último vals» para Martin Scorsese

El emblemático cruce entre Haight y Ashbury Street

a Van Morrison, pasando por Eric Clapton, Joni Mitchell y Bob Dylan, todo ello filmado por el director Martin Scorsese. El documental *The Last Waltz*, que testimonia aquella velada increíble, es uno de los largometrajes rock más hermosos, originales y sugestivos de todos los tiempos.

Un año antes, en el Winterland, Peter Frampton había grabado uno de los directos de mayor éxito de la historia discográfica, *Frampton Comes Alive*. En enero de 1978, los Sex Pistols cerraron justamente en el Winterland su desastrosa gira norteamericana y también su carrera: al finalizar el último tema del repertorio, Johnny Rotten se dirigió al público con la ya famosa frase: «¿Habéis tenido alguna vez la sensación de haber sido engañados?». La noche de fin de año de 1978, Bill Graham decidió cerrar el local con un doble show, Blues Brothers y Grateful Dead. En 1985, el Winterland fue destruido. En su lugar ahora hay edificios de viviendas.

«CUANDO ESTOY EN SAN FRANCISCO ME OLVIDO DE REZAR: ME PARECE ESTAR EN EL PARAÍSO»

Bill Graham

Para el cierre del Winterland, Graham eligió a los Grateful Dead no sólo porque eran su grupo preferido y uno de los primeros que gestionó, sino también porque eran (y quizás lo siguen siendo) la banda que,

LA AVENTURA DE LEVI STRAUSS

Loeb (Levi) Strauss, joven judío de Baviera, había viajado a Nueva York para reunirse con sus hermanos, que tenían un comercio de prendas de vestir. Inmediatamente después siguió las huellas de aquellos locos que se dirigían a California convencidos de que encontrarían oro. Corría el año 1853 cuando Levi se estableció en la antigua misión mexicana llamada San Francisco, a pocas horas de distancia de las zonas mineras que habían desencadenado la Gold Rush. Viendo trabajar a los mineros, recordó un rollo de tela que había llevado desde Europa y podría resultarles útil. Se trataba de un tejido de algodón tosco coloreado de azul (el colorante más barato) que, por su carácter económico y su resistencia, se empleaba para las finalidades más dispares: desde prendas de vestir hasta el palio del altar. Lo llamaban «Azul de Génova». Parecía perfecto para confeccionar pantalones para los mineros. Ante la imposibilidad de abastecerse de materia prima, Strauss se dirigió a las manufacturas francesas de Nimes: el «Bleu Gènes de Nimes» fue desfigurado por los estadounidenses en «Blue jeans Denim». Inicialmente, Levi abrió su comercio en el número 90 de Sacramento Street, cerca de la zona portuaria, en posición estratégicamente favorable para recibir las expediciones de material que llegaban de Nueva York gracias a la actividad comercial de su hermano mayor Jonas. Luego la compañía creció y se convirtió en una auténtica fábrica y, en poco más de treinta años, Levi Strauss se impuso como personalidad destacada de San Francisco. Para muchos, Levi Strauss está considerado uno de los fundadores de la ciudad.

La sede de Levi's (Levis Plaza)

COLONNA SONORA ★★★

SAN FRANCISCAN NIGHTS
Eric Burdon & The Animals (1967)
Un acto de amor por la ciudad de la bahía por parte de un inglés trasplantado aquí y, al mismo tiempo, una canción contra la guerra de Vietnam. Suscitó alguna ironía el verso que hablaba de «noches calientes en San Francisco» (conocida por su clima ventoso), pero al parecer, los Animals, cuando tocaron allí por primera vez y luego compusieron la pieza, habían coincidido con diez días templados y soleados. Afectuoso.

más que ninguna otra, ha encarnado el espíritu de San Francisco.

Hoy, aunque ya no es necesario ponerse una flor en el pelo o llevar una camiseta *tye-dye*, siempre resulta interesante visitar Haight-Ashbury y dejarse caer en la atmósfera de una zona en la que, pese a su pátina turística, parece haberse detenido el reloj hace cincuenta años. Justamente siguiendo las huellas de los Dead comienza un recorrido histórico que no puede más que comenzar en la esquina entre Haight y Ashbury Street,

710 Ashbury, The Grateful Dead House

donde se hallan los carteles con los nombres de las dos calles que se cruzan en forma de X y que, durante años, han sido un icono del San Francisco del flower power. Unos centenares de metros más adelante (710 Ashbury Street), está lo que alguien definió como el «Ayuntamiento de Haight-Ashbury» o «**The Dead House**». Se trata de una graciosa casa victoriana de tres plantas en la que entró, en primer lugar, uno de los mánagers de Grateful Dead, Danny Rifkin. Después de él, uno a uno, todos los miembros del grupo tomaron posesión de las amplias habitaciones de la casa. En octubre de 1967, después de una famosa irrupción de la policía en la que se hallaron tan sólo modestas cantidades de marihuana, fueron arrestados Bob Weir y Pigpen, además de otros personajes del entorno del grupo. Al año siguiente, Jerry Garcia y sus socios dejaron la casa para trasladarse al condado de Marin. Para despedirse de la comunidad de Haight-Ashbury, los Grateful Dead dieron un concierto gratuito actuando sobre la plataforma de un camión.

Hoy, la «Dead House» está pintada de color lila y está a la venta por cerca de un millón y medio de dólares. Enfrente, al otro lado de la calle (**719 Ashbury**) se encuentra la enésima, deliciosa casa victoriana que, en el período del Summer of Love, era el centro de operaciones de los Hell's Angels, fundados en Oakland unos diez años antes. Entre los Hell's Angels y los hippies habían relaciones de buena vecindad, y a menudo también una comunión de ideales. Chocolate George, uno de los Hell's Angels más representativos del período, era un buen amigo de Janis Joplin. Justamente Janis, cuando junto a los Big Brother abandonó la comuna de Lagunitas, se trasladó a Haight-Ashbury, a pocos centenares de metros de la Dead House, en una pequeña casa victoriana (**112 Lyon Street**) con una sola habitación pero con un extravagante balcón redondeado. Eran los días en los que Joplin vivía su bella historia de amor con Country Joe McDonald, que a menudo visitaba la casa de Lyon Street en la que también vivía George, el

112 Lyon Street, la casa de Janis Joplin

amado perro de Janis. Justamente a causa de George (el dueño de la casa no quería que sus inquilinos tuvieran animales), Janis Joplin se vio obligada a dejar Lyon Street a mediados de 1968, después de haber residido durante unos meses en Nueva York para grabar *Cheap Thrills*.

Junto a su querida amiga Linda Gravenites, Joplin se trasladó a un apartamento de Noe Street, en el número 892. En realidad, en aquel período siempre estaba de gira por los escenarios de América y Europa, o bien en los estudios de Los Angeles para grabar el álbum con la Kozmic Blues Band. Permaneció en Noe Street hasta el invierno de 1969, cuando se trasladó al Marin County, a la casa de sus sueños en Larkspur. En este período transcurrido junto a Big Brother & The Holding Company, Janis Joplin pasó un tiempo en la **comuna de Pine Street** (1836 Pine Street), en el que hoy es el peligroso barrio de Pacific Heights. Un poco más adelante (2125 Pine Street) se hallaba la **Dog House**, así llamada por la pasión de su propietario por los cachorros y por todos los amigos de cuatro patas que habían sido víctimas del tráfico en Pine. Chet

La comuna de Pine Street (a la derecha) y la Dog House

Longshoremen's Hall

Helms y sus amigos llamaron a su organización de conciertos Family Dog, inspirándose en aquella casa. Chet Helms organizó sus primeros eventos (*Tribute to Dr. Strange* y *Trips Festival*) en el **Longshoremen's Hall** (400 North Point Street).

La sala de los estibadores del puerto en Fisherman's Wharf no la usaban estos últimos, como tampoco el vecino Maritime Hall. La Family Dog, con el apoyo de Ralph J. Gleason, el crítico del *San Francisco Chronicle*, la transformó en sala para conciertos psicodélicos que, por su atmósfera y «fauna» se asemejaban a los Acid Test de Ken Kesey. Hoy es un espacio de eventos, no necesariamente musicales.

Chet Helms, que acababa de regresar de Texas a San Francisco, se había convertido en el mánager de aquella banda que cada miércoles efectuaba sus pruebas en un teatrillo en el sótano de una casa para estudiantes de la SF University, en 1090 Page Street. Encontró primero el nombre para aquel grupo (Big Brother & The Holding Company) y luego una voz solista, su joven amiga Janis Joplin, conocida en la Universidad de Austin. La casa situada en el 1090 de Page Street, en el corazón

NON SOLO BLUEGRASS:

Las pasiones de Warren Hellman

Warren Hellman era el bisnieto de Isaias W. Hellman, presidente del Wells & Fargo Bank, así como uno de los financieros más ricos de la West Coast, pero también uno de los filántropos más generosos del país. Warren lo había heredado todo de su bisabuelo: el dinero, el olfato para los negocios, la habilidad en las altas finanzas, la generosidad. En cualquier caso no sabemos si a Isaias le gustaban el arte y la música. Sin duda, Warren siempre tuvo una debilidad por el banjo y por el bluegrass. Así, desde 2001, decidió financiar uno de los festivales más hermosos y curiosos de América. Cada primer fin de semana de octubre, en el Speedway Meadow, en el interior del Golden Gate Park, se celebra el Hardly Strictly Bluegrass, un festival con entrada gratuita. «No propiamente bluegrass», reza el título de la manifestación, que se desarrolla en seis escenarios (Swan, Banjo, Arrow, Porch, Gold y Rooster Stage), desde el viernes por la mañana hasta el domingo por la noche, con lo mejor de la música acústica, antigua y nueva, del país de las barras y estrellas.

Warren Hellman murió de leucemia el 18 de diciembre de 2011, pero su festival prosigue cada vez mejor y hoy, el Speedway Meadow, ha sido rebautizado **«Hellman Hollow»**.

Warren Hellman, mecenas de la música acústica

NORTON
El emperador de San Francisco

San Francisco se enorgullece, desde siempre, de una tradición de respeto y adoración por lo excéntrico: tendencia bien viva y aún perenne hoy en día.
Una de las figuras más legendarias de San Francisco a finales del siglo XIX era un individuo inglés, Joshua Abraham Norton, que se hacía llamar «Norton el Emperador». Tenía dos perros, Gorrón y Lázaro, e iba siempre vestido con un uniforme elegante, una espada enorme y un sombrero vistoso. Se había autocoronado «Emperador de San Francisco». Posteriormente tomó gusto al asunto y se proclamó «Emperador de todos los Estados Unidos». Joel Selvin, periodista e historiador del rock, recuerda que «la gente de San Francisco lo adoraba, escuchaba sus discursos, lo aplaudía: el de Norton el Emperador es un buen ejemplo para entender el espíritu que vive aquí».

de Haight-Ashbury fue demolida y hoy en la calle ni siquiera está el número 1090.
Sí sigue en pie, ocupada por una compañía de Internet (Wantful.com) la legendaria **Avalon Ballroom**, la más hermosa invención artística de Chet Helms, que se encontraba en el 1244 de Sutter Street, en el barrio de Polk Gulch. El edificio que la acogía fue construido en 1911 para albergar la Colin Traver Academy of Dance, una asociación cultural para preservar tradiciones y danzas célticas. La Avalon Ballroom ocupaba las dos últimas plantas del edificio; la segunda era, de hecho, un gran palco en forma de L que dominaba la planta baja, donde estaban la platea y la zona en la que se bailaba. Las puertas de entrada estaban en la planta baja, en Sutter Street.

Avalon Ballroom

La Avalon era pequeña (500 plazas) pero fascinante y acogedora, con sus cortinajes de terciopelo y un magnífico suelo de madera. Bill Ham, el inventor de los light show, experimentó en aquella sala su «pintura luminosa», que perseguía, se anticipaba y se fundía con las músicas de Jefferson Airplane, Grateful Dead, Country Joe & The Fish, Big Brother & The Holding Company y Quicksilver Messenger Service. Chet Helms recibía personalmente en la entrada a sus adeptos,

The Fillmore hoy

hijos de las flores, y lo hizo hasta finales de 1968, cuando ya no pudo pagar las tasas de alquiler después de haber intentado abrir un nuevo Avalon, primeramente en Londres y luego en Denver. Después de ser un cine durante años, la Avalon Ballroom volvió a abrir en 2003 de la mano de jóvenes neo-hippies (asociados bajo el nombre de Morning Spring Rain) que produjeron 70 conciertos antes de cerrar la actividad en 2006.

Corrió una suerte diferente el mítico **Fillmore** de Bill Graham, el local en el que el «promotor más poderoso del rock» comenzó su carrera después de gestionar la suerte de la irreverente Mime Troupe, grupo de actores callejeros que ponía en escena *happenings* políticamente incorrectos que a menudo concluían con arrestos colectivos.

Situado en la esquina entre Fillmore Street y Geary Boulevard (la dirección es 1805 Geary Blvd.), el local nació como Majestic Hall para convertirse en Fillmore Auditorium en 1954. Durante muchos años, el barrio del Fillmore fue preferentemente negro y, en consecuencia, el teatro acogía espectáculos y conciertos de artistas afroamericanos. A mediados de la década de 1960 cayó en desgracia. Y de este modo, Graham y su primer socio, Chet Helms, lo alquilaron para promover, en 1966, un concierto de la Paul Butterfield Blues Band. La velada fue un gran éxito y Graham, en aquel punto, se deshizo astutamente de su socio hippie. El Fillmore Auditorium se convirtió en el epicentro de sus actividades. Dos años más tarde, abrió el Fillmore East en Nueva York, luego un tercer Fillmore, de nuevo en San Francisco. El local que se llamaba Carousel Ballroom (10 S. Van Ness Avenue), en el cruce entre Van Ness y Market, donde hoy hay un concesionario de automóviles, se convirtió en The Fillmore West.

Por problemas de vecindario, Graham había desplazado los conciertos del Fillmore al Fillmore West en 1968. Después de tres años de intensa actividad en directo, el 4 de

BANDA SONORA ★★★

SOMEBODY TO LOVE

Jefferson Airplane - *Surrealistic Pillow* (1967)

Uno de los temas más significativos y emblemáticos del Summer of Love y, todavía hoy, banda sonora muy eficaz para atravesar la ciudad imaginando que uno viaja en coche con Grace Slick y Paul Kantner. «Don't you want somebody to love? Don't you need somebody to love? Wouldn't you love somebody to love? You better find somebody to love». Tierno.

Boom Boom Room, el club de blues de John Lee Hooker

julio de 1971 el Fillmore West cerró sus puertas con cinco veladas en las que sonaron las mejores bandas en circulación: Grateful Dead, Santana, Quicksilver y Creedence.

En la década de 1980, el viejo Fillmore se convirtió en The Elite Club, el templo del punk californiano, pero en 1994, tras la muerte de Bill Graham, volvió a abrir con el viejo logo y la estructura original: la sala, en la segunda planta, con una capacidad para 1.200 personas y el mismo *feeling* que en los tiempos de oro (incluso la cesta de manzanas que acogía al público en la entrada). Quienes abrieron de nuevo el Fillmore, el 26 de abril de 1994, fueron los Smashing Pumpkins, con una gira secreta y, al día siguiente, de modo oficial, los Primus de

RALPH J. GLEASON Y ROLLING STONE

Se llamaba Ralph J. Gleason. Fue el primer periodista musical de la historia, la voz más importante y autorizada del jazz, el blues y el rock en la California de las décadas de los cincuenta y sesenta. Después de escribir durante años en el *San Francisco Chronicle*, realizado programas radiofónicos y televisivos, publicado ensayos y libros de música, el 3 de junio de 1975 falleció en su casa de Berkeley. El día de la muerte de Gleason, Miles Davis escribió cinco palabras: «Give me back my friend», devolvedme a mi amigo.

Gleason era el ídolo de un joven judío neoyorquino que estudiaba en Berkeley, Jann Wenner. Wenner, que escribía en el periódico universitario *The Daily Californian*, encontró trabajo gracias a Gleason en la redacción de Ramparts. Luego, con la ayuda de su mentor, el dinero de su mujer y las agendas de algunos amigos importantes, dio vida a su sueño: una revista rock. La aventura de *Rolling Stone* se inició en un almacén al sur de Market Street. Tal como hacía Gleason en el *Chronicle*, Jann pensaba que una revista tenía que hablar de rock de la manera con que se manifestaba el rock: es decir, como una auténtica revolución artística, social y cultural. Wenner se distinguió a continuación por sus capacidades editoriales. Propositivo y creativo, siempre dejó un amplio espacio a sus colaboradores, jóvenes y preparados elegidos por él personalmente. La línea editorial era fruto de su brillantez, y se impuso en seguida con éxito: la línea gráfica (a partir del logo), los títulos evocadores de las piezas, las entrevistas en profundidad, las fascinantes cubiertas convirtieron a *Rolling Stone* en un estándar muy imitado.

Jann Wenner y Ralph J. Gleason

Matrix, hoy lounge bar pero en los sesenta local en que nacieron los Jefferson Airplane

Les Claypool. Hoy el local está en plena actividad y es propiedad del coloso multinacional Live Nation.

En el lado opuesto de la calle (1601 Fillmore) está el **Boom Boom Room**, un club de blues inaugurado en 1997 por John Lee Hooker, una especie de *juke joint* del Sur en pleno centro de la Bay Area.

2400 Fulton Street, el cuartel general de los Jefferson Airplane

Bajando a lo largo de Fillmore hacia la bahía, en el 3138 se encuentra un elegante lounge bar, el **Matrix**. En septiembre de 1965, aquel mismo lugar estaba ocupado por una pizzería en el lugar de la cual, dos músicos jóvenes, Paul Kantner y Marty Balin, abrieron un local en el que pudiera actuar su banda. De este modo nació The Matrix, en el que se forjaron los Jefferson Airplane, el grupo de Kantner y Balin, y donde se originó aquel sonido cósmico que el legendario crítico musical del *San Francisco Chronicle*, Ralph J. Gleason, definió como «jet sound». Fue justamente Gleason el primero en reconocer y certificar el estatuto artístico de la nueva escena psicodélica de San Francisco, que tuvo en el Matrix uno de sus focos.

«¿SAN FRANCISCO? 49 MILLAS CUADRADAS RODEADAS DE... LA REALIDAD»

Paul Kantner

Con la adición de la seductora cantante y solista de los Great Society, Grace Slick, el «aeroplano Jefferson» levantó el vuelo.

El cuartel general de la banda estaba en el **2400 de Fulton Street**, en una majestuosa mansión de cuatro pisos con la fachada pintada de color negro que, según algunos, durante el terremoto de 1906 fue el refugio de Enrico Carso. En mayo de 1968, Kantner y sus socios adquirieron el edificio por 70.000 dólares. Entre finales de la década de 1960 y principios de la de 1970, el 2400 Fulton se convirtió en el cuartel general de la banda:

La mítica Psychedelic Shop:
hoy en su lugar hay una pizzería

oficinas, sala de pruebas, vivienda y lugar de fiestas desenfrenadas. Una de estas aparece inmortalizada en la carátula de *Bless Its Pointed Little Head*, el primer álbum en directo del grupo (acabado de llegar de una gira europea junto a los Doors): Jack Casady aparece desmayado sobre la mesa pero con la mano agarra una botella de vino. Hoy, la villa de Fulton Street

«SAN FRANCISCO SIEMPRE HA SIDO EL PARAÍSO DE LOS EXCÉNTRICOS Y LOS INADAPTADOS. YA QUE FORMO PARTE DE AMBAS CATEGORÍAS, ME ENCANTA VIVIR AQUÍ»

Michael Franti

ya no está pintada de negro, pero conserva su aspecto imponente. Paul Kantner y sus amigos músicos frecuentaban la **Psychedelic Shop** (1535 Haight Street) de los hermanos Ron y Jay Thelin.

Los dos jóvenes, hijos del propietario de un Woolworth en el otro lado de la calle, dieron pie a una idea que demostró ser mejor de lo previsto. Ambos pensaron que una tienda en la que se pudieran encontrar libros, discos, pósters, entradas de conciertos pero también inciensos y adminículos varios para «superar las puertas de la percepción» sería ideal para la comunidad de Haight-Ashbury. La inauguración se produjo el 3 de enero de 1966 y, en poquísimo tiempo, la Psychedelic Shop se convirtió en un punto de referencia para todos los hippies de Haight. Lo cual no gustó en absoluto al establishment, que se había propuesto por todos los medios poner palos en las ruedas a los Thelin. En octubre de 1967, con la excusa de secuestrar un libro de poesías semidesconocido (*The Love Book*) de una autora todavía menos conocida (Lenore Kandel), la policía irrumpió y detuvo a Allen Cohen, el editor de *The Oracle*, que aquel día estaba en la caja para echar una mano a Ron y a Jay. El motivo fue la venta de publicaciones obscenas. El hecho levantó el clamor popular y las ventas del libro (que hasta entonces registraba una cifra de 50 copias) se elevaron hasta límites insospechados. Al parecer, Kandel donó el 1% de los in-

Jammin' on Haight

gresos al fondo de pensión de la policía de la ciudad. En la actualidad, en el lugar de la Psychedelic Shop hay un Big Slice Pizza.

Aquel día, Allen Cohen no estaba allí por casualidad. Las oficinas en las que se hallaba la redacción de *The Oracle* se encontraba a pocos pasos de allí, en 1371

«SAN FRANCISCO ES UNA RESERVA DE HOMBRES EN EXTINCIÓN»

Robin Williams

Haight. El tabloide fue idea suya y de Michael Bowen, pero apoyada por los hermanos Thelin: un diario gratuito, de formato poco convencional, impreso con colores especiales y aromatizado... ¡con jazmín! para distribuir por las calles de la ciudad. En el interior se encontraba la suma de la contracultura hippie: pequeños poemas beat, recensiones de álbumes, reflexiones vitales, consejos sobre la dieta y la alimentación, ilustraciones psicodélicas de los gráficos de San Francisco. Salía esporádicamente pero pronto el diario se convirtió en un *must* para la comunidad de Haight-Ashbury: los editores estimaron que el pico de difusión era de cerca de 130.000 copias. Por desgracia, la aventura duró poco y, en 1968, *The Oracle* interrumpió las publicaciones. A mediados de la década de 1990, los doce números de *The Oracle* se reimprimieron en un único volumen que fue puesto a la venta en algunas tiendas de The Haight como **The Booksmith** (1369 Haight, esquina con Masonic), librería única y preciosa con libros de época y de ocasión excelentes, o la extravagante **Bound Together – Anarchist Collective Bookstore**, con análoga selección y tipología de títulos.

En efecto, porque en la zona menudean todavía tiendas curiosas y excéntricas, como la vistosa **Jammin' On Haight** (1400 Haight Street), en la que se venden (a precios elevados) camisetas, pantalones, shorts, pañuelos de cuello, gorras y cualquier otra prenda de vestir rigurosamente *tye-dye*.

Cien metros más abajo, en la misma acera, se halla **Haight-Ashbury T-Shirts** (1500 Haight), el paraíso de las camisetas de todo tipo, forma y color; todas con el San Francisco hippie de los años sesenta como tema. Para quienes deseen ataviarse como Jimi Hendrix o Janis Joplin, hay muchas (y geniales) tiendas de ropa vintage que les pueden satisfacer, como **Held Over** (1543 Haight), **Relic Vintage** (1605 Haight), **Decades**

Pipe Dreams

Amoeba Music en San Francisco

of Fashion (1653 Haight), la más femenina **Wasteland** (1660 Haight) o la extravagante **Distractions** (1552 Haight) donde se vende ropa de época western además de otras muchas cosas extrañas.

En Haight también hay muchos «herederos» de la Psychedelic Shop de los Thelin: tiendas que proponen collares, símbolos de la paz, pipas de cualquier forma, tipo y dimensión y otros utensilios para fumar. Están repartidas por toda Haight, como la histórica **Pipe Dreams** (1376 Haight), abierta en 1969, cuyo lema es «Smoke Look of the Sixties». Es la tienda más antigua de Haight-Ashbury.

Para los músicos, es obligatorio dar un salto al **Haight-Ashbury Music Center** (1540 Haight) que, aunque no tiene nada realmente excepcional, ofrece una excelente selección de guitarras e instrumentos varios, accesorios de todo tipo incluidos. Sí resulta realmente excepcional **Amoeba Music**, que se autodefine como «the world's largest independent record store» y que, como las tiendas gemelas de Berkeley y Hollywood, es gigantesca: un auténtico supermercado (en el mejor sentido) de CD, vinilos, DVD, VHS, cassettes, pósters y muchísimo material más en el que todo aficionado puede perder la cabeza. La sección de artículos usados es impresionante: hay habitaciones enteras con CD en venta a 1 dólar. Abierto aquí en 1997, se encuentra en el último tramo de Haight Street, el que limita con el Golden Gate Park.

BANDA SONORA

DARK STAR

Grateful Dead - *Live Dead* (1969)

Una larga cabalgata psicodélica que remite a los tiempos de los acid test de Ken Kesey, cuando los Dead (que entonces se llamaban The Warlocks) proporcionaban la banda sonora a aquellos happenings a base de arte, poesía, danza, música y LSD. Lisérgico.

Lo llaman **Panhandle**, es la franja de tierra del Golden Gate Park que se extiende en la ciudad entre Fell y Oak Street. Tiene la forma de un mango de sartén y, en 1959,

The Panhandle

terminó en las primeras páginas de los periódicos porque la gente se había rebelado contra la construcción de una calle en su interior. Unos años más tarde, todos los días a las 4 de la tarde, el Panhandle acogía los *free hot lunch* (comidas calientes gratuitas) que la comuna de los Diggers preparaba para los pobres y para los sin techo. El 6 de octubre de 1966, el día en el que el LSD fue declarado sustancia ilegal, Allen Cohen y Michael Bowen, editores de *The Oracle*, organizaron una excéntrica manifestación de protesta a la que dieron el nombre de The Love Pageant, el cortejo del amor. Participaron en ella varios miles de personas que apreciaron la presencia de Ken Kesey y del autobús mágico de los Merry Pranksters. Después de escuchar en religioso silencio la «profecía de una declaración de independencia» escrita por Allen Cohen, ingirieron simultáneamente una pastilla de ácido. En el escenario, Big Brother & The Holding Company con Janis Joplin y los Grateful Dead proporcionaron la banda sonora ideal al evento.

BANDA SONORA ★★★

SAN FRANCISCO DAYS

Chris Isaak - *San Francisco Days* (1993)

Una persuasiva canción de amor ambientada en la ciudad de la bahía. El tema abre el álbum homónimo, el cuarto en estudio del ex púgil y ahora rockero y actor. Nostálgico.

Hoy en día el Panhandle está rodeado por un pista para bicicletas (**The Wiggle**) que conduce de Market Street al Golden Gate Park.

El Love Pageant también fue una especie de anticipación del evento que daría vida al denominado Summer of Love. Organizado por los mismos líderes de la comunidad de Haight-Ashbury el 14 de enero de 1967 en los **Polo Fields** del Golden Gate Park, se celebró The Gathering of the Tribes for a Human Be-In, una auténtica cumbre de la contracultura psicodélica a la que se adhirieron también los

«¿EL INVIERNO MÁS FRÍO DE MI VIDA? UN VERANO EN SAN FRANCISCO»

Mark Twain

poetas beat capitaneados por Allen Ginsberg y líderes filosóficos como Timothy Leary. También estuvieron presentes las mejores bandas de rock de la ciudad (de los Dead a los Airplane, pasando por Country Joe y Janis) que actuaron frente a una multitud de más de 35.000 personas. A partir de aquel momento, los Polo Fields (donde, por cierto, no se jugaba a polo...) se convirtieron en el escenario principal para los conciertos de rock en el interior del Golde Gate Park, o el lugar más

Polo Fields y, al lado, Outside Lands, el mayor festival de rock que se desarrolla hoy en el Golden Gate Park Outside Lands

adecuado para manifestaciones de cierta relevancia. Aquí, por ejemplo, se celebró el funeral por la muerte de Jerry Garcia, líder de los Grateful Dead y padre putativo de todos los hippies: el 13 de agosto de 1995, veinte mil personas se reunieron aquí espontáneamente.

Aquí se celebra, desde agosto de 2008, la mayor cita rock de la ciudad, el San Francisco's Outside Lands Music & Arts Festival, capaz de atraer a 200.000 espectadores.

El 7 de agosto de 1967, también en el parque, pero en la denominada **Hippie Hill**, George Harrison y su mujer Pattie Boyd fueron rodeados por centenares de hijos de las flores. Se encontraban en San Francisco para visitar a Jenny Boyd, hermana de Pattie, pero curiosos por la fama de Haight-Ashbury, visitaron la ciudadela hippie. Los dos, aunque probablemente todos los presentes, habían consumido ácido. En un cierto punto, en la multitud apareció una guitarra que llegó hasta las manos de Harrison. La gente esperaba que George cantara un tema, pero él, muy tranquilamente, dijo: «Esto es un sol, esto es un mi y esto es un re», y tras mostrar a todos los acordes, se levantó y se fue. Cada 20 de abril, en la Hippie Hill se organiza espontáneamente **420 in the Park**: un día de fumada colectiva (420, en el argot estadounidense significa marihuana).

No sabemos si Janis Joplin había fumado mucho cuando Jim Marshall la inmortalizó a bordo de su magnífico Porsche 365 pintado con colores psicodélicos por su roadie y amigo Dave Richards. A sus espal-

Hippie Hill

La Free Clinic y Janis Joplin frente al Palace of Fine Arts

das señoreaba, majestuosamente, el **Palace of Fine Arts**, uno de los edificios más sugestivos de San Francisco. El Porsche de Janis (vendido recientemente en una subasta por un millón y medio de euros) transitaba por las calles de la ciudad, especialmente en la querida Haight-Ashbury. Los fans la reconocían, la saludaban y, a menudo, le dejaban mensajes afectuosos bajo los limpiaparabrisas.

Tal vez esto sucedía en Haight, frente al Straight Theater, donde Janis actuaba junto a las bandas de rock de la ciudad (el histórico edificio fue demolido en 1981), o frente a la **Free Clinic** de David Smith (558 Clayton Street), una institución fundada en 1967 con la finalidad de ayudar a enfermos indigentes y sin cobertura asistencial y que sigue activa.

O bien, el Porsche de Joplin se podía encontrar bajo el **Buena Vista Studio**, magnífica casa victoriana en el 737 de Buena Vista Avenue West. La casa fue adquirida en 1970 por Graham Nash, pero unos años antes los Grateful Dead grabaron aquí su primer single, «Don't Ease Me», en un estudio de grabación instalado en un baño de la última planta del edificio. También en estos estudios se grabó la banda sonora de la película *Revolution*, de 1968, con las músicas de Quicksilver Messenger Service y Steve Miller Band. En el 737 vivieron a lo largo de los años otras estrellas de la música como Bobby McFerrin.

A principios del siglo xx, se llamaba Jefferson Hotel y se murmuraba que fuera un burdel de lujo. Durante los años del Summer of Love fue conocido como Jeffrey Haight. En 1977, Sami Sunchild, una artista medioambiental con una destacada consciencia política, adquirió el edificio, hizo pintar la fachada de rojo y lo rebautizó **The Red Victorian**.

Buena Vista Studio

CITY LIGHTS

Poesía en la bahía

A principios de la década de 1960, muchos beatniks habían abandonado Greenwich Village para trasladarse a San Francisco. Habían elegido la zona de North Beach, el barrio italiano de la ciudad. Allí, en el 261 de Columbus Avenue, casi en la frontera con Chinatown, un profesor neoyorquino hijo de editores, Peter D. Martin, y un poeta de origen italiano, Lawrence Ferlinghetti, habían abierto una librería llamada como una de las películas más hermosas de Charlie Chaplin: *City Lights*.
Muy pronto, Ferlinghetti fundó la City Lights Publisher, editorial que publicaba sus libros de poesía pero que se aseguró también las obras de otro poeta beat, Allen Ginsberg. *Aullido y otros poemas* se convirtió en un *best seller*, dando a conocer al autor y la editorial en todo el mundo. Cuando Martin se fue para regresar a la Gran Manzana a fundar el New York Bookstore, Ferlinghetti encontró otra socia, Nancy Peters. Bajo la dirección de Nancy, City Lights creció en importancia. La librería se convirtió en un punto de referencia para artistas, pensadores, activistas políticos (aunque entró en el punto de mira del FBI). Superada la crisis de la década de 1980, City Lights volvió a brillar. En 1990, Peters y Ferlinghetti adquirieron todo el inmueble del 216 de Columbus Avenue. Hoy en día, la librería se desarrolla en tres plantas y contiene una amplia e interesante selección de poesía, ensayística y narrativa internacional. Con un poco de suerte, de vez en cuando es posible encontrar al viejo Lawrence que viene a saludar a los vendedores.

The Red Victorian

Además de acoger, en la entrada, una galería de sus obras pictóricas, todos los domingos por la mañana Sunchild organizaba las World Peace Conversation, una manera, según decía, para «recuperar el arte perdido de la conversación».
La Red Victorian (1665 Haight Street) era y sigue siendo (incluso después de la muerte de Sunchild, en 2013) un Bed & Breakfast muy, muy particular, con coloristas habitaciones cuyos nombres traducen una temática inequívoca: Summer of Love, Flower Children, Peacock Room. Para soñar, al menos por una noche, que volvemos atrás en el tiempo imaginando que, frente a la entrada, nos esperará Janis con su Porsche.

SITTING ON THE DOCK OF THE BAY

Junto a las de Río y Sydney, es una de las bahías más hermosas del mundo. Desde la década de 1960, atrajo a muchas estrellas del rock que optaron por vivir aquí o reposar aquí para siempre. En efecto, las cenizas de Janis Joplin y Jerry Garcia se esparcieron justamente en las aguas de la Bay Area. Ambos eligieron como residencia el bucólico condado de Marin. Otros prefirieron la efervescente atmósfera politizada de Berkeley. Y otros más, se decidieron por los paisajes románticos de los valles de Napa y Sonoma, por las nuevas fronteras tecnológicas de Silicon Valley o por las caóticas calles de Oakland. En definitiva, en la Bay Area de San Francisco hay de todo. Incluso terremotos.

Es una de las maravillas del mundo moderno, símbolo de la ciudad de San Francisco y de todo Estados Unidos. Se llama **Golden Gate** y es el legendario puente anaranjado de una sola luz que, suspendido en las aguas de la bahía, une la parte septentrional de la ciudad con el delicioso condado de Marin. Inaugurado en mayo de 1937, es uno de los cuatro grandes viaductos (los otros son el Bay Bridge, el Richmond Bridge y el San Mateo Bridge) que unen San Francisco con el resto de la bahía, una zona magnífica desde el

El Golden Gate, uno de los puentes más famosos del mundo

JOAN BAEZ & STEVE JOBS

Dos corazones y… una manzana

En 1982, Mimi Farina presentó a su hermana Joan Baez un joven emprendedor que estaba revolucionando el mundo de los ordenadores: Steve Jobs. Jobs tenía 27 años, Joan 41, estaba casada y tenía un hijo mayor. Pero ambos vivían en Palo Alto. Y desde siempre, Steve había estado obsesionado con Bob Dylan: ahora tenía la posibilidad de vivir una historia de amor con una de las más famosas ex de su ídolo.

«Al principio éramos amigos», recuerda Jobs en su autobiografía, «luego comenzó una relación seria entre nosotros». La discretísima historia de amor terminó porque Steve presionó para tener hijos y Joan se negó.

«Yo y Steve –dijo una vez Joan Baez– éramos dos personas complementarias: él era la parte racional y práctica, yo la creativa y soñadora. De hecho, éramos las dos mitades de una misma... manzana.»

En octubre de 2004, Jobs logró finalmente conocer a su mito: Bob tocaba en Palo Alto y ambos se dieron cita en el hotel en el que se alojaba Dylan. «Temía encontrar su caricatura –explicó luego Jobs–, y en cambio me encontré frente a un hombre brillante, inteligentísimo, exactamente lo que esperaba que fuera y quizás incluso algo más.»

En aquella ocasión, Jobs confesó a Dylan que su tema favorito era «One Too Many Mornings». Y Dylan, justamente aquella noche, le dedicó la canción a su nuevo amigo.

Jobs y Baez

punto de vista natural, más bien populosa (incluyendo Oakland y San José, unos siete millones de habitantes) y decididamente acomodada.

Cuando en 1968 los Grateful Dead y la mayor parte de los líderes de la hippie nation dejaron las casas victorianas de Haight-Ashbury tuvieron que atravesar justamente el Golden Gate para llegar al vecino Marin County, el condado más bonito y famoso de la Bay Area.

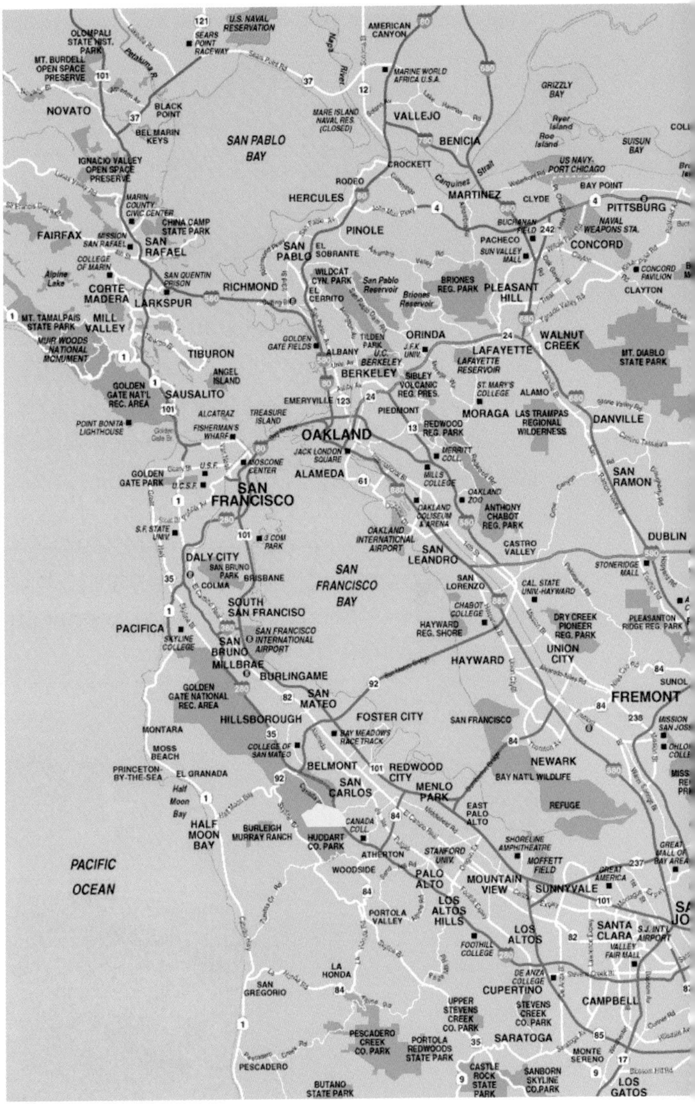

BANDA SONORA

SAN FRANCISCO BAY BLUES

Jesse Fuller (1955)

Lo llamaban «gato solitario» y procedía de Georgia, pero ambientó su blues más famoso en la bahía de San Francisco. Eric Clapton lo volvió a llevar a primer plano en su célebre álbum *Unplugged*. Sentimental.

**«NACÍ Y CRECÍ EN LA BAY AREA.
ESTOY ORGULLOSO DE MIS RAÍCES,
Y EN MIS CANCIONES SE NOTA»**

Huey Lewis

De las increíbles sequoias de Muir Woods hasta los espectaculares montes Tamalpais, desde la costa de Tiburon hasta los atardeceres de Sausalito o la playa de Stinson, en el condado de Marin hay realmente para todos los gustos. Y si a ello se añade el espíritu libertario de San Rafael y la atmósfera creativa de Mill Valley se entiende por qué, entre las cerca de 250.000 almas que lo habitan, muchos sean artistas.

El Golden Gate se tiene que atravesar por fuerza a velocidad baja (el límite, 45 millas por hora, es taxativo), pero en un minuto y medio se logra recorrerlo todo. Hasta que el puente quedó terminado, el único medio de comunicación entre San Francisco y el resto de la Bay Area eran los ferries; el viento y las aguas atormentadas de la bahía no siempre permitían travesías fáciles y, sobre todo, rápidas. En aquellos años, **Sausalito**, la población de Marin County más cercana a la ciudad, era un puerto comercial importante. Desde el norte de California llegaba la madera que luego se distribuía a San Francisco, Oakland y las otras ciudades de la bahía.

En Sausalito, unos años después de finalizar la Segunda Guerra Mundial, en la zona de los astilleros, algunos barcos en desuso fueron ocupados por supervivientes de guerra, por algún marino y por un cierto número de personajes excéntricos

Houseboat de Sausalito hoy, y el famoso «The Ark», music club afterhours en los años sesenta

ROCK & WINE

Napa y Sonoma Valley son el epicentro de la producción vinícola californiana. Pero, desde finales del siglo XIX, en toda la Bay Area las empresas locales lograron ofrecer vinos excelentes. Muchas proponen *wine tasting* (giras de cata), acogen a restaurantes preciados y, con frecuencia, presentan conciertos de la misma altísima calidad que sus productos. Entre las winery con mayor tradición en este sentido destaca la Mountain Winery de Saratoga. Fundada por el francés Paul Masson en los primeros años del siglo XX, desde 1958 promueve la Summer Concert Series, un evento que ofrece lo mejor del rock, jazz, blues, folk, country y world music. Desde Ray Charles a Willie Nelson, pasando por Ringo Starr o Ry Cooder, miles de artistas se han exhibido en el sugestivo anfiteatro al aire libre que tiene como telón de fondo la majestuosa arquitectura de aire español de la Mountain Winery.

atraídos por la idea de no pagar alquiler y, al mismo tiempo, experimentar la emoción de vivir sobre el agua. En unos veinte años, en la parte norte de Sausalito, se creó una auténtica colonia de houseboat, casas flotantes cada vez más bonitas, coloreadas y fantasiosas, tanto como sus habitantes, una comunidad que, por extravagancia y espíritu alternativo, no tenía nada que envidiar a los hippies de Haight-Ashbury. En el Dock 6, en el que originariamente era el transbordador Charles Van Damme, se abrió The Ark, un local afterhours. Acogía a los músicos que habían tocado en los locales de San Francisco, en el Sweetwater de Mill Valley o en otros clubs de la zona. Los conciertos de The Ark se desarrollaban generalmente desde medianoche hasta las seis de la mañana y, a menudo, a los músicos, más que pagarles, se les daba de comer: cena sustanciosa, cerveza a voluntad y,

Record Plant Studio, Sausalito

finalmente, los renombrados huevos rancheros que se servían al alba como desayuno energético junto a un tazón de café caliente. Además de acoger actuaciones de bandas locales, en The Ark actuaban los grupos de San Francisco como Big Brother & The Holding Company con Janis Joplin y, sobre todo, los Moby Grape, que con frecuencia utilizaban antiguos ferries como sala de pruebas. Hoy en día, de The Ark sólo quedan algunos pósters (raros) de los conciertos.

A poca distancia del Gate 6, que da a las aguas de la bahía en Waldo Point, en verano de 1967 Otis Redding tuvo la idea de escribir «Sitting on the Dock of the Bay».

El Trident en Sausalito, el restaurante donde Janis Joplin y Kris Kristofferson «flirteaban»

La aventura de The Ark duró poco, pero la de las house boat de Sausalito sigue todavía en nuestros días. Las casas flotantes, especialmente las de los Gate 5 y 6, cada vez son más sofisticadas. De vez en cuando, los propietarios las alquilan y, de este modo, no es raro que algún artista pase a vivir en ellas. Ello sucedía a menudo cuando todavía estaba en plena actividad el Record Plant, el tercero de los legendarios estudios de grabación fundados en Nueva York en 1968 por Chris Stone y Gary Kellgren. En 1969 se abrió el Record Plant en Los Angeles y, tres años más tarde, el de Sausalito (2200 Bridgeway). Justo aquí se grabaron algunos álbumes que marcaron época, como *Rumours*, de los Fleetwood Mac, *Songs in the Key of Life*, de Stevie Wonder, *Sports*, de Huey Lewis and the News, *Supernatural* de Santana, *Load*, de los Metallica, *Before These Crowded Streets* y *Busted Stuff* de la Dave Matthews Band. Pero en el 2200 de Bridgeway también grabaron Grateful Dead, Bob Marley, Prince, Van Morrison, John Lee Hooker, Aretha Franklin, Doobie Brothers y muchos más. El estudio era apreciado por los músicos entre otras cosas porque era una especie de resort con fascinantes servicios como el hidromasaje, las camas de agua, las habitaciones pintadas con colores psicodélicos. La puerta de entrada de madera tallada (que sigue ahí) la realizó Dave Richards, *roadie* de Janis Joplin, a quien también pintó el Porsche. Bajo la dirección artística y la producción de Corrado Rustici, también algunos músicos italianos como Elisa, Andrea Bocelli, Negramaro, Francesco Renga o Ligabue grabaron en el Record Plant. Si bien el estudio prácticamente está cerrado (se efectúan grabaciones de modo esporádico) sigue abierto el **Trident** (558 Bridgeway), excelente restaurante con vistas a la bahía. Aquí solía cenar Janis Joplin junto a su novio de entonces, Kris Kristofferson, cuando ella vivía en Larkspur. Todavía hay (en las paredes y en el techo) grafitis y autógrafos de estrellas del rock de la época.

«¿MI PASATIEMPO FAVORITO? SILBAR Y PERDER EL TIEMPO, SENTADO EN UN MUELLE DE LA BAHÍA»

Otis Redding

BANDA SONORA

SITTING ON THE DOCK OF THE BAY

Otis Redding (1967)

Después del Festival de Monterey, Otis fue a descansar a Sausalito. En uno de los muelles de Waldo Point, en su houseboat, escribió el texto de su tema más famoso, que luego completó musicalmente Steve Cropper. Redding murió pocos meses después y la canción, publicada a título póstumo, fue número uno en las listas. Fascinante.

Casa de Jerry Garcia, Nicasio

En la parte opuesta de la Richardson Bay se encuentra **Tiburon**, península exclusiva que se zambulle en las aguas de la bahía. En la iglesia episcopal de **St. Stephen**, en la cima del Belvedere, el 12 de agosto de 1995 se celebraron con carácter privado los funerales de Jerry Garcia, en los que participaron los miembros de Grateful Dead, su amigo Bob Dylan y el gran campeón de baloncesto Bill Walton. Sus cenizas las esparció su viuda Deborah Koons en parte en el Ganges, en Rishikesh, y en parte en las aguas de la bahía de San Francisco. La última casa de Jerry y Deborah Garcia se encuentra en **Nicasio** (55 El Mirador), mientras que en Sebastopol (a poca distancia de Santa Rosa), los fans más acérrimos de los Dead encontrarán materia más que suficiente para satisfacer su pasión. **The Uncarved Block** (110 N. Main Street) parece a primera vista una de las muchas tiendas de bisutería: en realidad contiene la colección más vasta del mundo de recuerdos de Grateful Dead y del propio Garcia. Además de entradas de conciertos, pósters originales y un montón de cosas más, está a la venta el frigorífico que perteneció a Jerry en su última casa de Nicasio. Cerca del centro de Tiburon, en el 106 de Main, la misma calle que lleva a la iglesia de St. Stephen, está la tienda de lutería de Eric Schoenberg: un auténtico paraíso para los amantes de las guitarras acústicas de 6 y 12 cuerdas. Muchas de las que se exponen son instrumentos vintage de gran valor. Y luego están las maravillosas guitarras construidas por el propio Schoenberg.

Las guitarras de Eric Schoenberg, Sausalito

Justamente en Tiburon, un amadísimo hijo de San Francisco, el polifacético Robin Williams, decidió quitarse la vida. Lo hizo el 11 de agosto de 2014 en su hermosa casa de estilo mediterráneo en el 95 de Saint Thomas Way. La mansión tiene seis dormitorios, siete cuartos de baño y una terraza que da a la bahía con vistas hacia el Richmond Bridge. En su testamento, Williams dejó su vivienda a su mujer Susan que, a continuación, la puso a la venta.

Mill Valley, a pocos minutos de Sausalito, es conocida por todos como población con espíritu artístico. Paseando por las callejuelas del centro se encuentran galerías, cafeterías, tiendas extravagantes. Y allí se celebra, desde hace casi medio siglo, el Mill Valley Fall Arts Festival y el apreciado Mill Valley Film Festival, uno de los más importantes del país en cine independiente.

Mill Valley es la ciudad natal de Mariel Hemingway, pero fue residencia de muchas estrellas del rock, comenzando por John Cipollina y sus Quicksilver, hasta Michael Bloomfield, Bob Weir, Clarence Clemmons, Bonnie Raitt, Sammy Hagar y Huey Lewis. Después de que, en 1993, se incendiara su casita en la colina (18 Escalon) y se perdiera su increíble colección de muñecas, Grace Slick se desanimó hasta tal punto que se trasladó a Los Angeles, dejando la Bay Area, en la que había nacido y donde había vivido hasta aquel momento.

En verano de 1972, John Lennon y Yoko Ono pasaron un mes de vacaciones en una bonita casa de madera en Lovell Avenue, cerca de

Tiburon: la casa de Robin Williams, donde el actor fue encontrado muerto

la biblioteca. Según John, el edificio se parecía a un molino de viento y, por ello, posteriormente, se le llamó The Windmill House. En el cuarto de baño de la casa, en cuya pared la propietaria dibujaba grafitis, Lennon dejó un recuerdo: la inscripción «The Maya The Merrier» (maya significa «ilusión» en sánscrito). Poco después de que John y Yoko dejaran Mill Valley, el **Sweetwater**, uno de los clubs de folk, rock y blues más bonitos y sugestivos de la Bay Area, comenzó sus actividades.

«SI VIVES EN LA BAY AREA OLVIDAS RÁPIDAMENTE EL TERREMOTO: ES EL ÚNICO ASPECTO NEGATIVO DE UNA DE LAS ZONAS MÁS BONITAS DEL MUNDO»

Carlos Santana

En el curso de cuarenta años de conciertos y festivales en el minúsculo pero acogedor local tocaron artistas del calibre de Carlos Santana, Elvis Costello, Gregg Allman, Jerry Garcia, Sammy Hagar, Clarence Clemmons, muchos de los cuales residían justamente en Mill Valley y alrededores. Cerrado en 2007, el Sweetwater Music Hall volvió a abrir en 2012 gracias a un grupo de aficionados entre los que destaca Bob Weir. Hoy el club se encuentra en la Masonic Lodge, en el 19 de Corte Madera Avenue.

Una de las piedras miliares de la música en California, así como la que tal vez es la tienda de vinilos más importante de los Estados Unidos, era el **Village Music**. Abierto a partir de 1968, cerró sus puertas a finales de 2007: John Goddard, propietario y creador de este paraíso del disco frecuentado por aficionados y por artistas más o menos famosos, decidió, después de cuarenta años, cesar sus actividades. Pero la pasión no termina nunca, y de esta manera, Goddard trasladó su *stock* y la mayor parte de los fantásticos recuerdos que embellecían su tienda a una tienda justo enfrente del antiguo emplazamiento (31 Sunnyside #5). Cada sábado, previa cita, John está allí para vender a los interesados lo que queda del increíble patrimonio de los tiempos dorados: hoy todavía hay a disposición del público cerca de 80.000 vinilos y casi 150.000 discos de 45 rpm. La historia de Goddard aparece narrada en el documental *Village Music: Last of the Great Record Stores*, dirigido por Gillian Grisman, hija de David Grisman, mítico mandolinista así como cliente aficionado del Village Music y buen amigo de Goddard.

Sweetwater, Mill Valley, uno de los clubs musicales más prestigiosos de la Bay Area

BANDA SONORA

SAMBA DE SAUSALITO
Santana - *Welcome* (1973)
Un encantador tema instrumental que rinde homenaje a la más deliciosa de las localidades turísticas de la bahía, pero también a la más transgresora: se decía que un tercio de sus habitantes cultivaba marihuana para uso personal. Nadie podía rendir a la ciudad un mejor tributo que Santana con este tema. Espumeante.

Mill Valley Music, deliciosa tienda en el 320 de Miller Avenue, intenta recoger, al menos en parte, la herencia de Village Music.
Un poco más adelante (382 Miller Avenue) se encuentra el **2am Club**, un bar muy frecuentado, famoso como localización a causa de la carátula de *Sports* de Huey Lewis, uno de los habitantes más célebres de Mill Valley. Prosiguiendo hacia el norte por la 101 desde Mill Valley se llega a **San Rafael**, graciosa población que desde los años setenta se convirtió en el centro operativo de las actividades de los Grateful Dead. No sólo los miembros del grupo, después de abandonar la casa de Ashbury Street, se trasladaron aquí; también las oficinas de la banda pasaron a instalarse entre la 5th Street y Lincoln. No lejos de aquí, en la esquina con la 2nd Street, se hallaba el cuartel general de los New Riders of the Purple Sage. En aquellos días, los Dead tocaban regularmente en la sala de baile del **Litchfield's Bermuda Palms** (737 E. Francisco Boulevard), un hotel elegante que en las décadas anteriores frecuentaban las estrellas de Hollywood, políticos importantes y empresarios de éxito. En la década de 1960, la sala de baile del hotel (llamada alternativamente Pepperland o Euphoria Room) acogió muchos conciertos. También fue el lugar en el que, por última vez, Janis Joplin actuó con los Dead. Hoy sólo queda la histórica enseña de neón, visible incluso desde la Highway 101. Cerca del **Litchfield** (20 Front Street) está el estudio de grabación que Garcia, Weir y compañía utilizaron durante veinte años.
También en la zona (100 Yacht Club Drive) se halla el fascinante **Terrapin Crossroads**, el lugar de San Rafael que más se asocia con la tradición de los Dead. Se trata de un

THE STRAWBERRY STATEMENT

The Strawberry Statement es una película que marcó una época, basada en el libro homónimo del periodista Simone Kunen, que narró las protestas en la Columbia University en 1968.
Aunque ambientado en el campus de una universidad de la Bay Area que no se identifica muy bien, la historia recuerda la de las revueltas del People's Park de Berkeley. En la película, un parque destinado a los afroamericanos es requisado por el ejército para adiestrar a los militares que deben ir a Vietnam.
Simon (Bruce Davidson) es un estudiante que inicialmente no se interesa por la política, pero que termina comprometida inevitablemente, primero al enamorarse de una «estudiante» que sí lo está, y luego al enfrentarse a los cargos de la policía que intenta desalojar el campus ocupado por los estudiantes. La banda sonora está compuesta, entre otros, por temas de Joni Mitchell, CSNY y John Lennon. La película y el director Stuart Hagmann ganaron el premio del jurado en el Festival de Cannes de 1970.

Tiendas de discos legendarias: la histórica Village Music y la Mill Valley Music, donde se realizó la foto de carátula de Sports, de Huey Lewis & The News

local, restaurante y music club propiedad de Phil Lesh, que a menudo se exhibe en la **Grate Room**, sala de 200 personas (a precios elevados). El Terrapin Crossroads se ha convertido en cinco años en uno de los templos neohippies.

A pocos kilómetros al sur de San Rafael está la pequeña Larkspur, donde Janis Joplin compró en 1969 la casa de sus sueños (380 W. Baltimore Ave.). Inmersa en el verde de un bosque de sequoias, la vivienda ofrece una magnífica vista hacia los montes Tamalpais. En junio de 1967, unos días antes del Festival de Monterrey, en el Mountain Theater (801 Panoramic Highway), en el interior del Tamalpais State Park, se celebró el Fantasy Fair and Magic Mountain Music Festival, con los Doors, Byrds, Jefferson Airplane, Tim Buckley y Canned Heat. Hay quien sostiene que fue el primer auténtico festival rock de la historia (con 36.000 espectadores). Joplin no estaba, porque el festival se aplazó una semana por causa del mal tiempo y en la nueva fecha los Big Brother tenían un compromiso ya fijado con antelación. Todavía hoy, la casa de Larkspur conserva algunos rastros de la presencia de Janis: una pequeña zona de madera, paneles también de madera del mismo carpintero que había hecho el Trident de Sausalito, una caseta gigante para su último perro (cruce entre un San Bernardo y

«MI CASA EN LARKSPUR, EN EL MARIN COUNTY, ES UN PARAÍSO. ABRO LA VENTANA, VEO LOS MONTES TAMALPAIS Y SIENTO LOS PERFUMES DE LA BAY AREA»

Janis Joplin

Terrapin Crossroads, San Rafael: el local más querido por los fans de los Grateful Dead

un mastín napolitano) y un billar. La terraza de la entrada se construyó en torno a dos grandes árboles.

Atravesando el Richmond Bridge para llegar a la parte este de la bahía, se pasa junto a la **cárcel de San Quintín**. Johnny Cash dio un par de espectáculos aquí a finales de la década de 1950 y llegó a grabar un álbum en directo (*At St. Quentin*, 1969) documentado por las cámaras de Michael Darlow. Entre los prisioneros que asistieron a su show estaba un joven Merle Haggard: quedó tan impresionado por la exhibición de Cash que, una vez salió de prisión, hizo de la música su profesión, convirtiéndose al cabo de poco en una estrella del country. En 1990, también B.B. King grabó un álbum en directo en San Quintín, que ganó un Grammy, mientras que los Metallica rodaron allí el videoclip de «St. Anger» (también vencedor de un Grammy), que concluye con una dedicación especial: «Para todas las almas recluidas en San Quintín, vuestro espíritu formará parte de Metallica para siempre». Justamente los Metallica, entre 1983 y 1986, vivían a menos de media hora de St. Quentin, en una casa de **El Cerrito** (3132 Carlson Boulevard), posteriormente rebautizada como «Metallimansion». En aquellos años, James Hetfield, Kirk Hammet y sus compañeros compusieron

Larkspur: la última casa de Janis Joplin

WINDHAM HILL

Un océano de suavidad

Todo surgió en las aguas de la bahía de San Francisco, y se concretó en una empresa increíble cerca de la Stanford University, en Palo Alto.

A finales de la década de 1970, un tal George Winston, pianista sin blanca, dormía en la barca de vela de un amigo, Alex De Grassi, un guitarrista acústico que había grabado para un pequeño sello propiedad de su primo, Will Ackerman. De Grassi convenció a Ackerman, también guitarrista, para grabar una demo de Winston: un álbum sólo de piano, una mezcla seductora de clásica, rock y folk, con melodías delicadas y minimalistas a lo Erik Satie. La cinta se distribuyó en algunas emisoras radiofónicas de la Bay Area, más por deber que por convicción. Pero al cabo de poco tiempo los dj llamaban a Ackerman a cada hora del día y de la noche para decirle que, después de escuchar los temas de aquella demo, los oyentes estaban locos. «Will, creo que tienes a una estrella en las manos», le dijo a Ackerman un amigo, director de una radio del norte de California. Nunca unas palabras fueron más acertadas. *Autumn*, el álbum de debut de Winston (de hecho, el material de aquella demo) terminó por vender más de diez millones de copias, hizo despegar el sello de Ackerman –la Windham Hill– y obligó a Billboard a acuñar un nuevo género: la New Age Music. Los álbumes de Windham Hill tenían carátulas refinadas, sin las caras de los artistas pero con imágenes bucólicas y relajantes. Los discos se grababan casi solos, y aquellas músicas, delicadamente elegantes, hicieron furor. En el catálogo del sello, terminaron con el tiempo talentos absolutos como Michael Hedges, Tuck & Patti, Mike Marshall, Darol Anger o Michael Manring.

El vídeo de «St. Anger», rodado en San Quintín, y la «Metallimansion» de El Cerrito

y pusieron a punto los temas de *Ride the Lightning* y del posterior y afortunado *Master of Puppets*, justo en el garaje de la casa de El Cerrito, antes de entrar en el estudio de grabación.

En El Cerrito estableció su centro de operaciones culturales Chris Strachwitz, un emigrado de la baja Silesia, antaño territorio alemán y ahora parte de Polonia. Tras haberse enamorado del jazz, Strachwitz viajó a Houston para grabar a su ídolo, el bluesman Sam «Lightning» Hopkins. A partir de allí, y después de realizar otras grabaciones de blues, folk, cajun y zydeco, comenzó la aventura de Arhoolie Records, una de las etiquetas más prestigiosas y creíbles de descubrimiento y redescubrimiento de los repertorios tradicionales estadounidenses.

Es más, Strachwitz intuyó el potencial de una joven banda de Berkeley, Country Joe & The Fish: en 1966 les publicó la canción de protesta «I-Feel-Like-I'm-Fixin'-To-Die Rag», destinada a convertirse en un himno contra la guerra de Vietnam. Strachwitz tenía un porcentaje sobre los royalties del tema que, especialmente después de la visibilidad que tuvo con la película *Woodstock*, le reportó un montón de dinero, lo cual le permitió adquirir una sede en el 10341 de San Pablo Avenue, donde, aún hoy, se encuentra su tienda de vinilos, **Down Home Records**. Strachwitz, después de 55 años de actividad, vendió la Arhoolie a la Smithsonian Institution, pero conserva su fabulosa tienda.

Sin embargo, el nombre El Cerrito todavía provoca hoy un sobresalto en el corazón de los fans de los Creedence Clearwater Revival. La banda de los hermanos Fogerty se formó aquí a principios de la década de 1960, cuando los cuatro se hacían llamar todavía The Blue Velvets primero y The Golliwogs después. En el 226 de Ramona Avenue está la casa en la que John y Tom Fogerty crecieron, mientras que en el 7125 de Donal Avenue todavía se puede ver la escuela en la que los cuatro comenzaron en 1959 su aventura musical: antaño se llamaba Portola Middle School, pero desde 2014 ha adoptado el nombre del héroe de guerra Fred T. Korematsu. La célebre **Cosmo's Factory**, que dio título al sexto álbum del grupo de Fogerty se encontraba en **Berkeley** (en 1230 Fifth Street), a un cuarto de hora en coche en dirección sureste. Se trataba de un almacén que los Creedence utilizaban como depósito de instrumentos y sala de pruebas. Aquí, durante cerca de seis semanas, la banda puso a punto el repertorio del disco. El nombre del lugar nació de un chiste del batería Doug Clifford que, a quien se lamentaba de las condiciones de trabajo de los músicos, respondía: «Siempre es mejor que trabajar en una fábrica». Los otros miembros de la banda añadieron a la palabra «fábrica» (factory), «Cosmo». También aquí,

BANDA SONORA

TAMALPAIS HIGH

David Crosby - *If I Could Only Remember My Name...* (1971)

Una oda a los montes que dan al Pacífico, rodeados por un seductor halo de misterio. El coro sin palabras de Crosby, en el disco-manifiesto de la West Coast, capaz de unir la escena de Haight-Ashbury y la de Laurel Canyon, podría ser el himno del Marin County. Intenso.

LOS PÓSTERS DE STANLEY MOUSE

Su verdadero nombre era Stanley George Miller, pero en Detroit, donde frecuentaba las escuelas secundarias, le dieron un apodo (Mouse) que le trajo suerte. Es más, se convirtió en su auténtico apellido cuando, a mediados de la década de 1960, se trasladó a San Francisco, conoció a Alton Kelley y a otros miembros de la Family Dog y comenzó a diseñar posters psicodélicos y carátulas de álbumes legendarios.
La premiada firma Mouse & Kelley firmó obras maestras auténticas del arte psicodélico como, por ejemplo, la imagen del esqueleto con la rosa, que se convirtió en el inconfundible símbolo de los Grateful Dead, o las alas coloreadísimas que embellecen las carátulas de los Journey.
Tras la muerte de Alton Kelley en 2008, Stanley Mouse vive y trabaja en Sonoma. Se le puede encontrar en su estudio (mediante cita vía email talk-to@mouse-studios.com), en los festivales donde vende sus obras, o bien en la galería Rockin' Roses, en Healdsburg (cerca de Sonoma), donde hay una muestra permanente de su trabajo.

Down Home Record Store

en 1971, los Creedence grabaron un legendario especial de televisión con Booker T. & The Mgs.
Hoy, en **Fifth Street**, antaño zona industrial, hay tiendas y pequeños restaurantes, y en la dirección de la Factory ahora surge la sede de un instituto de investigaciones tecnológicas.
En Oakland (3218 Peralta, esquina con 32nd Street) se encuentra el **Duck Kee Market**, lugar en el que se realizó la instantánea que aparece en la carátula del álbum *Willy and the Poorboys*. Este y los demás discos de los Creedence se grabaron en los celebérrimos estudios de Fantasy, en la esquina entre 10th y Parker, construidos por voluntad del fundador de la etiqueta Saul Zaentz. Buena parte de la historia del cool jazz, desde Dave Brubeck hasta Gerry Mulligan y Chet Baker, se escribió en el interior de las paredes de los estudios A, B, C y D. Aquí, entre otros, se produjeron los grandes éxitos discográficos de dos bandas de la Bay Area: *Escape* (1981) de los Journey, y *Dookie* (1994), de los Green Day. Tras la adquisición de la etiqueta por parte del Concord Music Group, los estudios fueron reestructurados en 2007.
Berkeley es la sede de la **University of California**, desde donde, de hecho, partió el movimiento radical de

Cosmo's Factory

activistas políticos que, en 1967, se reunieron bajo la égida del Youth International Party. Algunos de los miembros fundadores también se hallaban entre los promotores del Free Speech Movement, nacido cuando, durante el curso académico 1965-1966, el establishment universitario prohibió todo tipo de actividad política en el campus. Se trataba de personajes como Abbie Hoffman, Jerry Rubin o Paul Krassner, que tenían que protagonizar las crónicas en los años siguientes. Los llamaban «yippie», en parte porque YIP era el acrónimo de Youth International Party, y en parte porque estaban en abierta polémica con los hippies de la vecina San Francisco, considerados apolíticos y pasotas.

Fantasy Studios, Berkeley

«BERKELEY ES UNA POBLACIÓN ACTIVA BAJO CUALQUIER PERFIL: ARTÍSTICO, POLÍTICO, CULTURAL. ME GRADUÉ ALLÍ Y MI BAUTISMO MUSICAL TAMBIÉN FUE ALLÍ»

Susanna Hoffs (The Bangles)

Después de variados episodios y manifestaciones de protesta, la mayor parte de los cuales contra la guerra en Vietnam, algunos estudiantes de Berkeley decidieron utilizar una zona de parque en desuso, cerca de Telegraph Avenue. El área, llamada **People's Park**, debería haber sido gestionada por la universidad, pero esta se desentendió. De esta manera, los estudiantes, apoyados por los vendedores ambulantes de Telegraph Avenue, comenzaron a ocupar el parque que, en breve tiempo, se limpió y saneó. Los jóvenes organizaban aquí asambleas, lecturas y conciertos. Hasta que, impulsado por las presiones del alcalde republicano de Berkeley, el gobernador de California, Ronald Reagan, declaró públicamente que aquel lugar era «un paraíso para comunistas, para jóvenes que sólo quieren protestar, para pendones y pervertidos». Y cuando, el 15 de mayo de 1969, en un jueves que pasará a la historia como «Bloody Thursday», la policía desalojó el parque y lo mandó cercar con alambre de espino, la protesta estalló. Unos 4.000 estudiantes se reunieron y, al grito de «Recuperemos el parque», se dirigieron hacia el People's Park. Entretanto, a la policía se le sumó el ejército, y los enfrentamientos resultaron muy violentos. Un muchacho murió a consecuencia de un disparo de arma de fuego disparado por las fuerzas del orden, y más de 150 estudiantes quedaron heridos. Desde entonces, el People's Park se ha convertido en una metáfora de libertad, paz y no violencia. Hoy es también un refugio seguro para las personas sin hogar de Berkeley. **Telegraph Avenue** es una calle muy larga, de casi ocho kilómetros. Parte del centro de Oakland y llega a la universidad de Berkeley. Pero el

La puerta de entrada del campus en Berkeley

People's Park hoy

centro vital de la calle se encuentra en las últimas cuatro manzanas, las que van de **Bancroft Way** a **Dwight Way**, con bares, restaurantes, librerías y tiendas para los estudiantes de la universidad que se mezclan con tenderetes y artistas callejeros: un mundo alegre y colorista que atrae cada vez más al turismo.

Centro vital de la protesta en las décadas de 1960 y 1970, así como el vecino campus, Telegraph Avenue, en las décadas siguientes, vio aumentar la población de indigentes y mendigos. A estos se han añadido en los últimos años decenas de muchachos que se han fugado de casa, procedentes de todos los rincones del país. Pero en Telegraph Avenue también hay dos célebres tiendas de CD y vinilos: **Rasputin** (2401 Telegraph), fundada en 1971, y la inmensa **Amoeba** (2455 Telegraph), gemela de la misma megastore de Haight, en San Francisco.

También forma parte de la universidad de Berkeley el histórico **Greek Theater** (2001 Gayley Road), magnífico anfiteatro construido e inaugurado en 1903. Tiene una capacidad de 8.500 plazas, acoge el Berkeley Jazz Festival y ha sido escenario de algunos de los conciertos más importantes de la Bay Area, como el festival Bread and Roses, fundado a mediados de la década de 1970 por Mimi Farina, hermana de Joan Baez, para ayudar a presidiarios, minusválidos, enfermos e indigentes: de Neil Young a Chick Corea, pasando por Joni Mitchell y Herbie Hancock, son muchísimas las estrellas que se han adherido a la invitación de Mimi.

Momentos de vida en Telegraph Ave, Berkeley

En los alrededores de University Avenue está el **Freight and Salvage** (2020 Addison Street), templo de la música folk, world y acústica. Fue fundado en 1968 y, durante años, tuvo su sede en un emplazamiento diferente al actual, en San Pablo Avenue. En la época era una meca para todos los aficionados al bluegrass y old time music. Posteriormente se abrió a las mejores expresiones internacionales y a la música acústica. Las veladas de micrófono abierto siempre cuentan con buena participación y han lanzado desde el escenario del Freight and Salvage a artistas como Shawn Colvin, Alvin Youngblood Hart y la estrella de Hollywood Dana Carvey. Berkeley es una población abierta y progresista, también en el terreno musical. Así, junto a las propues-

Rasputin Music

tas psicodélicas (y políticamente incorrectas) de Country Joe & The Fish ha sido capaz de proponer el *crossover* comprometido de Michael Franti, las guitarras afiladas de Peter Buck y Joe Satriani y el vocalismo transgresor de The Bobs o el rock roots del gran John Fogerty. Hoy siguen siendo muchos los artistas que viven en Berkeley. Algunos han salido del templo del punk californiano, el **924 Gilman Project**. El artífice de todo ello fue Tim Yohannan, conocido como Tim Yo, fundador del fanzine (aunque también del programa de radio homónimo) *Maximum Rocknroll*, dedicado a la subcultura punk. Con la ayuda de Victor Hayden, Tim Yo identificó en un almacén de West Berkeley (924 Gilman Street) el lugar más adecuado para realizar su proyecto. El 31 de diciembre de 1986 tuvo lugar el primero de una larga serie de conciertos, la mayor parte de los cuales, especialmente en la fase inicial, eran de hardcore punk. Dado que, en aquellos años, los clubs destinados al directo no eran exactamente lugares seguros, Tim dictó reglas férreas: nada de alcohol ni de drogas en el interior o cerca del local, no al racismo, el sexismo, la homofobia y la violencia, tanto de palabras como de hechos. En el interior del Gilman Project (que se constituyó como organización sin ánimo de lucro) se respiraba una atmósfera limpia que permitió el lanzamiento de bandas como Operation Ivy y Green Day. Posteriormente, el escenario del Gilman se abrió también a artistas ya afirmados como Fugazi, Sleater-Kenney, Bikini Kill o Chumbawamba. A pesar de cierres, algún accidente (el más famoso sucedió en 1994 cuando Jelo Biafra fue asaltado por un grupo de fanáticos) y la muerte de Tim Yo, acaecida en 1998, el 924 Gilman prosiguió incesantemente su misión.

Freight and Salvage, Berkeley, el templo de la música acústica

«LA BAHÍA NO ES TAN SÓLO UN LUGAR MARAVILLOSO: AQUÍ NACIERON EL FREE SPEECH MOVEMENT Y LAS PROTESTAS DE LOS RADICALES. BERKELEY Y SU UNIVERSIDAD FUERON EL EPICENTRO DE LOS MOVIMIENTOS REVOLUCIONARIOS DE LA DÉCADA DE 1960»

Country Joe McDonald

Berkeley está vinculada a Oakland, el puerto comercial más importante del norte de California. También Oakland puede jactarse de un escenario artístico significativo que, según un reciente sondeo, la sitúa entre las primeras doce de los Estados Unidos. Musicalmente fue el epicentro del West Coast jazz y del blues californiano, pero también dio vida a grupos rhythm and blues, gospel, funk, punk, heavy metal, gangsta-rap y hip hop. Too Short, Digital Underground y MC Hammer son algunos de los raperos más famosos que emergieron de la escena de Oakland; en lo referente al new soul recordemos a Toni! Toni! Toné!, Keshia Cole y Raphael Saadiq; en el campo del rock, Tim Armstrong de los Rancid, Billie Joe Armstrong de los Green Day y Jeff Hanemann de los

924 Gilman Project

Back to Oakland, Tower Of Power

Slayer. Pero el grupo que se asocia más a Oakland sigue siendo Tower of Power, cuyo célebre álbum *Back to Oakland* presenta en la carátula una espléndida foto del Bay Bridge que une Oakland y Berkeley con San Francisco.

Casi todos estos artistas mencionados han experimentado la ebriedad de exhibirse en uno de los escenarios más intrigantes de la Bay Area, el Henry J. Kaiser Auditorium (10

La torre de la muerte: aquí se estrelló el helicóptero de Bill Graham

Tenth Street). Construido en 1913, acogió el Wild West Show de Buffalo Bill, los discursos del presidente Woodrow Wilson, las carcajadas de Charlie Chaplin, los puños de Jack Dempsey, las orquestas de Duke Ellington, pero sobre todo, el histórico concierto de Elvis de 1956. Los Grateful Dead realizaron allí un show espectacular para el fin de año más psicodélico de la historia, con Etta James y Tower of Power como invitados, que se unieron a Jerry Garcia, Bob Weir y compañía para una formidable «In the Midnight Hour» que sonó justamente al llegar a la medianoche.

En 1969, aprovechando un permiso de 72 horas (había sido condenado a muerte por el asesinato de su mujer) la estrella del country Spade Cooley dio en el Kaiser Auditorium el último concierto de su vida: murió de un infarto en el backstage durante el intermedio.

Hoy, el auditorio situado cerca del lago Merritt se llama **Henry J. Kaiser Convention Center**, sigue acogiendo conciertos, aunque los grandes eventos rock se celebran ahora en el **Oakland Coliseum**.

Nacido de la pasión por el jazz de Carl Jefferson, importante revendedor de Lincoln-Mercury, el **Concord Pavillion** (2000 Kirker Pass Road, un fantástico anfiteatro al aire libre) funciona desde 1973 y

Henry Kaiser Auditorium

acoge conciertos de medianas dimensiones, con una capacidad para 10.000 espectadores.

Allí ha tocado todo el mundo, desde Frank Sinatra hasta Eric Clapton, pasando por Santana, Dire Straits e incluso Abba, en su única actuación en el norte de California.

El 25 de octubre de 1991, Bill Graham, el «gran jefe» del rock estadounidense, mientras volvía del concierto de Huey Lewis que se había celebrado justo en el Concord Pavillion, se estrelló con su helicóptero; el tiempo pésimo impidió que el piloto avistara una torre de electricidad de 70 metros de altura cerca de la Highway 37 entre Vallejo y el Marin County. Con él murieron la mujer de Graham, Melissa Gold, y el piloto. Los restos carbonizados del vehículo quedaron enganchados a la torre de alta tensión durante más de un día...

VENTURA HIGHWAY

Su verdadero nombre es California State Route 1, pero todos la conocen como Pacific Coast Highway. Es la magnífica carretera costera que comienza en el norte, en Mendocino, y termina en Capistrano Beach, en el Orange County. Pero el tramo que, desde la bahía de Monterrey, transita por Big Sur, acaricia el condado de Santa Barbara y el Neverland Ranch para llegar a la pintoresca Venice es el que evoca los recuerdos más sugestivos a todos los amantes de la música. Dejando San Francisco se viaja hacia el sur hasta llegar a Santa Cruz, capital del surf. Pero no sin haber visitado antes uno de los lugares más famosos de la historia del Rock...

El sábado 6 de diciembre de 1969 fue un día muy feo.

En todos los sentidos.

Comenzaba el invierno, hacía frío, el cielo estaba cargado de nubarrones. Desde hacía semanas, los Rolling Stones estaban buscando un lugar en la Bay Area donde poder organizar un concierto gratuito.

Cuando habían tocado en San Francisco, en el curso de la primera y desafortunada gira norteamericana de 1965, no habían dejado un buen recuerdo. Un evento gratuito sería una manera excelente para hacerse perdonar. Y aquella tenía que ser la última fecha de la gira estadounidense de 1969, enteramente filmada por una troupe cinematográfica con el objetivo de realizar un documental que precisaría de un gran final. ¿Y qué mejor que un enorme show gratuito? Por desgracia, a los organizadores no les concedieron los permisos para utilizar dos localizaciones identificadas como ideales: el Golden Gate Park y el Sears Point Raceway, este último negado a dos días del evento.

Pero para salvar la situación intervino el empresario californiano Dick Carter, propietario de un autódromo abierto desde hacía pocos

Altamont Raceway Park

años, el **Altamont Speedway**, en el condado de Alameda, entre Tracy y Livermore (17001 Midway Road, Tracy). Un lugar que sólo conocían unos pocos aficionados al automovilismo y que distaba mucho de ser sugestivo: una explanada yerma, sucia, escuálida. Pero sobre todo, difícil de mantener bajo control, especialmente al tener que organizarlo todo en el último momento. Debía ser un Woodstock californiano; por este motivo, Grateful Dead y Jefferson Airplane habían pensado en un triple show con los Stones. Luego también se adhirieron otras bandas como Santana, Flying Burrito Brothers, Crosby Stills Nash & Young. Y Michael Lang, uno de los organizadores de Woodstock, aceptó promover el evento.

«¿ALTAMONT FUE EL FINAL DE UNA ÉPOCA? NO, SÓLO FUE UN DÍA HORRIBLE»

Grace Slick

Grace Slick, de los Jefferson Airplane, recuerda que en Altamont «todos estaban nerviosos, rabiosos, intolerantes: el exacto contrario al espíritu de Woodstock». Malas vibraciones se estaban propagando incluso antes de que los Hells Angels comenzaran a comportarse de modo violento. Los bikers californianos, amigos de la comunidad de Haight-Ashbury, se encargaban de la seguridad, pero se tomaron demasiado en serio su cometido. Ya al final de la mañana, el escritor y crítico musical Greil Marcus, enviado por *Rolling Stone*, vio cómo algunos Angels «golpeaban a varias personas del público, las sacaban de las primeras filas, las llevaban al backstage y allí proseguían sus palizas».

Hells Angels

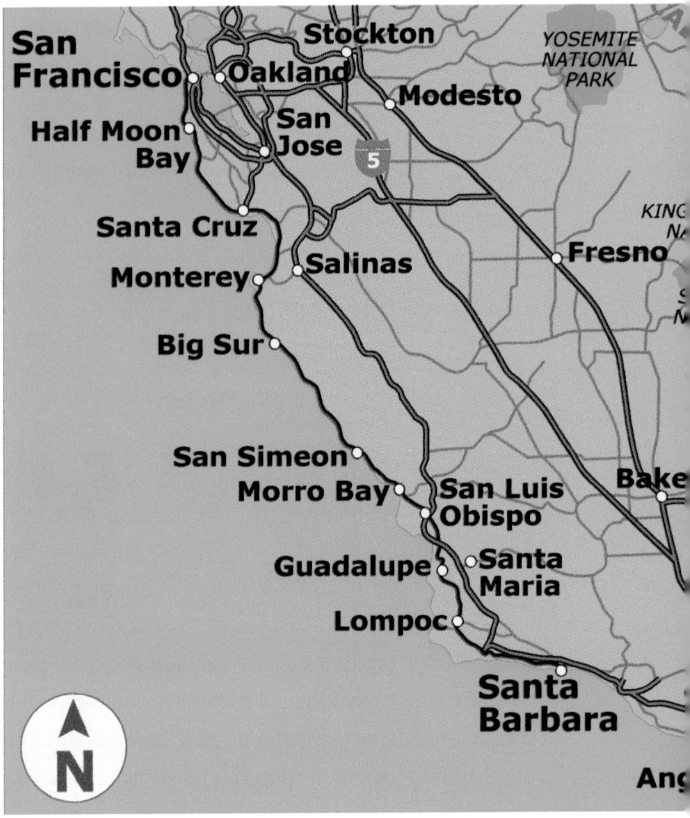

«Tarde o temprano alguien se dejará aquí la piel», se oyó decir más de una vez aquel día. Marty Balin, de los Jefferson Airplane, recibió un puñetazo de uno de los Angels después de una disputa, y de este modo, los

Grateful Dead decidieron no subir al escenario. Los Rolling Stones sí lo hicieron. Pero al tercer tema, «Sympathy for the Devil», se vieron obligados a interrumpir la música para intentar calmar al público que se agitaba bajo el escenario. Luego, durante «Under My Thumb», un joven afroamericano, un tal Meredith Hunter, se les acercó empuñando una pistola. Un grupo de Angels lo bloqueó, echándolo al suelo y apuñalándolo hasta que murió. Todo ello quedó documentado en la película *Gimme Shelter*.

EL «PUENTE» DE NEIL YOUNG

En 1986, Neil Young y su mujer por entonces, Pegi, fundaron la **Bridge School**, pequeño milagro pedagógico nacido del deseo de ayudar a los niños afectados por graves problemas motores y de comunicación. Pegi Young y Jim Foreder, deseosos ambos de encontrar una estructura educativa adecuada para las exigencias de sus respectivos hijos, conocieron a la logopeda Marilyn Buzolich que, en aquellos días, buscaba una manera de valorizar el potencial del hijo de Neil y Pegi, Ben, que en aquella época tenía seis años. «Teníamos un proyecto pero nos faltaba un programa –recuerda Buzolich–, y también teníamos necesidad de soporte financiero.»
De esta manera nació la Bridge School, financiada por un gran festival (el Bridge School Benefit) que, cada año a mediados de octubre, se celebra en el Shoreline Amphitheater de Mountain View. Para la ocasión, Neil Young abre y cierra el evento, solo o con sus históricos compañeros artísticos, desde Crosby Stills & Nash hasta los Crazy Horse, pasando por la propia Pegi o los Buffalo Springfield. A su lado, una decena de nombres excelentes del rock de ayer y de hoy, como Pearl Jam, Bob Dylan, Patti Smith, Metallica, James Taylor, Who, Brian Wilson, Willie Nelson, Foo Fighters o Red Hot Chili Peppers. En el escenario, a sus espaldas, una delegación de los niños curados de los que se ocupa la escuela, junto a su tutor.
Todos los artistas se exhiben en un set acústico de una duración de cerca de media hora. El Bridge School Benefit dura dos días, sábado y domingo.

Greil Marcus escribió que nunca había visto a los Rolling Stones dar un concierto tan irresistible: el mejor set que recordaba. Hay quien tuvo la sensación de que, percibiendo el clima nefasto de Altamont, probaron de distraer a todo el mundo con un show fantástico. O, simplemente, de tocar del mejor modo posible para olvidarse del miedo o del nerviosismo

La película *Gimme Shelter*, en la que los Stones cuentan el drama de su actuación en Altamont

que los rodeaba. Por desgracia, el Woodstock californiano se transformó en tragedia: un final terrible para el documental pero también para el año más importante de una década inolvidable.
Después de varias interrupciones temporales, el Altamont Raceway Park cerró definitivamente en 2008, pero, para los curiosos, la pista y lo que resta de las tribunas siguen ahí. Cartel de entrada incluido. Volviendo hacia San Francisco se atraviesa el Bay Bridge y se llega a la zona del Embarcadero. Justamente allí, en otoño de 2018, se volverá a abrir el **Teatro Zinzanni**, el fantasioso circo-teatro creado por Norman Langill en 1998. Hay quien lo ha definido como un término medio

El extravagante Teatro Zinzanni con Joan Baez, invitada de una velada especial

entre el Moulin Rouge y el Cirque du Soleil; en realidad, es una fantástica mezcla de cabaret, acrobacias, danza y vodevil que se desarrolla bajo una carpa, con cena incluida. Un espectáculo de otros tiempos, lleno de gusto pero también de ironía, y que ha acogido, por sorpresa, a artistas invitados del calibre de Joan Baez o Ann Wilson de las Heart. La nueva sede (Broadway & Embarcadero) prevé una carpa de circo protegida por un enorme templete de vidrio de casi veinte metros de altura.

Entrada del Altamont Raceway Park

A poca distancia de allí, en la **Justin Hermann Plaza** (frente a la imponente fuente creada por el artista canadiense Armand Vaillancourt), los U2 se exhibieron en un histórico concierto gratuito.

Era el 11 de noviembre de 1987, y la banda de Bono se encontraba en medio del legendario *Joshua Tree Tour*, por lo que en los días sucesivos debía actuar en el Oakland Coliseum. A primera hora de la mañana,

BANDA SONORA

SYMPATHY FOR THE DEVIL

The Rolling Stones - *Beggars Banquet* (1968)

El aura satánica que rodea desde siempre a los Stones alcanzó su punto más álgido durante el famoso festival de Monterrey. Mientras que los Hells Angels acuchillaban a Meredith Hunter, los Stones estaban en el escenario: hay quien sostiene (equivocadamente) que estaban tocando esta pieza, y que en el backstage (falso) se encontraba el temido Charles «Satanás» Manson. Diabólico.

Vaillancourt Fountain, San Francisco. Aquí, en 1987, los U2 celebraron un famoso concierto por sorpresa

las radios locales comenzaron a difundir la noticia y, en pocas horas, en el Embarcadero se reunieron unas 20.000 personas. La mini-performance de nueve temas, bautizada irónicamente *Save the Yuppies* (a causa del derrumbe del mercado de las acciones unas semanas antes) concluyó con una majestuosa versión de «Pride (In the Name of Love)». Durante la parte instrumental del tema, Bono trepó a la escultura de la fuente y con un espray pintó la leyenda «Rock 'n' roll stops the traffic», provocando la reacción indignada de la entonces alcaldesa de la ciudad, Dianne Feinstein, que había declarado la guerra a los grafiteros. Bono se excusó por lo sucedido y los U2 pagaron los costos para limpiarlo todo. Antes de dejar San Francisco y embocar la 101 hay dos paradas obligatorias en otros tantos templos del rock, el blues, el folk y el jazz. El primero es el mítico **Warfield** (928 Market Street), inaugurado a principios de la década de 1920 y dedicado al vodevil con estrellas como Al Jolson, Louis Armstrong y Charlie Chaplin. En 1979, el teatro entró en las agendas de todos los aficionados porque Bob Dylan

«BIG SUR ES LA ÚLTIMA AVANZADILLA DE TODO UN CONTINENTE: ATRAE A GENTE LOCA»

Cartell Burwell

BANDA SONORA

VENTURA HIGHWAY

America - *Homecoming* (1972)

Tres hijos de militares estadounidenses que se conocen en Gran Bretaña pero que escriben canciones que parecen nacidas en California. Sus melodías y sus armonías vocales parecen brotar de las olas del Pacífico, a lo largo de la autopista litoral. Onírico.

The Warfield, San Francisco

tocó durante 14 veladas seguidas para lanzar su *Gospel Tour* y al año siguiente regresó con otra serie de 12 conciertos.

Desde 1980, los Grateful Dead eligieron el Warfield como escenario preferido, tocando en 15 fechas consecutivas, cada una de ellas formada por un set acústico y dos eléctricos. En 1991, los Guns N'Roses usaron el teatro como preestreno para su gigantesco *Use your Illusion Tour*. El Warfield (2.300 plazas) todavía hoy presenta una rica e intensa programación de conciertos de rock y otros estilos. Después de estar gestionado durante años por la firma Bill Graham Presents, a partir de 2008 está bajo el management de Golden Voice/AEG Live. A pocos minutos del Warfield, en el corazón del Tenderloin (el barrio de luces rojas de la ciudad, donde abundan alcohólicos, mujeres de vida alegre y sustancias varias para distraer a los machitos) se encuentra el **Great American Music Hall** (859 O'Farrell Street). No es casual que el local construido en 1907, un año después del gran terremoto, se llamara en otra época Bianc's y fuera uno de los burdeles más frecuentados de la Bay Area. De aquella época quedan la arquitectura victoriana, las columnas que adornan el escenario, los palcos en el interior de una sala que rezuma elegancia antigua. En 1972, tras un importante trabajo de restauración, el local se convirtió en el Great American Music Hall y comenzó una programación que, en poco tiempo, lo situó entre los locales más apreciados de los Estados Unidos. Puede acoger a 600 personas como máximo, pero en la platea los asistentes se acomodan en torno a mesas y, si quieren, también pueden cenar. De Jerry Garcia a Journey, varias leyendas de la West Coast se han exhibido aquí. En 2013, en un sondeo de la revista

Great American Music Hall

Cow Palace, San Francisco, testigo de momentos importantes de la historia del rock

Rolling Stone, el Great American Music Club figuraba en el sexto puesto entre los 100 mejores clubs del país.

O'Farrell Street es perpendicular a Van Ness Avenue que, hacia el sur, conduce a la Highway 101, conocida en el pasado como **El Camino Real**, una arteria que de norte a sur recorre toda la West Coast, desde el estado de Washington hasta el sur de California.

En la 101, saliendo de San Francisco, se encuentran dos lugares apreciados por los aficionados a los Beatles. El primero es el **Cow Palace** (2600 Geneva Avenue, en Daly City), que a pesar de su nombre es un escenario deportivo que acoge también otros eventos importantes, como convenciones políticas o conciertos. En el Palace, el 19 de agosto de 1964, los Beatles abrieron su primera gira estadounidense y cerraron la gira del año siguiente. Además de los Beatles, el Cow Palace ha acogido otros momentos importantes de la historia del rock.

El 20 de noviembre de 1973, Keith Moon, batería de los Who, tuvo un colapso en el escenario y fue sustituido para los últimos temas del concierto por un fan voluntarioso.

Los Pink Floyd tocaron *The Dark Side of the Moon* entero en abril de 1975, Santana grabó aquí un directo en fin de año de 1976, Neil Young filmó en este local la mayor parte de *Rust Never Sleeps*.

El Palace sigue acogiendo conciertos y grandes acontecimientos.

En septiembre de 2014 fue demolido el Candlestick Park, que fue la casa de los San Francisco Giants primero y de los San Francisco 49ers después. Cuando todavía albergaba partidos de béisbol, el 29 de agosto de 1966, el estadio entró en la leyenda como lugar del último concierto de los Beatles.

El 14 de agosto de 2014, pocas semanas antes de la demolición, Paul McCartney regresó al Candlestick Park, regalándole su último instante de gloria; el concierto de Paul fue el evento público final, y luego el estadio fue demolido. Hoy, en la zona de Bayview Heights se construye un gran centro comercial.

Viajando hacia el sur por la 101, en los alrededores de Mountain View, se encuentran los carteles que señalan la salida hacia el **Shoreline Amphitheater**, sugestivo anfitea-

BANDA SONORA

MONTERREY

Eric Burdon & The Animals (1967)

Es una crónica poética del primer festival rock de la historia: Eric Burdon estaba allí y habla de los «hijos de las flores que bailaban día y noche» y que «incluso los policías se divertían con nosotros». Nostálgico.

SURFIN' USA

El **Santa Cruz Surfin' Museum** (701 West Cliff Drive) se encuentra en el interior del Mark Abbott Memorial Lighthouse, un viejo faro posicionado frente a uno de los puntos más famosos para surfistas, Steamer Lane.
Fundado en 1986, el museo alberga más de 100 años de historia de un deporte nacido en las islas Hawaii y exportado justamente a Santa Cruz por tres príncipes de las islas. Fotografías de época, tablas de todo tipo, dimensión y longitud, libros y recuerdos varios embellecen este lugar de culto para aficionados a cabalgar las olas.
Huntington Beach puede enorgullecerse del título de «Surf City USA», pero según muchos este honor debería corresponder a Santa Cruz. No hay duda de que **Steamer Lane** se encuentra entre los cinco primeros hot spot de California junto a los break de Mavericks en Half Moon Bay, a los de Rincon en Santa Barbara, de Trestles en San Clemente o a las largas olas de Malibu.

Museo del Surf en Santa Cruz

Candlestick Park y los Beatles en su último concierto

tro creado por Bill Graham en 1985. Con una capacidad de 20.000 plazas, el Shoreline ha acogido etapas de muchos festivales importantes, como Lollapalooza o Family Values.
Desde 1986 es la sede del Bridge School Benefit, evento benéfico promovido por Neil y Pegi Young.

«¿CÓMO OLVIDAR MONTERREY? LA PRIMERA VEZ DE LOS WHO EN CALIFORNIA. MEMORABLE»

Roger Daltrey

Palo Alto tiene fama como centro residencial, pero también como puerta de entrada a la universidad de Stanford, uno de los centros universitarios más prestigiosos de los Estados Unidos, en cuyo interior está el **Frost Amphitheater**, apreciado por los aficionados al rock en general, pero en particular por los fans de los Grateful Dead, que a tocaron aquí a menudo durante la década de 1980.
En University Avenue (en el 456, donde hoy está el Blue Bottle Cafe), se hallaba el Varsity Theater, un viejo cine de los años veinte que, en los ochenta, albergó una nueva escena musical con los artistas (Tuck & Patti, Michael Hedges, Alex de Grassi, Darol Anger & Mike

Shoreline Amphiteater

Marshall), que se convertirían en nombres punteros de la etiqueta Windham Hill.

En el Alta Mesa Memorial Park (Hillview Section, Bb16 Lot 374) está la **tumba de Ronald McKernan**, teclista de los Grateful Dead, más conocido como «Pigpen», desaparecido el 6 de marzo de 1973 a causa de una hemorragia interna, debida a una cirrosis hepática. «Pigpen», primero entre la desafortunada serie de muertes (casi una maldición) que afectó a los teclistas de los Dead, era muy amigo de Janis Joplin. Se dice que fue él quien introdujo a Janis en el Southern Comfort: el alto índice de azúcar de esta bebida alcohólica, según «Pigpen», de algún modo anestesiaba las cuerdas vocales de su amiga, a dura prueba a causa de su estilo de canto.

Para todos los amantes de los instrumentos acústicos, el nombre de Palo Alto se asocia de manera natural con el de **Gryphon Stringed Instruments**, maravillosa tienda de música que, junto a las de George Gruhn en Nashville, Mandolin Brothers en Staten Island y McCabe's en Santa Monica, forma un póker de ases imbatible.

Frank Ford y Richard Johnson, mandolinista el primero y guitarrista el segundo, fundaron el Gryphon en 1969. Pronto se repartieron las funciones: Frank se dedicó a las reparaciones y a la alta lutería, mientras que Richard desarrolló el lado comercial del negocio, llevando personalmente la tienda.

Después de haber escrito libros, contribuido en revistas, sitios web y enciclopedias, ambos están considerados dos autoridades en materia de instrumentos acústicos. Y

Varsity Theater y tumba de «Pigpen», Palo Alto

Gryphon Stringed Instruments

si la tienda *on line* ya resulta muy atractiva, la vieja tienda en el **211 de Lambert Avenue** mantiene una fascinación extraordinaria. Frank Ford trabaja en el taller, mientas que Richard está tras el mostrador junto a sus expertos y competentes colaboradores. Gryphon, auténtico paraíso para quien busca guitarras acústicas de altísima calidad, nuevas o vintage, también ofrece una vasta gama de instrumentos de cuerda –mandolinas, salterius, banjos, arpas, etc.-, así como accesorios de todos los tipos y para todos los gustos. El aroma de madera antigua que se respira en la entrada es embriagador...

También hay mucha madera en la **Creek Open Space Preserve** de La Honda: parece un lugar encantado. Aquí, entre simpáticos roedores, sequoias altísimas, bosques seculares y arroyos inmaculados, un ex-atleta del equipo olímpico de lucha libre había construido su retiro. Se llamaba Kenneth Kesey y, tras dejar el deporte, trabajó en hospitales psiquiátricos. Esta experiencia le inspiró una novela, *Alguien voló sobre el nido del cuco*, que a principios de la década de 1960 constituyó un éxito extraordinario. En 1963, con los ingresos por las ventas del libro, Kesey se compró la que, todavía

CELEBRATION AT BIG SUR

Exactamente un mes después de Woodstock (13-14 de septiembre), en el Instituto Esalen se celebró la edición de 1969 del Big Sur Folk Festival. La manifestación, activa de 1964 a 1971, era una de las muchas organizadas por el centro cultural famoso por sus cursos de meditación, autoconsciencia, yoga y espiritualidad.

Grabado por las cámaras dirigidas por Baird Bryant y Johanna Demetrakas, el festival se convirtió en un documental con el título de Celebration at Big Sur. La fiesta comenzaba con Joan Baez, una habitual del Esalen, pero es más recordada por las excepcionales actuaciones de Crosby Stills Nash & Young y de Joni Mitchell. Los primeros, que venían de los fastos de Woodstock, presentaron un puñado de temas fantásticos. Desde el escenario, situado frente a una piscina y con el Pacífico a las espaldas, volaron por el cielo, impulsadas por las vibraciones del público, las notas de clásicos de Young como «Down by the River» o «Sea of Madness». Stills interpretó solo «4 + 20» y acompañó a John Sebastian primeramente y luego a Mimi Farina. Joni Mitchell propuso su «Woodstock» y, pese a su conocida aversión por los grandes eventos, parecía encontrarse cómoda. De hecho, cosa rarísima para ella, subió al palco a cantar con su novio de la época, Graham Nash, y los otros protagonistas para una improvisada versión de «Get Together».

La película se cierra con una versión coral de «Oh Happy Day» comandada por Joan Baez.

hoy, es la mansión más famosa de La Honda. Cada día llegaban a su casa personajes excéntricos, anticonformistas, con visiones políticas, espirituales y filosóficas revolucionarias. Ken Kesey los llamaba The Merry Pranksters, los alegres burlones. Cuando encontraron un viejo autobús escolar abandonado, que repararon y pintaron con colores psicodélicos, Kesey y sus Pranksters decidieron atravesar el país. Desde su Magic Bus lanzaban un mensaje inequívoco a la gente: «Can you pass the acid test?» Quien probaba la experiencia del LSD obtenía una especie de licencia. Una vez terminado el viaje con el bus, Kesey llevó sus acid test a los locales de San Francisco. Para llegar a la que, hasta 1997, como alguno dijo, fue «la capital de la locura», se coge la Highway 84 hasta llegar a La Honda. Una milla después del **Apple Jack's**, un bar muy apreciado por los moteros, es mejor aparcar. El pequeño puente que permite superar el La Honda Creek conduce a la vieja casa de Kesey (7940 **La Honda Road**). Está completamente restaurada y, al parecer, acoge a nuevos propietarios. En las Woodside Hills, alrededor de La Honda, se encuentra el famoso **Broken Arrow Ranch**, propiedad de Neil Young. Se dice que la tribu de los Pies Negros usaba una flecha rota («broken arrow») como señal para indicar la interrupción de las hostilidades. «Broken Arrow» también es una canción de Neil Young de 1967, grabada con los Buffalo Springfield. De alguna manera, el título tiene que ver con el sentimiento de rabia y derrota frente a la realidad. En 1970, mientras se dirigía en avión desde Los Angeles hasta la Bay Area, el cantautor canadiense vio por la ventanilla «lozanas colinas que flanqueaban el océano, rodeadas por prados de color avena que parecían de terciopelo. Y allí, alrededor, en los cañones, se destacaban sequoias seculares». Al cabo de unos meses, y por 350.000 dólares, Neil Young adquirió los 140 acres de la propiedad llamada entonces Lady Double L. Ranch, que comprendía dos casas, un granero y una vasta área con dos pequeños lagos. Entretanto, Young añadió 1.000 acres más. Durante sus primeras visitas, acompañaban al cantante el guardián del rancho, un tal Louis Avila que, con su mujer Clara, se encargaban de la propiedad. Avila llevaba a hacer la ronda a Neil en su jeep azul y no lograba entender de qué modo un muchacho tan joven tuviera tanto dinero

BANDA SONORA ★★★

BIG SUR

The Thrills - *So Much For The City* (2003)

Vienen de Dublín pero les encantan los Beach Boys y los Monkees. Nacieron 40 años más tarde pero se inspiran en las melodías de Southern California. Hechizados por la fascinación de Big Sur, le dedican el single de su tercer álbum. Evocador.

La casa de Ken Kesey y los Merry Pranksters, La Honda

como para comprar una propiedad como aquella. «No es más que suerte», le respondía Young, que decidió escribir una canción («Old Man») dedicada a él. Es más, todavía hoy, el cantautor canadiense posee el jeep azul del viejo Louis.

Desde entonces, Neil Young ha vivido siempre en el Broken Arrow, desplazándose tan sólo de vez en cuando a su residencia en Los Angeles.

Situado al final de Bear Gulch Road (cerca del Skyline Boulevard, en el silencio de la Santa Cruz Mountains, el rancho acoge el Redwood Studio que Young ha utilizado para varios de sus álbumes, como ambientación para las fotos de carátula (*Old Ways*) o como auténtico estudio de grabación incluidos los recientes *Americana* y *Psychedelic Pill*, confeccionados como siempre por el ingeniero de sonido John Nowland.

Broken Arrow Ranch, casa de Neil Young

Frente a la puerta del estudio hay un cartel que reza: «Parking for canadians only, all other cars will be towed!»

Bajando a lo largo de la 101 y pasando por la bellísima Half Moon Bay se llega a **Santa Cruz**, capital mundial del surf y ciudad en la que se respira todavía la atmósfera hippie de los años sesenta. Basta con dar un salto al colorido **Boardwalk** o al histórico **The Catalyst** (1011 Pacific Avenue), uno de los clubs más famosos de los Estados Unidos. Fundado por Randall Kane en 1966, «The Cat» ha acogido a todas las grandes estrellas del rock, de Neil Young a Nirvana. En 2009, con ocasión del 40 aniversario del local, el director Michael Benson presentó un documental que narra la historia del Catalyst.

«LA CREATIVIDAD ESTÁ INFLUIDA POR LOS LUGARES EN LOS QUE SE EXPRESA. Y MIS CANCIONES TIENEN EL AROMA DE CALIFORNIA»

Neil Young

A la fiesta no podían faltar los Snail, especie de banda del local. El único ausente justificado fue Randall Kane, fallecido pocos meses antes.

Desde Santa Cruz comienza el viaje por la Pacific Highway y se llega en media hora a la península de **Monterrey**, donde hay uno de los acuarios más bonitos y visitados del país. Pero para los aficionados al rock, Monterrey fue el primer festival rock de la historia. Se produjo en el segundo fin de semana de junio de 1967: 50.000 jóvenes hippies llegaron a los **County Fairgrounds** de Monterrey (2004 Fairground Road), el lugar elegido por los organizadores de aquel evento (John Phillips de los Mamas and the Papas y Lou Adler, su agente discográfico), emulando el Monterrey Jazz Festival, fundado en 1958 y todavía activo hoy en día. Los Fairground siempre han sido el cuartel general de la County Fair, un evento que involucra a todo el condado de Monterrey cada año a finales de agosto.

The Catalyst, Santa Cruz

A pesar del saludo propiciatorio de Mama Cass después del tema que cerró el Monterrey International Pop Festival («Nos veremos aquí el año que viene»), no hubo segunda edición. Así, aquellos tres días inmortalizados por las cámaras de D.A. Pennebaker pasaron directamente a la historia entregando a la leyenda algunos de los hitos del festival: la voz de Janis Joplin, el espíritu de Otis Redding, la energía de los Who, las armonías de Simon & Garfunkel, la espiritualidad de Ravi Shankar, el sonido de las bandas de San Francisco, el magnetismo de Jimi Hendrix. Quien

«EL FESTIVAL DE MONTERREY FUE EL MOMENTO MÁS PURO DE TODOS LOS AÑOS SESENTA»
Dennis Hopper

haya visto el documental de Pennebaker reconocerá muchos de los panoramas de los Fairgrounds (que, sustancialmente, no han cambiado) y se imaginará, en el interior de la pista, el escenario y aquella leyenda, «Music, love and flowers», que enseñó al mundo la filosofía de los hijos de las flores. Todavía hoy, los Fairground acogen conciertos de rock.
Dejando Monterrey no es posible resistir a la tentación de conducir a lo largo de la **17 Miles Drive**, una de las carreteras panorámicas más bellas de los Estados Unidos, que conduce directamente al golf de Pebble Beach, el «Wimbledon de los 18 hoyos». Desde aquí se llega a Carmel-by-the-Sea o simplemente **Carmel**, una de las localidades turísticas más chic del país. Famosa por haber tenido entre sus alcaldes a poetas, escritores u hombres del mundo del espectáculo, como Paul Newberry o Clint Eastwood, Carmel fue una colonia artística descrita por Jack London y frecuentada por pintores, novelistas o por una poetisa como Mary Austin. Aquí no hay mucho rock, en Carmel se prefiere más bien la música clásica. Pero basta seguir la Pacific Coast Highway, superar el Bixby Bridge (uno de los puentes más fotografiados de la Unión) y comienza el tramo más sugestivo de la carretera litoral. Se llega en breve tiempo a los bosques de **Big Sur**, que rezuman poesía beat, sonidos folk y armonías West Coast.
«El gran Sur» indica una zona bastante vasta que, más o menos, va desde Carmel hasta San Simeón, es decir, unos treinta kilómetros más hacia abajo, a lo largo de la costa, y una decena hacia el interior. El contraste entre los densos pinares, las costas ásperas y escarpadas y las olas del Pacífico, convierten a este área en una de las más espectaculares de los Estados Unidos. La privacidad, el sentido de la aventura, el contacto con la naturaleza han atraído hasta aquí, a partir de la primera mitad de la década de 1950, a sujetos altamente creativos como Robinson Jeffers (el primero que difundió, en todo el país, el mito de Big Sur), Henry Miller, Richard Brautigan, Hunter S. Thompson y Jack Kerouac. Este último pasó unos días en 1960 en el cottage de su amigo Lawrence Ferlinghetti y encontró inspiración para su cé-

BANDA SONORA

MOONLIGHT DRIVE

The Doors - *Strange Days* (1967)

Es la poesía que Jim Morrison declamó a su amigo Ray Manzarek cuando ambos, en verano de 1965, coincidieron en la playa de Venice una vez terminada la universidad. Se convertiría en un clásico de los Doors. Poético.

lebre novela autobiográfica titulada justamente *Big Sur*. También el mundo de Hollywood se dejó seducir por las atmósferas de Big Sur; el restaurante **Nepenthes** (48510 Highway 1) en 1944 era la casa de Orson Welles y de su esposa, la bellísima Rita Hayworth. A poca distancia de allí, también Trent Reznor, de los Nine Inch Nails se trasladó durante un tiempo a curarse de la depresión. Cuando era joven, el escritor Hunter S. Thompson

«HEMOS ESTADO EN BIG SUR Y HEMOS PASADO TRES DÍAS EN EL ESALEN INSTITUTE: UNA EXPERIENCIA EXTRAORDINARIA»

Jeff Ament (Pearl Jam)

trabajaba en el Big Sur Hot Springs, el centro termal englobado desde hace ya medio siglo en un centro de meditación e introspección espiritual llamado **Esalen Institute**. En Big Sur hay otros diferentes centros de estudios para la espiritualidad y la introspección, pero el Esalen es, de largo, el más conocido y prestigioso. De 1964 a 1971 el Esalen acogió el activo y apreciadísimo Big Sur Folk Festival, con grandes estrellas como Joan Baez o Crosby Stills Nash & Young. Y todavía hoy, combina cursos de meditación y de búsqueda del propio yo, conciertos y eventos musicales.

Los Monterrey County Fairgrounds hoy

A pocos centenares de metros del Esalen, en el lado opuesto de la calzada y sumergida en el bosque, se halla la **Henry Miller memorial Library** (48603 Highway One), centro de arte con una librería elegante y bien surtida, pero también sugestivo escenario para conciertos de rock y folk al aire libre. El gran Henry Miller se hallaba aquí en su casa, como muchos otros escritores, artistas, personajes creativos que, ayer y hoy, han vivido en esta zona. Abierta toda la semana de las 11 a las 6 de la tarde, la Library ofrece a todo el mundo un café, la posibilidad de hojear los libros y la compañía de Theo, un gato magnífico.

A 50 millas al noroeste de Santa Barbara, en Los Olivos (5225 Figueroa Mountain) está el **Neverland Valley Ranch**, la fabulosa mansión que, de 1988 a 2005, Michael Jackson había transformado en su personalísimo parque de atracciones. Jackson había visto por primera vez lo que entonces se llamaba Sycamore Ranch en 1982: en aquel momento vivían allí Paul y Linda McCartney. Michael Jackson y su hermana La Toya se encontraban allí para rodar con

La costa de Big Sur y el famoso Esalen Institute, centro de meditación y de buena música

los McCartney el videoclip de «Say Say Say». Al parecer, en aquella ocasión, Michael confesó justamente a su hermana que quería adquirir algún día aquella propiedad de más de 3.000 acres. Cosa que hizo en 1988, por una cifra nunca demostrada pero que se supone que fue de entre 16 y 30 millones de dólares. Jackson decidió llamarla Neverland («La tierra de nunca jamás»), inspirándose en las narraciones de J.M. Barrie sobre Peter Pan, el niño que no quería convertirse en adulto. En el interior hizo construir dos líneas ferroviarias que recordaban los trenecillos en miniatura, un reloj floral, numerosas estatuas de niños, un parque de atracciones con carruseles, rutas panorámicas, montañas rusas, autos de choque, tiro al blanco, diferentes atracciones e incluso un gran zoo con gorilas, jirafas, cocodrilos y otros animales exóticos.

Se dice que Michael poseía un lugar sólo para él, una especie de cabaña sobre un árbol, donde le gustaba refugiarse para escribir canciones. Al parecer, justo allí creó la mayor parte de los temas de *Dangerous*.

En 2003, como consecuencia de las denuncias por acoso a menores, el Neverland Ranch fue registrado varias veces por la policía. Desde el año en que comenzaron las incursiones de los investigadores, Michael ya no se sintió cómodo y decidió irse. Así, en 2006 Neverland cerró: los animales del zoo fueron recolocados, pero la mayor parte de las personas del staff fue despedida. Desde entonces, Neverland comenzó un largo y atormentado recorrido. Primero se pensó en convertirlo en un parque de atracciones, y luego, tras la muerte de Michael, en el lugar de su sepultura. En realidad, para el difunto sólo se construyó un memorial frente a la puerta exterior de la mansión que, después de muchas peripecias, y tras terminar en estado de semiabandono, fue retomada por Paris Jackson. En 2010, entristecida por una visita a la casa de su padre, Paris decidió restaurar la propiedad introduciendo jardines zen en lugar de los trenes y dedicando una parte entera a Peter Pan, el héroe de Michael. En mayo de 2016, Neverland se vendió por 100 millones de dólares.

A partir del 3 de julio de 1971, muchos inconsolables fans de los Doors recorren los Estados Unidos desesperadamente en búsqueda del fantasma de su ídolo. La caza al fantasma de Morrison debe empezar forzosamente a partir de la Pacific

«VENICE ES EL ÚNICO LUGAR EN EL QUE NO ME SIENTO FUERA DE LUGAR, EN PARTE PORQUE ALLÍ TODO EL MUNDO ESTÁ FUERA DE LUGAR»

Arnold Schwarzenegger

Coast Highway, en la **playa de Venice**, donde el 8 de julio de 1965, Ray Manzarek se encontró con su amigo Jim, a quien había perdido de vista después de que ambos se hubieran diplomado en cinematografía en UCLA. La escena, bien

The Henry Miller Memorial Library

Neverland, mansión y parque de atracciones de Michael Jackson

reconstruida por Oliver Stone en la película *The Doors*, puede sintetizarse a partir del diálogo entre ambos:

– ¡Hombre! ¿Morrison... Jim Morrison?
– Hola Ray, ¿cómo estás?
– Estoy intentando ver qué voy a hacer con mi vida. ¿Y a ti cómo te va?
– Escribo poesías.
– ¿Poesías? ¿Me dejas oír una?
– «Let's swim to the moon / Let's climb through the tide / Penetrate the evening / That the city sleeps to hide / Let's swim out tonight, love / It's out turn to try / Parked beside the ocean / On our moonlight drive...» («Nademos hasta la luna, trepemos a través de la marea, penetremos en el atardecer que la ciudad duerme para escondernos...»).
– Vaya, ¡qué psicodélico! ¿Has leído a William Blake?
– Sí, pero también a Rimbaud y Baudelaire.
– Eh, Morrison, quiero hacer una banda de rock. ¿Te gustaría cantar conmigo?
– Si las puertas de la percepción estuvieran limpias de obstáculos, el hombre podría ver las cosas como son realmente, es decir, infinitas.
– Grande, Morrison. Nos llamaremos The Doors of Perception, como el ensayo de Aldous Huxley.
– Ray, The Doors será más que suficiente...

Hoy, la playa de Venice acoge a numerosos artistas callejeros, vendedores ambulantes, bellezas musculosas, skaters y socorristas estilo *Los vigilantes de la playa*. Pero en la intersección entre 1811 Speedway y la 10th Avenue domina un gigantesco **mural**, de más de diez metros de altura, pintado por Rip Cronk, que retrata a Jim con el torso desnudo y sus legendarios pantalones de cuero negro. También en Venice (12 Westminster Avenue) se halla la **casa de Dennis Jacob**, en cuyo tejado Morrison solía pasar las noches escribiendo poesía, pero también algunos de los textos de las canciones más famosas de los Doors. Un poco más al sur, en **Marina Del Rey**, también en la Pacific Coast Highway (811 Ocean Front Walk) está la famosa sala de pruebas (también inmortalizada en la película de Stone) donde los Doors pusieron a punto «Light my Fire». Hoy es una casa de pisos.

El tejado de Dennis Jacob y el mural de Jim Morrison, Venice

BLUES FROM LAUREL CANYON

De territorio hostil habitado por los indios Tongua a capital del rock californiano (y todavía más) a finales de la década de 1960; la de Laurel Canyon es una historia fantástica porque, como escribió Michael Walker en su libro «Laurel Canyon - The Inside Story of Rock 'n' roll Legendary Neighborhood», «los artistas necesitan respirar el mismo aire». Y de esta manera, el canyon demostró ser un fantástico laboratorio de creatividad. Las casas de los músicos se convirtieron en formidables salas de ensayo, lugares ideales para intercambios de ideas artísticas y mucho más. Encontrarse cada día y cada noche los unos al lado de los otros estimuló la fantasía, favoreció las uniones, aumentó la calidad, consolidó una identidad colectiva. Y allí, en aquellas casas, nació una música bellísima, poética, sugestiva. Entre las más fascinantes de la historia del rock.

«Cuando en 1969 llegué a Los Angeles, mi amigo el fotógrafo Joel Bernstein me regaló un libro que había encontrado en un rastrillo. Tenía un comienzo que rezaba más o menos así: 'Si en América preguntas dónde viven las personas más locas y extravagantes, todos te dirán que están en California. Si preguntas lo mismo en California la respuesta será Hollywood. Y si lo preguntas en Hollywood te dirigirán al **Laurel Canyon** y de allí directamente a Lookout Mountain Avenue'. Así que también yo quise buscar casa en aquella calle.»

Quien hablaba así, a finales de la década de 1960, era Joni Mitchell, la Dama del Canyon (para remedar el título de uno de sus álbumes más hermosos y aclamados). Mitchell no fue la primera en instalarse en el cañón más famoso de la historia del rock, pero ciertamente fue la que contribuyó a difundir de modo determinante el mito de esta zona de colinas de Los Angeles que se desarrolla en torno al

«ENTRE 1965 Y 1970 EL LAUREL CANYON ERA LA MECA DEL ROCK. TODO EL MUNDO QUERÍA VIVIR ALLÍ»

Chris Hillman (The Byrds)

Laurel Canyon Boulevard, una de las arterias principales que, de norte a sur, comunican West Hollywood con el San Fernando Valley. «David Geffen, yo y Elliot Roberts -recuerda siempre Joni Mitchell-, habíamos emigrado de Nueva York a California. David era mi agente, Elliot mi mánager. Había echado el ojo a un cottage sumergido en la vegetación en **8217 Lookout Mountain Avenue**: me gustaba mucho y decidí comprarlo. Recuerdo que pagué 36.000 dólares por él. David Crosby me había aconsejado que esperara, que mirara en otras

DIRECTO AL FONDO DEL CORAZÓN

Laurel Canyon, la película

Escrita y dirigida por Lisa Cholodenko, *Laurel Canyon* (2002) es una película protagonizada por Christian Bale, Frances McDormand y Kate Beckinsale.

Narra la historia de una pareja de jóvenes, Sam y Alex, que deciden trasladarse a Los Angeles. El primero se acaba de licenciar en psiquiatría, la segunda tiene que terminar un máster de medicina. Deciden ir a vivir a la casa de Jane, la madre de Sam, en el Laurel Canyon. Jane es una productora discográfica y vive con Ian, el líder de la banda que está produciendo (la música es de los Sparklehorse).

Pero Ian y Jane parecen dedicar más tiempo a sí mismos y a su amor que al disco, y a partir de ese momento su historia y la de los dos jóvenes comienzan a entrelazarse peligrosamente. Y de esta manera, las buenas vibraciones del Laurel Canyon causan un efecto sobre Sam y Alex, que pese a sus valores, acaban cediendo un poco.

Lisa Cholodenko admitió que la película se inspiró en el álbum *Ladies of the Canyon* de Joni Mitchell.

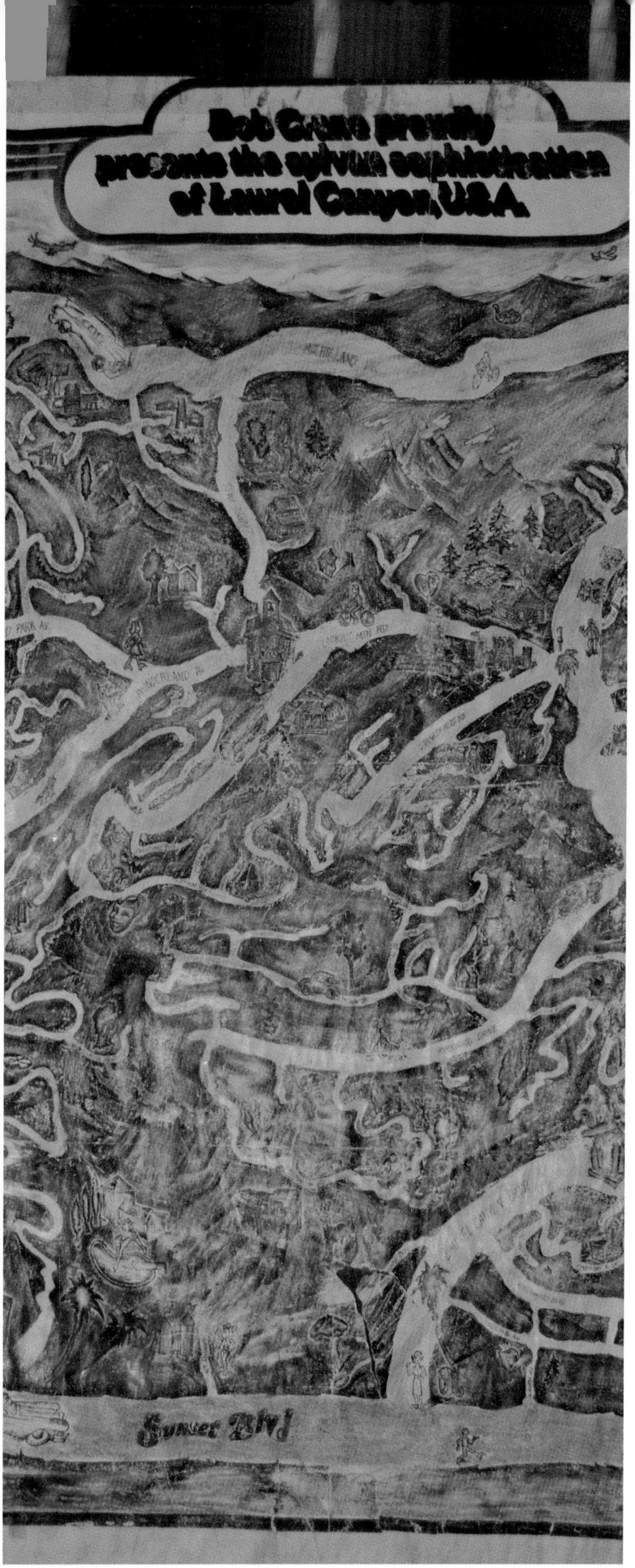

Joni Mitchell en la ventana de su casa de Lookout Mountain Road, y su casa hoy

partes, pero yo me había quedado hechizada por aquella casa. Dentro había una chimenea que me encantaba, pero toda la vivienda parecía bajo el control de alguna fuerza superior... Recuerdo que, en la colina situada detrás, había algunas cavernas excavadas por los hippies de la zona».

Pocas semanas después de haber comprado el cottage, Joni conoció a Graham Nash. Ambos se enamoraron y fueron a vivir justamente a aquella «very, very, very fine house», como Nash la describía en «Our House», una canción que nació justamente entre aquellas paredes, sobre las teclas del piano de Mitchell.

La propia Joni compuso en aquella casita muchísimas canciones, entre ellas la mayor parte de las que terminaron en el álbum *Ladies of the Canyon*.

Actualmente, la casa del 8217 de Lookout Mountain Avenue se conserva a la perfección: todavía está la chimenea que tanto adoraban Joni y Graham («I'll light the fire...») y la puerta de madera taraceada que, según Mitchell, preservó a la casa del incendio que, en 1969, quemó la casa de sus vecinos, los Canned Heat (la famosa «big house full of blues» citada por John Mayall).

También Elliot Roberts y David Geffen se habían instalado en Lookout Mountain, como hicieron por su parte, en 1966, John Densmore y Robbie Krieger, que residían en el 8826. Jim Morrison y Pamela Courson vivían en **Rothdell Trail 8021**, en la que, en el homónimo tema de los Doors, Morrison había rebautizado como *Love Street*. Justamente en aquella casa, en invierno de 1966, Pamela Des Barres tuvo un «encuentro íntimo» con el «James Dean del rock 'n' roll».

«Estaba en casa de una amiga en el Laurel Canyon –recuerda Des Barres-, estábamos esnifando droga y, en cierto momento, habíamos oído

BANDA SONORA ★★★

OUR HOUSE

Crosby Stills Nash & Young - *Dèja Vu* (1970)

Joni Mitchell y Graham Nash eran la pareja más querida (y envidiada) del Laurel Canyon. El cottage de madera en Lookout Mountain Avenue, propiedad de Mitchell, se convirtió en su nido de amor. «Our house, nuestra casita, is a very, very, very fine house... con flores frescas en los jarrones y dos gatos en el patio». Muy romántico.

THE GTO'S

Las groupies de Zappa

Se habían conocido en la Cleveland High School de Los Angeles. Les unía la pasión común por las estrellas del rock: por encontrarlos estaban dispuestas a todo. Una era Pamella Miller (Des Barres), la otra Linda Parker, más conocida como Miss Sparky. Pronto entablaron amistad con Christine Frka, que trabajaba como canguro en casa de Frank Zappa en el Laurel Canyon. Fue justamente Zappa quien tuvo la idea de ponerlas en un escenario: junto a ellas, Miss Mercy, Miss Cinderella, Miss Lucy y Miss Sandra. Aunque desafinaban y musicalmente no eran nada del otro mundo, las chicas eran tirando a monas y más bien coreográficas. Zappa les encontró un nombre: The GTO's, es decir, «Girls Together Outrageously» («Chicas juntas de manera exagerada»). Dadas las limitadas dotes interpretativas, las GTO's se exhibieron en directo tan sólo cuatro o cinco veces, pero Zappa les produjo y publicó un álbum, *Permanent Damage (1969).* Miss Pamela (Des Barres) está considerada aún hoy «la reina de las groupies». Vive en Venice, en California.

8826 Lookout Mountain, casa de los Doors

la música de los Doors. Conocíamos aquel grupo porque frecuentábamos el Whisky A Go Go y sabíamos que estaban a punto de sacar su primer álbum. Así que intenté seguir la música y, después de bajar por una escalera de piedra, miré a través de una ventana y me quedé embrujada por una visión idílica: Jim Morrison, en todo su esplendor. Llevaba un par de pantalones

«APENAS LLEGUÉ A CALIFORNIA, ME DIRIGÍ DE INMEDIATO AL LAUREL CANYON. LA PRIMERA PERSONA QUE VI FUE DAVID CROSBY: IBA VESTIDO EXACTAMENTE COMO EN LA CARÁTULA DEL SEGUNDO ÁLBUM DE LOS BYRDS»

Glenn Frey

de cuero y estaba supersexy. Él me vio y me invitó a entrar, pero en casa estaba Pam, su novia que, cuando se dio cuenta de mi presencia, me echó de mala manera. Luego les oí pelearse furiosamente. Unos minutos más tarde, Jim vino a buscarme a casa de mi amigo. Practicamos sexo durante horas...».

Pero, ¿cómo y cuándo nació el mito del Laurel Canyon? Muchos asocian su fama justamente a una de sus casas más

BANDA SONORA

THE BEAR

John Mayall - *Blues From Laurel Canyon* (1969)

Después de una visita al canyon en la primavera de 1968, John Mayall grabó su primer álbum (sin los Bluesbreakers) con la guitarra espacial del niño prodigio Mick Taylor. En cada pieza hay personajes del Laurel Canyon, pero «The Bear» es memorable. Pocos meses más tarde, Mayall se trasladó a vivir a California. Rugiente.

Log Cabin de Frank Zappa

famosas, la legendaria **Log Cabin**, situada en el 2401 del Laurel Canyon Boulevard; una casa bella y fascinante, toda de madera, que daba a un estanque poblado de patos. En el interior, un salón espacioso con una

Houdini Mansion, la ´villa del famoso ilusionista, a la derecha ensayando un número

chimenea gigantesca, una sala dedicada al bowling e incluso una piscina cubierta. Se dice que se construyó en 1915 como refugio para hombres adinerados para que efectuaran sus escapadas temporales con sus parejas para relajarse y dedicarse a sus hobbys y vicios preferidos. Durante algún tiempo, la Log Cabin fue la vivienda de Tom Mix, la mayor estrella de las películas western mudas. Y de esta manera aquella casa se transformó en un pequeño mito.

Allí enfrente (**2435 Laurel Canyon Boulevard**) estaba la *guest house* de una majestuosa villa de tres pisos, de estilo mediterráneo, propiedad de Ralf M. Walker, amigo del célebre ilusionista Harry Houdini. En 1919, cuando Houdini tenía que rodar *The Grim Game*, aquella casa ofrecía varias ventajas: estaba en una zona tranquila, reservada y, en definitiva, conveniente para llegar hasta los Lasky Studios (entre Vine y Sunset Boulevard), donde se rodaban los interiores de la película.

En la *guest house* había un ascensor que llevaba a un túnel subterráneo que pasaba bajo el Laurel Canyon Boulevard y desembocaba en el prado frente a la villa de los Walker. También este pequeño truco aumentó el halo de fascinación y de misterio de la que, a partir de aquel momento, fue conocida por todo el mundo como la «Houdini Mansion».

En 1959, uno de los incendios que a lo largo de los años flagelaron el

Última casa de Frank Zappa en Woodrow Wilson Drive

JOHN HOLMES

y los cuatro muertos en Wonderland

A poca distancia de la casa en la que vivía Carole King y junto a la vivienda del gobernador Jerry Brown, el Laurel Canyon fue testigo de uno de los homicidios más feroces de la historia del país. Entre finales de la década de 1970 y principios de la de 1980, el pabellón situado en el número 8763 de **Wonderland Avenue** era el cuartel general de lo que se denominaba The Wonderland Gang, potente clan de traficantes de cocaína. Ellos fueron quienes organizaron, el 29 de junio de 1981, un atraco en la casa de un rival, el temidísimo gángster de origen palestino Eddie Nash. El botín fue importante: más de un millón de dólares entre cocaína, heroína, joyas y armas antiguas. Pero la venganza llegó inmediatamente: dos días más tarde, la noche del 1 de julio de 1981, en el pabellón de Wonderland Avenue, el principal autor del atraco en la casa de Nash, Ron Launius, y sus acólitos Billy De Verell, Joy Miller y Barbara Richardson, fueron asesinados a golpes de martillo y trancas de acero.

El principal sospechoso de ambos crímenes fue el famoso actor porno John Holmes. Holmes era amigo y socio de Nash, pero de entrada se pensó que lo podía haber traicionado a favor del Wonderlang Gang. En cualquier caso, nunca se esclareció su papel efectivo en la matanza del Laurel Canyon, por el que fue arrestado, juzgado pero nunca condenado... aunque su primera mujer, Sharon Ann Gebenini, confesó que aquella noche Holmes había regresado a casa con la ropa ensangrentada y sin una explicación convincente.

John Holmes murió de Sida el 13 de marzo de 1988, a los 43 años.

Laurel Canyon destruyó la mansión de los Walker (adquirida entretanto por un tal Al Sulprizio) y su *guest house* en el 2435. Hoy tan sólo quedan algunos restos de las dos viviendas.

Sí existe una parcela vacante (en la esquina entre el Laurel Canyon Boulevard y Lookout Mountain Avenue), justamente donde estaba la Log Cabin que a mediados de la década de 1960 compró Carl Franzoni. Miembro de la extravagante compañía de danza de Vito Paulekas, Franzoni estaba al frente de una comuna hippie que tomó posesión de la Log Cabin. Las fiestas de Franzoni y de sus amigos, Frank Zappa en primer lugar, llevaron al Laurel Canyon a estrellas como Mick Jagger y Marianne Faithfull, Jeff Beck, Jimi Hendrix y Rod Stewart. Zappa, que había involucrado a Franzoni en algunos de sus shows y en la grabación de algún tema, alquiló la Log Cabin en 1968 por 700 dólares al mes y la tuvo durante menos de un año para luego trasladarse a un complejo en el **7885 Woodrow Wilson Drive**, en la parte opuesta del Canyon.

Aquella casa, todavía hoy propiedad de la familia Zappa (con disputas legales entre los dos hermanos, Dweezil y Ahmet), tiene siete dormitorios, seis baños, dos cottages independientes para los invitados, una piscina, una pista de tenis en

The Byrds en el Laurel Canyon

el tejado y la **Utility Muffin Research Kitchen**, el estudio de grabación que ha hecho fabular a tantos fans. En la parte trasera de la Kitchen, el igualmente mítico The Vault, el archivo en el que Zappa catalogó miles de horas de grabación nunca publicadas, y también algún recuerdo familiar: objetos inusuales, en perfecto estilo zappiano, como el ojo de buey de un submarino militar.

En junio de 2016, el complejo de Woodrow Wilson Drive se puso a la venta por cinco millones y medio de dólares.

Entre finales de la década de 1950 y principios de la de 1960, el Laurel Canyon había comenzado a atraer a músicos de folk y de jazz, en parte por los alquileres más bien accesibles; entre estos, la futura estrella del rock Chris Hillman. Corría el otoño de 1964 y Hillman, por entonces un mandolinista de diecinueve años de la banda de bluegrass The Hillmen, formaba parte del ambiente folk del Ash Grove; aquel día se detuvo en la esquina entre Laurel Canyon Boulevard y Kirkwood Drive, justo enfrente de la Canyon Country Store. Chris Hillman se había detenido frente a un cartel de «Se alquila» colgado de un farol. Chris sabía que cerca de allí (8504 Ridpath Drive) vivía Billy James, manager así como editor musical que estaba contratando a nuevos talentos de la naciente escena de Los Angeles. La suerte quiso que, aquel día, Hillman coincidiera con un joven dentista que vivía con sus padres en una casa en la cima de Magnolia Lane, sobre el Kirkwood Bowl: la parte baja de la casa estaba libre y podía alquilarse. Chris no dejó escapar la ocasión («Aquel lugar –recuerda hoy– estaba situado en el mejor punto de todo el canyon»).

Al cabo de poco tiempo, también los nuevos compañeros de aventuras de la banda que Hillman estaba formando (Michael Clarke, Roger McGuinn y David Crosby) se trasladaron al Laurel Canyon. De hecho, los Byrds estuvieron entre las primeras estrellas del rock que asociaron su nombre al del canyon. El éxito de su versión de «Mr. Tambourine Man» hizo estallar la escena folk-rock. Y, más o menos, todos los protagonistas de este género, de

«MAMA CASS ERA LA REINA DEL LAUREL CANYON. SU CASA ERA EL CENTRO DE LAS ACTIVIDADES, EL LUGAR AL QUE TODO EL MUNDO SE ENCONTRABA CON TODO EL MUNDO»

David Crosby

BANDA SONORA

LADIES OF THE CANYON

Joni Mitchell - *Ladies Of The Canyon* (1970)

Trina hace collares de perlas y cose vestidos de época, Annie cocina de maravilla para todos, niños y gatos incluidos, Estrella toca y canta. Ellas son las «damas del canyon», aunque sus auténticos nombres podrían ser Michelle (Phillips), Mama (Cass), Gail (Zappa) o la misma Joni Mitchell, autora del tema y del álbum homónimo que contiene, entre otros, «Big Yellow Taxi», «For Free» y «Woodstock». Según todos, Joni era la reina del Laurel Canyon. Real.

los Mamas & Papas hasta los Buffalo Springfield, se establecieron en el Laurel Canyon, dando vida de esta manera a una comunidad artística extraordinaria. Roger McGuinn había elegido la parte alta, Cole Crest Drive, en una casa en la que posteriormente viviría Don Henley, de los Eagles, mientras que otro Eagle, Glenn Frey, residiría en la esquina entre Kirkwood Drive y Ridpath Drive, en el Kirkwood Casino & Health Center, que era cualquier cosa menos un «Club de la salud», como rezaba la leyenda.

En Appian Way vivían John Phillips (con o sin Michelle) y Denny Doherty de los Mamas & Papas, mientras que Neil Young, en la época en los Buffalo Springfield, vivía en el 8451 de Utica Drive, en lo que se solía llamar «el **Castillo de la Bruja**». En realidad, este «castillo» era una especie de refugio de madera de pino, en la parte alta de una amplia propiedad que pertenecía a la actriz, astróloga y pianista Kiyo Hodel. Y sin embargo, en este minúsculo cottage, el canadiense escribió alguna de las piezas más famosas de los Buffalo Springfield, como «Mr. Soul», «Expecting to Fly» y «Broken Arrow».

Mark Volman, de los Turtles, poseía propiedades en Lookout Mountain, en el 8760, y a menudo las alquilaba a sus amigos músicos por menos de 200 dólares al mes. Pero una de las casas más frecuentadas del Laurel Canyon era la de Mama Cass de los Mamas & Papas.

Los Buffalo Springfield fotografiados por Dennis Hopper y el Castillo de la Bruja de Neil Young

BANDA SONORA

YOU DON'T HAVE TO CRY

Crosby Stills & Nash - *1* (1969)

Hay quien dice que se encontraron por primera vez en casa de Joni Mitchell, hay quien está convencido de que fue en la de Mama Cass. Lo cierto es que David Crosby, Stephen Stills y Graham Nash experimentaron sus inimitables armonías vocales en el Laurel Canyon, recurriendo a ellas en esta canción de Stills, la primera que cantaron juntos. Propiciatoria.

Mama Cass era la amiga, la confidente y la anfitriona de la mayor parte de los artistas de la comunidad de Los Angeles. Antes que ella, en aquella casa en el **7708 de Woodrow Wilson Drive** vivía la estrella de Hollywood Natalie Wood. Luego, tras la muerte de Cass, se estableció allí Ringo Starr. A la corte de Cass, que tenía asimismo una bonita piscina, iba todo el

mundo, desde visitantes como Eric Clapton hasta residentes del canyon como Mickey Dolenz de los Monkees. A pesar de que muchos recuerdan que la «primera vez juntos» de Crosby Stills & Nash se produjo en casa de Joni Mitchell, Stephen Stills jura que «no, estábamos en casa de Cass, sentados ante la mesa de la cocina».
La casa, con seis dormitorios y siete baños, se alquilaba por unos 12.000 dólares al mes. Para adquirirla se necesitaban 3 millones y medio.
A finales de la década de 1960, después de los fastos del Brill Building y gracias al aliento de algunos amigos (principalmente James Taylor), Carole

«¿CÓMO ERA UNA TÍPICA JORNADA EN EL LAUREL CANYON? ESTABA DEMASIADO COLOCADO PARA PODERLO RECORDAR»

Jackson Browne

King se trasladó de Nueva York a California, estableciéndose en el Laurel Canyon, en una casa muy hermosa en el 8815 de **Appian Way**. En la vivienda, de ambiente español, pero con una sugestiva torreta que recordaba una cabaña de pastor, se crearon los temas del álbum *Music*. La foto de

La corte de Cass, 7708 Woodrow Wilson Drive

JONATHAN WILSON

Laurel Canyon 2.0

Nació en 1974, cuando el Laurel Canyon ya se estaba vaciando.
Y sin embargo, 35 años más tarde, fue capaz de volver a llevar el nombre de esta zona en el centro de un nuevo escenario.
Jonathan Wilson, nacido en Carolina del Norte, después de fundar la banda Muscadine se trasladó a California. Desde 2009, en su estudio en el Laurel Canyon comenzó a organizar jam sessions muy bien frecuentadas. A menudo transitaban miembros de los Wilco o de los Jayhawks, pero también Chris Robinson de los Black Crowes, Jakob Dylan, David Rawlings (compañero artístico de Gillilan Welch) o Benmont Tench, legendario teclista de los Heartbreakers de Tom Petty.
El fruto de aquellas jams se tituló *Gentle Spirit*, un álbum considerado uno de los cinco trabajos más notables de 2011 por la autorizada revista mensual *Mojo*.
Dos años más tarde, Wilson publicó *Fanfare*, con invitados estelares como David Crosby, Graham Nash y Jackson Browne, es decir, la flor y la nata del viejo Laurel Canyon.

La casa de Carole King en 8815 Appian Way

la carátula del propio LP, realizada por Jim McCrary, retrata a Carole en el piano en el salón de su mansión (con piscina), dotada de cinco dormitorios y cuatro baños, hoy en venta por unos tres millones de dólares. Jim Mc Crary también fue el autor de las fotos de carátula del álbum más famoso de Carole King, *Tapestry* (1971, más de 25 millones de copias vendidas). Las canciones de aquel disco (y la correspondiente carátula que hizo célebre a Telemachus, el gato de King inmortalizado junto a ella delante de una ventana) tomaron vida en otra casa que King poseía, también en Laurel Canyon, pero en Wonderland Avenue.
También en Appian Way, aunque en el número 8803, había una casa con una historia curiosa. En la década de 1940 vivió en ella la actriz Mary Astor, ganadora de un Oscar por *La gran mentira* y coprotagonista, junto a Humphrey Bogart, de *El halcón maltés*.

A principios de la década de 1970, los Rolling Stones se trasladaron aquí para ambientar escenas de *Cocksucker Blues*, film documental de su gira estadounidense de 1972, y nunca publicado.
También Denny Doherty de los Mamas & Papas, Barry McGuire (inolvidable intérprete de «Eve of Destruction») y más recientemente Marilyn Manson vivieron en esta misma residencia con piscina. Manson, que había colocado un retrato de Mary Astor sobre la repisa de la chimenea, estuvo allí de 1997 a 2004, y justamente entre estas paredes creó la mayor parte de los temas de su celebrado álbum de 1998 *Mechanical Animals*. Para inspirarse había pintado toda la casa de blanco «de modo que los temas pudieran llenar el vacío». Del mismo modo, la carátula del disco repetía el tema mostrando a Manson desnudo y pintado de blanco.
A principios del siglo XX, en el cruce entre Kirkwood Drive y el Laurel Canyon Boulevard, en el lugar exacto en el que Chris Hillman vio el cartel de «Se alquila», había una pequeña pensión, el Bungalow Lodge, que servía de punto de encuentro y descanso para los cazadores de la zona. Al cabo de poco, se hizo muy popular: se comía bien, se gastaba poco e incluso se podía dormir. En 1929, un incendio destruyó completamente el Lodge, que fue reconstruido posteriormente, pero esta vez

BANDA SONORA

LOVE STREET
The Doors - *Waiting For The Sun* (1968)
La Love Street de Morrison era, en realidad, Rothdell Trail, en cuyo número 8021 estaba la casa en la que vivía Jim con su novia Pamela Courson, y desde cuya terraza la pareja veía a un número infinito de jóvenes hippies. Nacida como poesía, se convirtió en una canción incisiva en el tercer álbum de los Doors. Evocadora.

8803 Appian Way, la casa de las estrellas: aquí vivieron Mary Astor, los Rolling Stones, Denny Doherty, Barry McGuire y Marilyn Manson

usando piedras y ladrillos. La vieja pensión se transformó bien pronto en una especie de supermercado *avant la lettre*, la Laurel Canyon Country Store; y exactamente como había sucedido con el Bungalow Lodge, se convirtió en un punto de encuentro para todos los habitantes del canyon.

En la década de 1960, en el punto más álgido de popularidad del Laurel Canyon, en la tienda se podía encontrar

LA HISTORIA DEL CANYON EN UN LIBRO

Michael Walker, guionista y periodista, vive en el Laurel Canyon desde hace unos veinte años. En 2007 publicó *Laurel Canyon: The Inside Story of Rock 'n' roll Legendary Neighborhood*, libro apasionado que reconstruye justamente la historia de un barrio legendario del rock. Sólo un *insider* como él podía escribir una obra precisa, completa y puntual como esta, llena de testimonios y memorias de primera mano.

«He entrevistado a centenares de protagonistas de aquella escena –explicaba Walker–, he querido que abrieran su cofre de los recuerdos y que contaran qué sucedía en los días en los que nacieron algunas de las canciones más bellas del siglo xx».

Anécdotas curiosas, historias inéditas y una minuciosa reconstrucción de los ambientes que vieron nacer y florecer la música de Frank Zappa, CSNY, Joni Mitchell, Mamas & Papas, Jackson Browne, Byrds y de los otros héroes del Laurel Canyon son el corazón de un libro que ha sido un éxito editorial con dieciocho ediciones.

Laurel Canyon Country Store

a Joni Mitchell y Graham Nash, los Byrds, Neil Young o, casi cada día, Jim Morrison con su novia, Pamela Courson. En efecto, porque si los Mamas & Papas, en su «Twelve Thirty» hablaban de «muchachas que van a llegar al canyon», Morrison y los Doors cantaban que aquella era «la tienda en que se encuentran las criaturas». Jim y Pamela vivían a poca distancia (8021 Rothdell Trail, justamente) y se dice que desde la tienda de vez en cuando se oían sus peleas o incluso se veían volar libros y prendas de vestir por las ventanas.

En las décadas siguientes, cuando las estrellas del rock residentes dejaron el Laurel Canyon para buscar lugares más reservados, el Country Store no terminó de atraer a las celebridades que venían a comprar aquí sus exquisiteces favoritas. Como Mick Jagger, a quien encantaba el Kit Kat, o David Bowie, que se abastecía de Flakes, las barritas de Cadbury. Aún hoy, los habitantes más admirados del Laurel Canyon, como George Clooney, Christina Applegate o el director Werner Herzog, son clientes habituales de la Country Store.

BANDA SONORA

CECIL TAYLOR

Jonathan Wilson - *Fanfare* (2013)

Parece un tema extraído de *If I Could Only Remember my Name*, obra maestra «crosbiana» de 1971, pero se escribió casi cincuenta años más tarde. Wolson actualiza el espíritu (y el sonido) del Canyon con la ayuda de los héroes originales Crosby & Nash. Nostálgico.

COMIN' INTO LOS ANGELES

Es el destino final. Porque en la Ciudad de Los Angeles todo es posible, sobre todo los sueños. Y así, desde hace unos sesenta años, millones de jóvenes, estadounidenses o de otros lugares, ven en Los Angeles (o más simplemente L.A., pronúnciese «eléi») el lugar que transformará sus existencias. De hecho, desde los chispeantes años cincuenta, el show business eligió la megalópolis californiana como su capital, llevándola hasta el trono monopolizado desde siempre por Nueva York. Aún hoy, Hollywood, Beverly Hills, y Malibu son nombres que excitan la fantasía popular. Aunque, en realidad, es Los Angeles entera, en su compleja vastedad, la que estimula la pasión de los aficionados al rock y otros estilos: porque aquí se escribió (y se sigue escribiendo) la historia.

El impacto con la Ciudad de los Angeles no es simple: la metrópolis y sus más de quince millones de habitantes no son en absoluto *friendly*. No estamos en San Francisco, aquí la competición es durísima y cualquiera, incluso el vecino de casa, se convierte en un peligro potencial sólo porque podría tener la oportunidad de conseguir primero la ocasión anhelada. En parte también por esto –a pesar del clima magnífico que a veces permite darse un baño incluso el día de Navidad– Los Angeles es considerada por muchos como una ciudad «fría». Se comienza a vislumbrar este carácter cuando se conduce a lo largo de las anchísimas pero siempre atestadas *highways* en las que lograr circular respetando las reglas es una auténtica proeza. Se capta en las tiendas de la deslumbrante Rodeo Drive, en la que a quien no lleva un Rolex en la muñeca lo miran como si fuera un delincuente.

«A VECES ME SIENTO COMO SI MI ÚNICO AMIGO FUERA LA CIUDAD EN QUE VIVO: LA CIUDAD DE LOS ANGELES»

Flea (Red Hot Chili Peppers)

Se percibe incluso en las localidades más tranquilas de la costa, como Marina Del Rey, Venice o Santa Monica. Esta última, apodada «the home of the homeless» por su clima agradable y la tolerancia de los residentes frente a los marginados, confina con Malibu Beach, donde muchas celebridades (incluidas estrellas del rock) tienen sus mansiones con la ineludible piscina junto a la playa.

Y justamente en Malibu está el primero de los mil lugares de los sueños que pueblan la ciudad. Se llama **Shangri-La Ranch**, y es una villa-estudio de grabación en Point Dume, una península cerca de Zuma Beach (29400 Bluewater Road, Malibu).

Nacido como bungalow en 1958, fue adquirido a principios de la década de 1960 por la actriz mexicana Margo Albert. Fue ella quien le dio el nombre del imaginario paraíso tibetano descrito por el escritor inglés James Hilton en su *Horizontes perdidos* (Margo protagonizó en 1937 la película homónima extraída del libro).

Shangri-la Ranch, la entrada

En 1973, Bob Dylan y sus amigos de The Band adquirieron la propiedad y lo transformaron todo en un estudio de grabación. Con la ayuda del prestigioso ingeniero de sonido Rob Fraboni («Un genio», como dijo de él Keith Richards en su autobiografía), el Shangri-La se convirtió en un auténtico paraíso. Ante todo gozaba de una posición envidiable, en la cima de una deliciosa península que daba a las atormentadas aguas del Pacífico. El rancho, rodeado por la vegetación e inmerso en una zona tranquila y silenciosa, se remodeló a la perfección. El lugar era tan idílico que, en invierno de 1975, Eric Clapton tuvo dificultades para concentrarse y encontrar inspiración para su *No Reason to Cry*, álbum que luego realizó justamente con la ayuda de los miembros de The Band. En aquellos mismos días, Dylan dormía en un Airstream en el jardín del Shangri-La («De vez en cuando me lo cruzaba en la cocina, luego desaparecía», recuerda Clapton) y el tejado de cobre del rancho, en forma de cebolla, parecía tranquilizarlo («Lo veía de lejos y entendía que había llegado a casa», confesaba Bob).

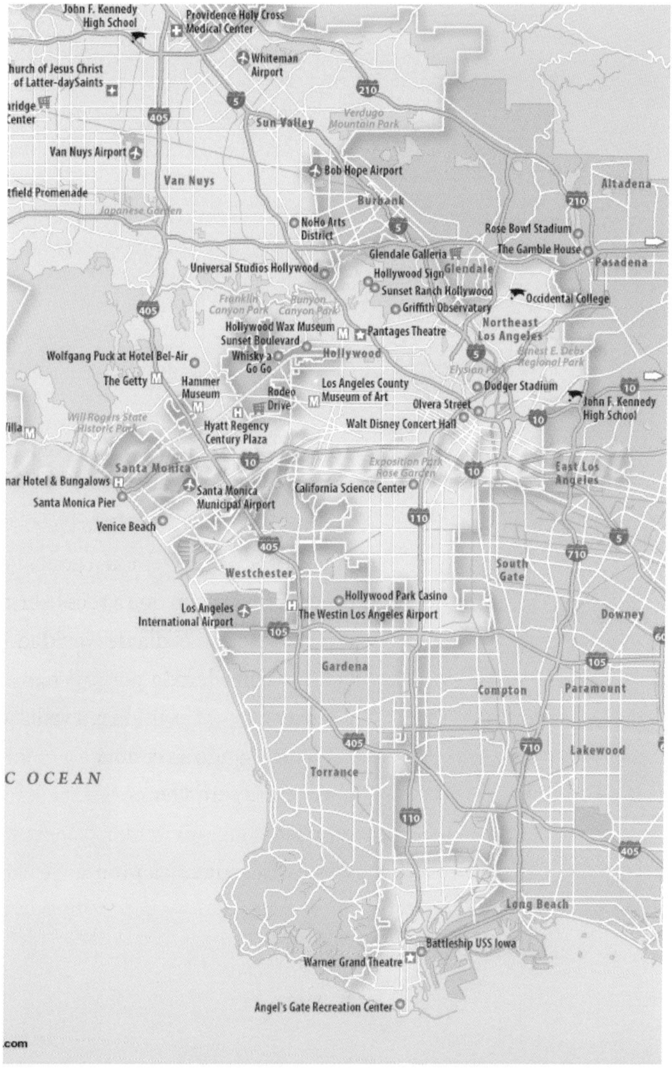

Rick Rubin en la costa frente al Shangri-La y, al lado, la sala de grabaciones

MCCABE'S

Sesión entre las guitarras

Se fundó en 1958 y sigue siendo hoy en día una de las tiendas de instrumentos acústicos más famosas del país. Pero la **McCabe's Guitar Shop** (3101 Pico Boulevard) tiene otra característica que la convierte en un lugar extraordinariamente fascinante para todos los aficionados.

La parte trasera de la tienda (de día llena de guitarras, violines, banjos, arpas, mandolinas y todo tipo de instrumentos étnicos) de noche se vacía para dejar su sitio a una platea de unos 200 asientos donde se exhiben cantautores de culto, viejas glorias del folk, virtuosos de la guitarra acústica o estrellas de la world music. Subyugados por el aroma de la madera de los instrumentos, en el escenario del McCabe's, desde finales de la década de 1960 se llevan a cabo conciertos únicos e irrepetibles, a menudo inmortalizados en disco, como los de Nancy Wilson, Townes Van Zandt o del gran Norman Blake.

McCabes Guitar Shop

En 1976, el Shangri-La lo usaron Dylan & The Band para los ensayos de *The Last Waltz*, el concierto de despedida de The Band en el Winterland de San Francisco, filmado por las cámaras de Martin Scorsese. De hecho, más que utilizarlo como un estudio de grabación propiamente dicho, Dylan efectuó en el Shangri-La los ensayos de varias giras. Por otra parte, en 1988 nació allí, casi por casualidad, el proyecto de los Traveling Wilburys, el supergrupo formado por George Harrison, Jeff Lynne, Roy Orbison, Tom Petty y el propio Dylan. Al parecer, observando el cartel «Handle with care» en el interior del Shangri-La, le vino la idea para la canción homónima, primer sencillo de los Wilburys. En la década de 1990, el rancho perteneció al músico Blaine John

RY COODER

Historia de Los Angeles

Ry Cooder, guitarrista formidable y artista excelente, además de la pasión por las músicas étnicas, el folk y el blues, como demuestran sus debuts en los días del Ash Grove, cultiva un talento de escritor elegante y original. Sus *Los Angeles Stories* mezclan artistas callejeros y homicidios con historias negras ambientadas en zonas de la ciudad que él conoce bien, como Santa Monica, donde nació, y Venice. El libro narra los tiempos en los que Los Angeles poseía un carácter propio, al que las minorías étnicas aportaban un valor añadido, antes de que el mundo global se impusiera.

Sunset Boulevard

«Beejay» Chaney, de los Suburbs, grupo new wave de Minneapolis que, en 2014, lo vendió todo al legendario productor Rick Rubin. Con Rubin, el Shangri-La volvió de nuevo a estar en auge: aquí, en los últimos años, han grabado Adele, Muse, Black Sabbath, Kanye West y muchos más. Pero los viejos Airstream de Bob Dylan, uno de los cuales reconvertido a su vez en estudio de grabación, todavía lucen en el jardín.

Desde Malibu, cogiendo la Pacific Coast Highway hacia Los Angeles, a la altura de Pacific Palisades, se atraviesa el **Sunset Boulevard**, que concluye su largo trayecto (más de treinta kilómetros) a orillas del mar justo donde se encuentra **Gladstones** (17300 Pacific Coast Highway), uno de los restaurantes de pescado más famosos de los Estados Unidos. Abierto en 1972 como Ted's Grill, cambió de nombre varias veces aunque, desde 1981, todo el mundo lo conoce como Gladstones. A mediados de la década de 1990 lo compró el ex alcalde de Los Angeles, Richard Riordan, que en 2009 lo cedió a una compañía privada. Pescado fresco y crustáceos son

«LOS ANGELES ES UN MICROCOSMO QUE REPRESENTA A AMÉRICA; SI DESAPARECIESE L.A., DESAPARECERÍA EL PAIS ENTERO»

Ice T

la especialidad de Gladstones, junto a una localización que corta el aliento: rodeados por gaviotas, frente a las olas del Pacífico, comer allí constituye una experiencia única. En 2016, Gladstones fue clasificado entre los 30 restaurantes independientes estadounidenses con una mayor recaudación: en un año vende un promedio de 35 toneladas de cangrejos, 65.000 langostas y millares de litros de *clam chowder*.

Remontando el Sunset Boulevard se puede comenzar un largo trayecto que tiene como objetivo el **Sunset Strip**, corazón artístico, cultural y turística de la Avenida del Crepúsculo: dos kilómetros y medio llenos de locales, tiendas y restaurantes que acogieron fragmentos de historia del rock. Antes de llegar a la Strip, se pasa por una villa en el 14400 del Sunset que perteneció a Will Rogers, «el hijo predilecto de Oklahoma», cowboy, artista de vodevil y estrella del cine mudo; pero en los

Gladstones, en Malibu, pescado y crustáceos a voluntad

primeros meses de 1968, el batería de los Beach Boys, Dennis Wilson, lo había alquilado tras dejar a su mujer Carol Freedman, a su hijo Scott y a la pequeña Jennifer, nacida sólo un año antes. Dennis había conocido al Maharishi Yogi (el gurú de los Beatles), se había entregado a la meditación trascendental, a las drogas y... al sexo desenfrenado. En mayo de 1968, mientras regresaba a casa en su Ferrari 275 rojo, Wilson había cogido a dos jóvenes autostopistas, Ella Jo Bailey y Patricia Krenwinkle. Se las había llevado a casa y, después de hacer el amor con ellas, se había ido porque tenía que regresar al estudio de grabación. Mientras estaban con él, las chicas habían hablado de un tal «Charlie»: «Tienes que conocerlo», le dijeron. Cuando aquella misma noche Dennis volvió a casa hacia las 3, encontró en su jardín un autobús escolar negro y, alrededor, un considerable número de jóvenes hippies tocando música y bailando. Lo recibió en la puerta de su casa un tipo extraño, bajo e inquietante, con el pelo largo, una barba espesa y que lucía un caftán. Antes de que Dennis le dijera algo, «Charlie» le besó los pies. A partir de aquel momento, para el más experimental y fascinante de los hermanos Wilson, comenzó un período maldito que concluyó con una muerte absurda: el único

BANDA SONORA

FOR WHAT IT'S WORTH

Buffalo Springfield - *Buffalo Springfield* (1967)

Noviembre de 1966: los Buffalo Springfield son la banda de la casa del Whisky A Go Go. Las quejas de los habitantes de la zona, hartos de la confusión creada por los clubs de Sunset Strip, llevan a una ordenanza de cierre del Pandora's Box y a restricciones en los otros clubs. Los muchachos protestan, la policía dispara. Stephen Stills escribe una canción que marca época. Revolucionaria.

14400 W. Sunset Boulevard, casa de Dennis Wilson de los Beach Boys

de los Beach Boys que dominaba el surf y sabía nadar terminó ahogado en la bahía de Marina Del Rey. Era el 28 de diciembre de 1983 y, desde la cárcel de Corcoran, Charles Manson («Charlie») sentenció: «¿Dennis Wilson ahogado? Ha sido el diablo quien le ha tirado de las piernas para llevárselo consigo».

«SAN FRANCISCO: EL LABORATORIO EN EL QUE EXPERIMENTÁBAMOS NUEVAS FORMAS DE EXPRESIÓN ARTÍSTICA. LOS ANGELES: LA CIUDAD EN LA QUE NUESTROS SUEÑOS PODÍAN CONVERTIRSE EN REALIDAD»

David Crosby

A propósito de Charles Manson, en septiembre de 1970 un incendio destruyó el Spahn Ranch, el escenario en desuso de películas western que, durante más o menos un año, fue el cuartel general de la Manson Family. El viejo George Spahn murió en 1974 y la propiedad del rancho quedó englobada en el Santa Susana Pass Historic Park. Hoy todavía se puede ver la **Devil's Slide**, la parte occidental del rancho, en Old Santa Susana Stage Road. También la casa en la que Tex Watson y las muchachas de Manson asesinaron brutalmente a Sharon Tate y a cinco amigos suyos fue arrasada. El último en usarla, en 1992, fue Trent Reznor, que instaló en el **10050 de Cielo Drive** (en el Benedict Canyon) un estudio de grabación que bautizó Le Pig («Pig» era la palabra que escribieron con la sangre de sus víctimas en la puerta de aquella casa los asesinos de Sharon Tate). Atraído por la historia y por la fascinación maldita de Charles Manson, Reznor había compuesto y grabado allí los temas de *The Downward Spiral*, álbum clásico de su banda de rock Nine Inch Nails. En la misma casa, Reznor grabó las demos de un descubrimiento artístico suyo, Marilyn Manson.

A finales de 1993, Trent dejó aquella vivienda ensangrentada.

«Un día conocí a la hermana de Sharon Tate –recuerda-, y ella me dijo: 'Sé que vives en Cielo Drive. ¿Acaso estás intentando beneficiarte de la muerte de mi hermana?' En aquel momento entendí que había hecho una estupidez. Pensé: ¿y si Sharon hubiera sido mi hermana? Pocos días después dejé la casa». En efecto, pero llevándose consigo hasta Nueva Orleans la puerta de entrada, aquella en la que escribieron la palabra «Pig» con la sangre de Sharon.

En 1994, el nuevo propietario demolió la mansión y reconstruyó otra completamente diferente. Le puso un nuevo nombre (Villa Bella) y modificó incluso el número de la

La casa de los horrores: 10050 Cielo Drive, donde la Family de Charles Manson masacró a seis personas, entre ellas la actriz Sharon Tate, joven esposa de Roman Polanski

calle (hoy es 10066) Cielo Drive. El actual propietario es el productor cinematográfico Jeff Franklin.

A poca distancia de allí, en **2850 Benedict Canyon**, estaba la mansión (que había pertenecido a Zsa Zsa Gabor) que los Beatles alquilaron en el curso de su gira norteamericana de 1965. El 27 de agosto de aquel mismo año, los Fab Four lograron hacer realidad algo que perseguían desde hacía años: conocer a Elvis Presley, en su casa. En aquel período, Elvis estaba rodando una película en Hollywood y de esta manera los Beatles se dirigieron a 565 Perugia Way, en **Bel Air**, en el reino de Presley. Los jóvenes llegaron allí hacia las 11 de la mañana con tres limusinas negras, precedidos por el coronel Parker, mánager plenipotenciario de Elvis.

Presley los recibió en su salón circular. Pero nunca hubo empatía, aunque, al final del encuentro, trajeron un par de guitarras y todos improvisaron una especie de jam session. «Estábamos demasiado nerviosos –recordó Lennon-, nosotros preguntándole cosas y él no respondía». Para ver si reaccionaba, John comenzó a hablar con un cómico acento francés que recordaba el del inefable inspector Clouseau. Pero Elvis, ante la continua curiosidad de los Fab Four, pareció responder tomando prestado un chiste de Peter Sellers: «Las preguntas son como papel higiénico de lija: al cabo de un rato son irritantes...».

La casa de Perugia Way hoy ya no está, pero la de **1174 de Hillcrest Road** sí. Y vive en ella Priscilla Presley, que precisamente no quiere dejarla porque, como declaró recientemente, «dentro hay demasiados recuerdos de Elvis, el gran amor de mi vida. A pesar del divorcio en 1973, no perdimos el contacto. A Elvis le encantaba este lugar».

Beverly Hills y Bel Air son, desde siempre, zonas exclusivas de estrellas de Hollywood y aclamadas estrellas del rock. En el **10452 de Bellagio Road** estaba la casa-estudio donde Brian Wilson compuso y grabó *Smile*, el álbum más misterioso de la historia del rock. La vivienda, de estilo arquitectónico español, tenía una gran piscina que Brian decidió vaciar para poderla

525 Perugia Way, donde Elvis conoció a los Beatles

Elvis y Priscilla en 1174 Hillcrest Drive

BANDA SONORA ★★★

L.A. WOMAN

The Doors - *L.A. Woman* (1971)

El tema que da título al último álbum en estudio de los Doors. Grabada en el Doors Workshop en Santa Monica Boulevard, es el manifiesto artístico final de «Mr. Mojo Risin». Intensa.

utilizar como sala de grabación para las partes vocales. Al parecer, el efecto de eco natural que se obtenía era incomparable. Afligido por trastornos psíquicos

«NO PUEDE HABER UNA SEGUNDA OPORTUNIDAD EN LA TIERRA DE LAS MIL OPORTUNIDADES, EN EL VALLE DE LOS ANGELES EN EL QUE VIVEN DIEZ MILLONES DE LOCOS»

Ry Cooder

y totalmente a la merced de las drogas alucinógenas, Brian Wilson pasó varios años de su vida en la cama de aquella casa. En los archivos de los estudios hay varias *Bedroom Tapes*, grabaciones inéditas de Wilson. La carátula de *Wild Honey*, de los Beach Boys, grabado en Bellagio Road, representa la vidriera de una ventana de la casa que la por entonces mujer de Wilson, Marilyn, posteriormente se llevó consigo.

A propósito de carátulas, en el **Franklyn Canyon Park** (en North Beverly Drive) se realizaron las fotos que luego se convirtieron en las carátulas de dos discos memorables. Uno es *Big Hits (High Tide and Golden Grass)*, de los Rolling Stones, y el otro el célebre *Sounds of Silence*, de Simon & Garfunkel. Ambas instantáneas están ambientadas en la vegetación de este parque que, según palabras del fotógrafo Guy Webster, «se encontraba en el punto exacto en que terminaba la ciudad y comenzaba la vegetación, y en aquellos días, era un lugar tranquilo y muy hermoso».

En el **783 de Bel Air Road** todavía se puede ver la casa-estudio que perteneció a John y Michelle Phillips, de los Mamas & Papas y posteriormente a Sly Stone. Aquí, el

BANDA SONORA ★★★

HOTEL CALIFORNIA

Eagles - *Hotel California* (1977)

Compuesto a la guitarra de 12 cuerdas por Don Felder en su casa de Malibu Beach, es el tema que denuncia «el fin del imperio», el derrumbe del sueño californiano, el acto final de la cultura de los hijos de las flores. Los textos de Don Henley y Glen Frey y el larguísimo dueto de guitarras final aseguran su entrada en la leyenda. Épico.

Bellagio Road, la casa estudio de Brian Wilson y la carátula de *Wild Honey*, que representa la vidriera de una de las ventanas de la villa

gran artista que mezcló por primera vez funk y rock psicodélico grabó su álbum más celebrado, *There's a Riot Going On*.

En el corazón de Beverly Hills (9641 Sunset Boulevard) hay uno de los hoteles más famosos del mundo. Se llama **Beverly Hills Hotel**, pero para los aficionados al rock es el Hotel California. En efecto, aunque la canción de los Eagles hablaba de un hotel en sentido metafórico (el fin de una época, el derrumbe del sueño americano o, mejor dicho, del californiano), en la carátula del disco dominaba justamente la inconfundible silueta del Beverly Hills Hotel, que todavía hoy está abierto y funciona.

Fundado en 1912, se hizo muy popular en las décadas de 1930 y 1940 porque lo frecuentaban Fred Astaire y otras estrellas de Hollywood. La apertura del Polo Lounge, uno de los restaurantes más elegantes de Los Angeles, le dio todavía más notoriedad: aquí cenaban Humphrey Bogart, Marlene Dietrich, Frank Sinatra, Dean Martin y Sammy Davis Jr.

El álbum *Sounds of Silence* y la casa/estudio de Sly Stone, en el 783 de Bel Air Road

HOLLYWOOD'S ROCKWALK OF FAME

Frente a la entrada del Guitar Center, en Sunset Boulevard, en lo que antaño fue el viejo Oriental Theater, 7425 Sunset Boulevard, se encuentra el equivalente rock al Hollywood Walk of Fame, es decir, las huellas de las manos de grandes músicos con sus autógrafos impresas en la acera. Se inauguró el 13 de noviembre de 1985, tal como reza la placa en la entrada, como «homenaje a todos los que han hecho una aportación significativa al mundo de la música».

Stevie Wonder y el fotógrafo rock Jim Marshall fueron los primeros en ser homenajeados. Hoy son unos 180 artistas los que han dejado sus huellas y su firma, tal como refiere la página web www.rockwalk.com.

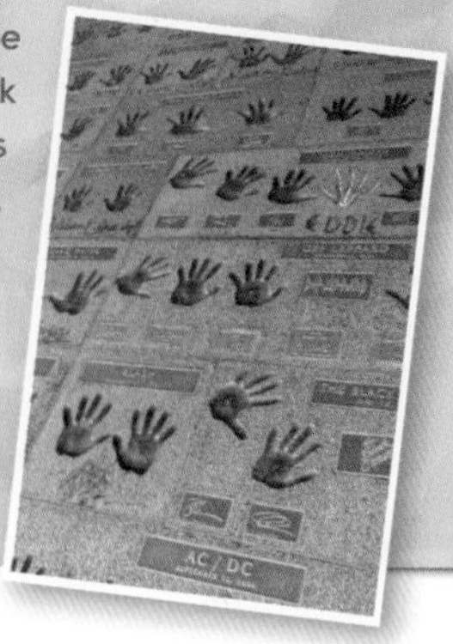

Beverly Hills Hotel hoy y la famosa carátula de *Hotel California*

En las décadas de 1960 y 1970, el hotel siguió siendo uno de los más codiciados de la ciudad. Para el quinto álbum en estudio de los Eagles, el abogado Irving Azoff, mánager del grupo, decidió contratar al diseñador británico John Kosh, que vivía en California y que, entre otras cosas, era el autor de la carátula de *Abbey Road* de los Beatles. El objetivo era fotografiar un hotel de estilo californiano, con un cierto aire siniestro, decadente y pasado de moda, justo como narraba la canción. Para lograr inmortalizar el Beverly Hills Hotel al atardecer, los dos treparon a un cerezo, con cierto riesgo. Pero el resultado fue asombroso, y la carátula de *Hotel California* se convirtió en una de las hermosas y reconocibles de toda la historia del rock.

Después de pertenecer al Sultán de Brunei, con polémicas y controversias acerca de las leyes homófobas de aquel país que el propio sultán quería aplicar también en California, el Beverly Hills Hotel forma parte hoy en día de la Dorchester Collection of Luxury and 5 Stars Hotel.

Recorriendo otro par de kilómetros se llega a la Strip. Y aquí, además de los elegantísimos **Le Montrose** (900 Hammond Street) y **Mondrian** (8440 Sunset Boulevard) frecuentados por artistas y músicos, hay otros dos hoteles legendarios. El primero, el **Andaz** (o Hyatt on Sunset, 8401 Sunset Boulevard) acogió algunos de los momentos más depravados de la historia de la música del siglo XX. Los Led Zeppelin y su séquito habían monopolizado durante los años setenta, seis pisos de lo que entonces se llamaba Continental Hyatt pero que, en el ambiente, se conocía como The Riot House. Por

Chateau Marmont, el hotel de las estrellas

entonces (probablemente por simplificar) se fabulaba con rituales de magia negra, Harley-Davidson que recorrían a toda prisa los pasillos del hotel, tinas llenas de frijoles con salsa y naturalmente, orgias desenfrenadas con las groupies; sin contar con otra de las especialidades de los Zeppelin: la destrucción de los muebles de las habitaciones. En 1975, John Bonham, harto ya de lanzar sólo televisores por la ventana, lo intentó una vez con un piano, pero no logró que pasara por la ventana. En la década de 1980, las cosas mejoraron un poco, aunque varias veces se recordó a Slash como «Mr. Disorderly».

A dos manzanas de distancia está el famoso **Château Marmont**, abierto en 1929 después de que un abogado de Los Angeles, Fred Horowitz, encargara al arquitecto William Douglas Lee que proyectara un edificio similar a los castillos que Horowitz había visitado en Francia, a lo largo del Loira. Protegido por árboles seculares, este hotel es, desde siempre, uno de los preferidos por estrellas del rock y celebridades hollywoodienses. Llamado así por la callejuela que corre por delante de la propiedad (Marmont Lane), el hotel despertó inmediatamente la admiración por su clase, su elegancia y también su seguridad. Fue uno de los primeros edificios construidos según criterios antisísmicos, y sobrevivió a los cinco grandes terremotos que afectaron a Los Angeles entre 1933 y 1994. Aquí han residido, entre otros, Mick Jagger, Bob Dylan, Janis Joplin, John Lennon y Yoko Ono. En 1964, Barry Man y Cynthia Weill, dos de los autores más prolíficos del Brill Building, pidieron y se les concedió un piano en su habitación, la 2H. Y en aquel piano compusieron «You've Lot That Lovin' Feeling», destinado a convertirse en un gran éxito de los Righteous Brothers.

En 1970, Jim Morrison, después de haber sido expulsado del vecino Hyatt, residió en el Marmont durante unas semanas y fue sorprendido varias veces balanceándose en el vacío desde su terraza. Peor le fue a John Belushi que, después de una orgía a base de sexo y speedball en la que participaron también Robin Williams y Robert De Niro, falleció por sobredosis en el bungalow 3, el 5 de marzo de 1982.

Usado como ambientación para muchas películas (de *The Doors*, de Oliver Stone, a *Somewhere*, de Sofia Coppola), el Chateau Marmont aparece mencionado en innumerables libros, canciones y espectáculos como *Hollywood*, novela de Charles Bukowsky, «Chateau Lobby #4», tema de Father John Misty, cantautor y batería de los Fleet Foxes, así como en «West L.A. Fadeway» de los Grateful Dead o, más recientemente, por Lana Del Rey en «Off to the Races».

Existen dos bandas de dos generaciones diferentes que, más que cualquier otra, han asociado su nombre al Sunset Strip. Ante todo los Doors, que hicieron sus primeros conciertos en el London Fog, pequeño local en el 8909 Sunset Boulevard. El club cerró en 1968 pero, veinte años más tarde, de 1988 a 2012, se hizo famoso con el nombre de Duke's Tropicana Coffee Shop: a muchas estrellas del rock les gustaba comer en aquel

Whisky a Go Go

local. Hoy se ha convertido en el **Pearl's Sunset Strip**, pequeño restaurante con aroma de vieja América y donde el lunes hay actuaciones de jazz en vivo.

Después de haberse peleado con los gestores del London Fog, los Doors cambiaron de lado, hasta el **Whisky A Go Go** (8901 Sunset Boulevard), y allí su carrera despegó. El Whisky, acaso el club de música más famoso de la Strip, abrió sus puertas el 11 de enero de 1964 en los locales de un banco. Fundado por Elmore Valentine, Phil Tanzini, Shelly Davis y el abogado Theodore Flier, adoptó el nombre de la primera discoteca parisina de la historia. Para rememorar sus gestas, se contrató a una dj, Rhona Lane, que pinchaba los discos y bailaba suspendida en el interior de una jaula. Al año siguiente, Smokey Robinson y sus Miracles dedicaron al local «Going to a Go Go», mientras que en 1967, el gran Otis Redding grabó el directo *In Person at the Whisky A Go Go*. Todo ello contribuyó a incrementar la fama del lugar.

«ME ENCANTA LOS ANGELES Y ADORO HOLLYWOOD. ALLÍ, TODO ES DE PLÁSTICO, INCLUSO LA GENTE ES DE PLÁSTICO: TAMBIÉN A MÍ ME HABRÍA GUSTADO SER DE PLÁSTICO»

Andy Warhol

Entre las bandas de la casa de los primeros tiempos, algunas como Johnny Rivers, Buffalo Springfield y, obviamente, The Doors, acabarían triunfando. En los años siguientes, el Whisky también mantuvo la fama de escenario para artistas destinados al éxito: aquí Elvis Costello dio su primer concierto en Los Angeles, y también aquí, los Metallica comenzaron a darse a conocer. El local sigue hoy en día vivo y activo.

Además de los Doors, la otra banda a la que se asocia más el Sunset Strip es la de Guns N' Roses. Aun proviniendo de lugares diferentes como Lafayette, Indiana (Axl) o Stoke-on-Trent, en Gran Bretaña (Slash), en 1985 los Guns N' Roses acabaron viviendo bajo el mismo techo en un apartamento en el **1114 de North Clark Street**, justo en la esquina del Whisky A Go Go. Para pagar sus facturas, Axl Rose trabajaba en Tower Records (8801 Sunset Boulevard, cerrado desde hace unos años), mientras que Slash vendía diarios en el Centerfold News Stand (716 North Fairfax). La banda dio sus primeros conciertos en el Gazzarri's (9093 Sunset Boulevard) y en otros locales de la zona.

Bill Gazzarri había abierto su club en 1963 y, durante treinta años, fue uno de los personajes más relevantes del Sunset Strip. Fue justamente Gazzarri uno de los más denodados adversarios del ayuntamiento y la policía durante los enfrentamientos de 1966 entre hippies y fuerzas del orden tras el intento de cierre del Pandora's Box y de los otros clubs contiguos. Estos eventos inspiraron a Stephen Stills el tema «For What It's Worth». En la década de 1980, Gazzarri abrió las puertas de su local a los Guns N' Roses y a bandas de glam metal como Motley Crue, pero también a Van Halen y Metallica. Después de la muerte de Gazzarri en 1991, el local siguió funcionando un par de años, luego cerró y fue arrasado a consecuencia de los daños sufridos por el

BANDA SONORA

CALIFORNICATION

Red Hot Chili Peppers - *Californication* (2000)

En cierto modo es la versión 2.0 de «Hotel California». El lado oscuro de Hollywood, las perversiones de la ciudad de Los Angeles conviven con citas varias que traen a colación a grandes estrellas del rock, de David Bowie a Kurt Cobain, pasando por los Beach Boys. Lascivo.

The Roxy

terremoto de 1994. Volvió a abrir en 1996 como Billboard Live y, desde 1998, se llama **The Key Club**.

Justamente al lado está el igualmente mítico **Roxy**, local de 400 plazas fundado en 1973 por Elmer Valentine del Whisky A Go Go, por el histórico empresario discográfico de los Mamas & Papas Lou Adler, por Elliot Roberts y Peter Asher, respectivamente mánagers de Joni Mitchell y James Taylor, y por el futuro magnate del show business David Geffen, por entonces al frente de su Asylum Records. Cuatro veladas consecutivas con Neil Young, en las que participó la flor y la nata de la música californiana, abrieron el baile. Pocos años más tarde, Bob Marley efectuó en el Roxy uno de los conciertos más hermosos de su carrera, mientras los Ramones debutaron en Los Angeles justamente en el escenario del local. Frank Zappa grabó en 1974 uno de sus directos más famosos, y el Roxy sigue fiel a su tradición de albergar a artistas emergentes y viejas leyendas.

Junto al Roxy (9015 Sunset Boulevard) hay otro lugar histórico del Strip. Originariamente se llamaba Villa Nova, y era un restaurante propiedad de Vincente Minnelli, por entonces marido de Judy Garland. Aquí coincidieron por primera vez Marilyn Monroe y su futuro marido, el gran campeón de béisbol Joe Di Maggio. A partir de 1972, adquirido por Elmer Valentine y Lou Adler, se convirtió en el **Rainbow Bar And Grill** (en aquella época, el «rainbow», el arco iris, era sinónimo de «peace and love»). El local fue inaugurado con una gran fiesta en honor de Elton John. Frecuentado habitualmente por estrellas del rock y actores, el Rainbow acogió escenas de ordinaria locura. Como cuando, una noche de 1970, en la zona reservada para ellos, los Led Zeppelin se habían sentado a beber y a comer. En particular, el batería John Bonham había pedido veinte (!) black russian, el famoso cóctel a base de vodka. Tras haber ingerido diez, se dio cuenta que una mujer lo observaba estupefacta. Despreocupadamente, Bonham se levantó, fue a su mesa y le propinó un puñetazo en plena cara. Luego volvió a sentarse y se bebió los otros diez. Se dice que también

The Rainbow Bar & Grill

The Viper Room, el club más apreciado por las estrellas de Hollywood pero también lugar donde murió River Phoenix

expulsaron del local a Iggy Pop porque, borracho, se había puesto a orinar en la maceta de una planta. Una cosa es segura: el famoso grupo de los Hollywood Vampires, fundado por Alice Cooper y formado por Ringo Starr, Keith Moon, Mickey Dolez, Harry Nillson y, ocasionalmente, John Lennon y Keith Emerson, tenía su sede justamente en el Rainbow. Como también transitaban frecuentemente las groupies más famosas de Los Angeles; es más, su reina *ad honorem*, Pamela Des Barres, trabajó durante un tiempo aquí detrás de la barra del bar.

En sus dos últimas décadas de vida, el líder de los Motorhead, Lemmy, era una presencia fija en el Rainbow y casi cada día se le podía ver enganchado a la maquinilla del videopoker.

La noche del 5 de marzo de 1982, en la mesa número 16, John Belushi consumió su última comida.

Justamente frente al Roxy está el **Viper Room**. Nacido a principios de la década de 1970 como jazz club, fue adquirido en 1993 por Johnny Depp por sugerencia de su amigo cantautor Chuck E. Weiss. Y justamente en la noche de Halloween de 1993, en la acera situada delante del local, River Phoenix murió de sobredosis. A pesar de la tragedia, el Viper siguió siendo durante años un club apreciado por las jóvenes estrellas de Hollywood, como Jennifer Aniston, Lisa Marie Presley, Jared Leto, Angelina Jolie o Leonardo Di Caprio. El propio Depp grabó aquí algunos temas de su *American Recordings* antes de vender el club en 2004. Adam Duritz, cantante de los Counting Crows, trabajó aquí durante un tiempo como barman. Hoy, el Viper Room sigue acogiendo rock de todo tipo, del metal al punk, pasando por el rock clásico o el indie. El que sí cerró sus puertas en 2005 fue el Coconut Teaszer, templo del punk en Sunset Strip. Situado en el 8117 (hoy es el restaurante XIV Michael Mina), el club y su apéndice acústico Crooked Bar acogieron en las décadas de 1980 y 1990 lo mejor del rock californiano: Green Day, Rage Against The Machine, Stone Temple Pilots, Spin Doctors.

En agosto de 2015, el concierto de Steel Panthers & Friends marcó el adiós de la **House of Blues** de Sunset Strip, el segundo después de la de Harvard Square, en Boston, de la cadena de locales abierta por Dan Aykroyd y James

La leyenda del Troubadour

Belushi junto a Isaac Tigrett (inventor del Hard Rock Cafe). El edificio, bastante particular, con el techo de chapa y una especie de chimenea encima, ya no existe.

No lejos de Sunset Strip se encuentran otros dos templos del rock. El primero es el mítico **Troubadour** (9081 Santa Monica Boulevard). Fundado por Doug Weston en 1975, el Troubadour protagonizó pronto las crónicas de sucesos por la detención (actos obscenos en lugar público) del cómico políticamente incorrecto Lenny Bruce. El caso Bruce fue sólo el primero de una larga serie de hechos y fechorías que convirtieron al Troubadour en un pequeño mito de la historia de la música moderna. Allí se grabaron álbumes en directo fascinantes: Tim Buckley, *Live at Troubadour*, de 1969; Miles Davis, *Live at Troubadour*, de 1975; Elvis Costello y Steve Nieve, *Live at Troubadour*, de 1996. También son muchas las canciones inspiradas en el club, como «Sad Cafe» de los Eagles, «Chuck E's in Love», de Rickie Lee Jones o «Killing me Softly whit his Song», escrita por Lori Liebermann después de escuchar en el Troubadour un show de Don MacLean. El club acogió asimismo veladas legendarias como la reunión de los Byrds (1973), el primer concierto de los Guns 'N Roses (1985), la primera exhibición en directo en suelo estadounidense de Fiona Apple, el comienzo de la gira de *OK Computer* de los Radiohead y una de las últimas actuaciones públicas de Johnny Cash junto a su mujer June Carter (22 de mayo de 1999).

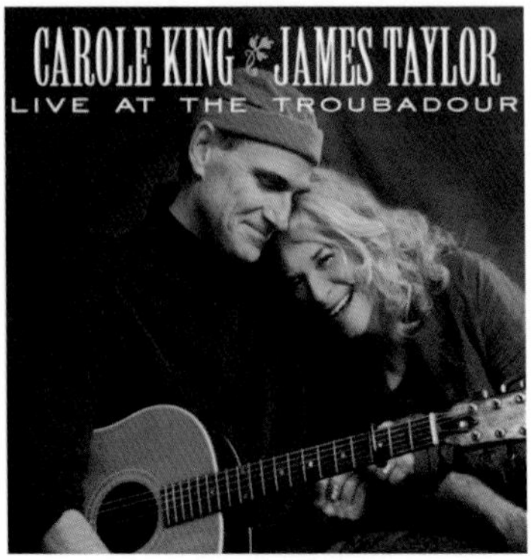

DAVID GEFFEN

Mister L.A.

Nació en Brooklyn y, tras una experiencia en la William Morris, la mayor agencia norteamericana de talentos, se fue a California junto a su amigo Elliot Roberts: habían descubierto a una joven cantautora canadiense, Joni Mitchell, y apostaron por ella. En 1970, Geffen fundó Asylum Records y se convirtió en el empresario discográfico de Jackson Browne. Después del éxito de Browne, en Asylum terminaron Eagles, Tom Waits, Linda Ronstadt y, obviamente, Joni Mitchell. A mediados de la década de 1970, después de la fusión entre Asylum y Elektra, Geffen se convirtió en vicepresidente de la Warner. Pero poco más tarde, se le diagnosticó erróneamente un tumor. Geffen se retiró de la actividad, hasta que descubrió que en realidad no estaba enfermo, y de esta manera, en 1980 dio vida a una nueva aventura independiente, Geffen Records. Entre los primeros artistas contratados estaba John Lennon, asesinado pocas semanas después de la publicación de Double Fantasy, que se convirtió en un gran éxito de ventas. A partir de aquel momento, de Elton John a Peter Gabriel, pasando por los Aerosmith, Cher, Neil Young, Guns N' Roses y Nirvana, el ascenso de Geffen Records fue imparable. Después de ceder la sociedad a la MCA, Geffen se lanzó al mundo del cine, fundando junto a Steven Spielberg, en 1994, DreamWorks, que abandonó en 2008.

Filántropo con un patrimonio personal estimado en 6.000 millones de dólares, Geffen es la quintaesencia del sueño americano.

Highland Gardens, antaño Landmark Hotel. En la habitación 105 murió Janis Joplin. El Barney's Beanery era uno de los locales frecuentados por los músicos

El Troubadour también fue escenario de eventos particulares: la noche del 12 de marzo de 1974, John Lennon y su amigo Harry Nillson fueron expulsados porque molestaban durante la actuación de los Smothers Brothers. El 6 de marzo de 1971, Carly Simon (que acababa de abrir el concierto de Cat Stevens) coincidió por primera vez con James Taylor. Los dos se casaron en Nueva York el 2 de noviembre de 1972. El propio Taylor había debutado en el Troubadour en julio de 1969. El local sigue presentando hoy un denso calendario de conciertos en directo de todo tipo.

A poca distancia del Troubadour se encuentra el **Barney's Beanery** (8447 Santa Monica Boulevard), un bar-bistró abierto en los rugientes años veinte, que se convirtió en un popularísimo lugar de encuentro para músicos en la década de 1960. Aquí, Janis Joplin se bebió su última copa antes de entrar en el **Landmark Hotel** (hoy Highland Gardens Hotel, 7047 Franklin Avenue) donde, unas horas más tarde, en la habitación 105, murió por sobredosis de heroína. Aparte del nombre, el hotel sigue como en los años sesenta, con la piscina interior incluida. Detrás del mostrador de recepción están las fotos de los clientes famosos de la época. Situado en zona reservada pero cerca de los estudios de grabación de Hollywood, o los de filmación, el Landmark era uno de los moteles preferidos por actores y músicos, como los camellos de la zona sabían perfectamente... Aún hoy, con un poco de suerte, se puede visitar la habitación 105 donde murió la pobre Janis.

Ya no se puede visitar el todavía mítico Tropicana Motel (hoy un anónimo Ramada Inn, 8585 Santa Monica Boulevard). El hotel que perteneció a la estrella de los Dodgers, Sandy Koufax, se hizo famoso porque Alice Cooper, Iggy Pop, Blondie, Ramones y Clash eran clientes habituales. El propio Jim Morrison, cuando no tenía ganas de volver al Alta Cienega Motel, residía aquí. A principios de los años setenta, Tom Waits y su entonces novia y musa Rickie Lee Jones habían transformado el Tropicana en su casa. Incluso habían llevado un piano al dormitorio y se dice que

Rickie Lee compuso en aquel piano su primer y mayor éxito («Chuck E's in Love»), que narra justamente el extraño trío amoroso de aquellos días en el Tropicana entre ella, Waits y el cantautor Chuck E. Weiss.

Alta Cienega Motel, la habitación 32, la preferida por Jim Morrison

El Barney's Beanery no sólo sigue abierto, sino que tiene otras sedes en Santa Monica, Burbank, Pasadena, Westwood y Redondo Beach. Pero respecto a los tiempos en los que lo frecuentaba diariamente Jim Morrison, hoy el Beanery parece uno de tantos diners estadounidenses.

Al Beanery, en la década de 1960, iban muchos músicos que vivían en el Laurel Canyon. Entre estos, el trío Crosby Stills & Nash. Para la cubierta de su álbum de debut, el director artístico Gary Burden y el fotógrafo Henry Diltz se inspiraron en una casita de madera en la esquina entre el Santa Monica Boulevard y Palm Avenue. Frente a la casa había un viejo sofá que parecía perfecto para acomodar a los tres. Y de este modo Diltz hizo las instantáneas para luego, por la tarde, dirigirse a Big Bear Lake, junto a Joni Mitchell, para las fotos del interior de la carátula. En aquella época, el grupo todavía no había decidido cómo llamarse. Pero una vez eligieron que usarían sus propios nombres, el orden establecido fue Crosby Stills & Nash «porque tenía un sonido fluido». Para gran sorpresa, una vez reveladas las fotos, Henry Diltz se dio cuenta que los tres en el sofá estaban dispuestos (de izquierda a derecha) como Nash, Stills y Crosby. Diltz propuso volver para hacer de nuevo la foto con la disposición justa de los tres artistas pero, al cabo de unos días, aquella casita de madera fue derribada. Hoy, en su emplazamiento, se encuentra el Santa Palm Car Wash.

Henry Diltz, fotógrafo y amigo de muchos músicos de la escena West Coast de aquellos años, también fue el autor de otra fotografía muy célebre, la de la carátula del álbum *Morrison Hotel* de los Doors. En realidad, el mérito fue de Ray Manzarek que, un día, mientras se dirigía en coche hacia el downtown de L.A., observó la existencia de un hotelito en el 1246 de South Hope Street, casi en la esquina con Pico Boulevard. El nombre le impactó: **Morrison Hotel**. Con la ayuda de Gary Burden, Diltz fotografió a los Doors sentados detrás del cristal con el nombre del hotel. Todo se hizo apresuradamente, a escondidas de los propietarios del hotel que no se dieron cuenta de la sesión fotográfica ni

Dos de las fotos de carátula más célebres de Henry Diltz

Capitol Records Tower

tampoco habían dado su beneplácito. El edificio todavía existe, pero la inscripción Morrison Hotel ya no está en la ventana junto a la puerta, sino en la parte alta del edificio.

Entre los lugares apreciados por Jim Morrison y los Doors está el que ellos mismos habían denominado The Doors Workshop, un espacio en el 8512 de Santa Monica Boulevard (no lejos del Barney's Beanery), donde estaban sus oficinas, una sala de ensayos y un estudio de grabación usado entre otras cosas para grabar y mezclar *L.A. Woman*, como reza una placa en el lugar que hoy acoge el Benvenuto Café. Para los fans de Morrison, una visita obligatoria es la del **Alta Cienega Motel** (1005 N. Cienega Boulevard), en cuya habitación 32 Jim Morrison vivió justamente en el período en que se grababa *L.A. Woman*. La habitación está cubierta de grafitis de los fans y se alquila por unos 100 dólares al día. Otra dirección que todavía hoy estremece a todos los aficionados es el cruce entre Vine Street y Hollywood Boulevard. Aquí se hallaba la **torre de Capitol Records**, un icono en la historia del rock, desde hace unos años incluida en el Registro de Lugares Históricos de los Estados Unidos. Al parecer, la particular estética del edificio oculta en realidad una arquitectura antisísmica. Terminada en 1958, la torre fue uno de los primeros edificios circulares destinado a oficinas. Se la llamó «la casa construida por Nat», como agradecimiento a los millones de discos vendidos por el gran Nat King Cole. Además de las oficinas, en el cuartel general de Capitol también había estudios de grabación de primerísimo nivel. La antena en el tejado de la torre solía emitir una luz que, en alfabeto Morse, repetía las letras de «Hollywood».

En 2006, la torre de Capitol se vendió, pero en la acera frente a la entrada todavía están, formando parte del Hollywood Walk of Fame, las estrellas de John Lennon y de Garth Brooks.

Si los estudios de Capitol ya no están, sí funcionan perfectamente los viejos **Sunset Sound Studio** (el logo de los estudios se ve desde North Cherokee Avenue, pero la dirección exacta es 6650 Sunset Boulevard), es decir, los construidos originariamente por el director musical de Disney, Tutti Camarata, para sonorizar películas como *Mary Poppins* y *101 dálmatas*. En la década de 1960, los Buffalo Springfield y los Doors grabaron aquí sus álbumes, como también los Beach Boys para *Pet Sounds*. En 1981, Camarata adquirió **The Sound Factory** (6357 Selma Avenue), otro complejo de grabación prestigioso donde grabaron artistas como Linda Ronstadt, Dolly Parton, Ringo Star o los Red Hot Chili Peppers.

Hablando de estudios de grabación y de sonido, en Los Angeles, la imaginación vuela hacia un solo nombre, el de Phil Spector, el inventor

BANDA SONORA ★★★

WANNABE IN L.A.

Eagles Of Death Metal – *Heart On* (2008)

«Los Angeles es la mayor ironía de mi vida: llegué al lugar más falso del mundo, Hollywood, y encontré verdaderas amistades y un espíritu artístico íntegro. Por ello escribí '*Wannabe in L.A.*'. Son palabras de Jesse Hughes, nacido en Carolina del Sur pero enamorado de la ciudad de los ángeles. Afectuoso.

El Pyrenees Castle de Phil Spector

del *wall of sound*, el productor artístico más importante en la historia del pop y del rock. Spector, niño prodigio que a los 19 años ya había escrito y producido «To Know Him is to Love Him» (su primer éxito) recibió la protección de Stan Ross, propietario de los **Gold Star Studios** (6252 Santa Monica Boulevard). Y justamente en aquellos estudios renombrados por sus cámaras de eco, Spector puso a punto su pared sonora: instrumentos doblados, elementos de gran orquesta, una especie de aproximación wagneriana al pop-rock. «No importa si la canción es realmente una buena canción –solía decir Spector–, lo importante es que tenga un sonido grandioso». En los Gold Star, Spector grabó lo mejor de su producción: de los Righteous Brothers a las Ronettes de «Be my Baby», pasando por «River Deep Mountain High» de Ike & Tina Turner o las piezas de las Crystals. En 1984, los estudios cerraron y pocos meses más tarde un incendio destruyó el edificio.

Personaje controvertido desde siempre, megalómano al límite de la psicopatía y peligrosamente excéntrico, Spector adquirió en 1998 una mansión digna de su fama: un castillo de impronta disneyana bautizado **Pyrenees Castle** (1700 South Grandview Drive), en la zona de Alhambra, a unos quince kilómetros del downtown de L.A.

Hubo quien dijo que aquel lugar estaba maldito. Y no tanto porque, como se murmuraba, Spector rondara de noche vestido de Batman... Temperamento imprevisible y violento, Phil tenía una pasión por las armas que, con frecuencia, llevaba (¡y usaba!) en los estudios durante las grabaciones. Pero el 3 de julio de 2003, una de sus pistolas dio en el blanco equivocado. Después de una noche loca, Spector se llevó al Pyrenees Castle a Lana Clarkson, actriz a la que había conocido aquella misma noche en la House of Blues. Pocos minutos más tarde, salió trastornado diciendo a su chófer: «Llama a la policía, creo que he matado a alguien». Una vez arrestado, Spector desmintió la confesión y declaró que Lana Clarkson se había suicidado. Después de varios juicios, en mayo de 2009 Phil Spector fue declarado culpable de homicidio en segundo grado y condenado a 19 años de cárcel. Entre-

Grammy Museum

tanto, el «castillo maldito» se vendió, incluidos los 88 escalones de piedra que era preciso escalar para llegar a la puerta de entrada.

También hay huellas artísticas de Phil Spector en el **Grammy Museum** (800 Olympic Boulevard), espectacular institución creada en diciembre de 2008, con ocasión de la edición número cincuenta de los Grammy Awards. El museo está desarrollado en cuatro plantas y contiene una exposición permanente de instrumentos musicales, numerosos paneles de audio y vídeo interactivos y el Clive Davis Theater, una sala de 200 plazas.

En menos de diez años, el Grammy Museum, dirigido por Bob Santelli, ha promovido más de 300 programas educativos dedicados a los jóvenes. La planta baja está dedicada a muestras y exhibiciones especiales, entre las cuales Taylor Swift Experience, Bob Marley Messenger, Ringo Peace and Love, The Genius of James Brown.

En las tres plantas siguientes se recorre la historia de la música norteamericana del siglo xx, así como la de los Grammy Awards, mientras que la cuarta acoge la sección *Crossroads*, interesantísimo viaje interactivo a través de testimonios filmados de los grandes protagonistas de 60 años de historia del pop-rock.

No se puede dejar Los Angeles sin haber visto uno de los templos de la música estadounidense en la costa occidental, el **Hollywood Bowl** (2301 North Highland Avenue). El Bowl, una especie de equivalente del Carnegie Hall neoyorquino, abrió oficialmente el 11 de julio de 1921. Este anfiteatro al aire libre se caracteriza por una especie de concha que cubre la zona del escenario. Originariamente, la cobertura fue ideada y construida por el célebre arquitecto Frank Lloyd Wright, pero su obra (una estructura piramidal) fue considerada en la época demasiado vanguardista y se eliminó. Y así, desde la temporada de 1928, se realizó una estructura más redondeada que permaneció hasta 2004, cuando fue sustituida por la actual, similar pero más grande, moderna y con una acústica notablemente mejor. Casa de la Los Angeles Philharmonic, desde 1945 tiene una orquesta propia, la Hollywood Bowl Symphony Orchestra. En 1964 y 1965 los Beatles celebraron aquí conciertos legendarios, como el de los Doors el 5 de julio de 1968 y Jimi Hendrix en septiembre del mismo año. En 2002 los Who hicieron aquí su primer concierto tras la muerte de John Entwistle, y en el nuevo milenio, Rolling Stones, Beach Boys, Depeche Mode, Genesis, Black Sabbath, Motley Crue y muchísimas bandas más han pisado el prestigioso escenario del Bowl.

Hollywood Bowl

2

BORN IN THE USA

El sonido de la provincia

Una divertida peregrinación por las carreteras de provincias, por los lugares en los que cobraron vida el rock veraz de Bruce Springsteen, el desesperado de Kurt Cobain y la explosiva mezcla roots blues y de Stevie Ray Vaughan. Y donde, más que en cualquier otro sitio, sonidos y ritmos, melodías, armonías y textos se inspiraron, fueron influidos o incluso condicionados por los lugares de origen, ya fuera la costa de Nueva Jersey, los bosques del Noroeste o las interminables praderas texanas.

SLEEPLESS IN SEATTLE

Jimi Hendrix había nacido, Quincy Jones había crecido, Clint Eastwood había estudiado aquí. Pero hasta finales de los años ochenta, Seattle era una ciudad olvidada del mundo, especialmente del de la música. Y sin embargo, entre 1989 y 1994, justamente en este lugar remoto poblado de leñadores, de clima siempre inclemente y cuya única industria local (la Boeing) estaba en crisis, nació la última y extraordinaria escena rock de la historia. El grunge se afirmó como una revolución artística primero y como una moda más tarde. Y desde aquel momento, Seattle se convirtió en una meta para todos los aficionados.

A principios de la década de 1980, Bruce Pavitt era un estudiante del Evergreen State College de Olympia, estado de Washington. Para obtener créditos, había creado un fanzine (*Subterranean Pop*) dedicado a su música preferida: el rock alternativo interpretado por grupos y etiquetas independientes. A partir del quinto número, el fanzine se llamó *Sub Pop*, y comenzó a adjuntar con el diario cassettes de audio con lo mejor de las jóvenes bandas underground. El resultado fue extraordinario para las expectativas de Pavitt: 2.000 copias vendidas. Y de esta manera, Bruce se trasladó en 1983 a **Seattle**, pero después de nueve números dejó de publicar su fanzine para comenzar a firmar en el diario local *The Rocket* la sección Sub Pop U.S.A. Tres años más tarde, el concepto Sub Pop se había convertido en una pequeña etiqueta discográfica que debutaba con un recopilación de grupos alternativos (*Sub Pop 100*). Luego, en junio de 1986, una banda de rock de Seattle llamada Green River grabó para la etiqueta de Pavitt un EP: se titulaba «Dry as a Bone»,

«SEATTLE ES UNA ESPECIE DE SOPA GLOBAL: UN MELTING POT DE RICOS Y POBRES, BLANCOS Y NEGROS, CHINOS, FILIPINOS, JUDÍOS»

Quincy Jones

y la pequeña casa discográfica lo promovió con el siguiente eslogan: «Una música lasciva, sucia y ordinaria para destruir los valores morales de una generación». La asociación entre los términos «sucia y ordinaria» (grunge), se convertiría pronto en una palabra clave. Al año siguiente, Jonathan Poneman, estudiante de la Universidad de Washington y dj de la radio universitaria, comenzó a financiar el Sub Pop. Entró en la sociedad con Bruce Pavitt aportando 20.000 dólares y permitiendo de esta manera la salida del primer álbum de una banda de rock de la ciudad, los Soundgarden, en los que militaba un amigo común, Kim Tahyil. En 1988, Poneman y Pavitt decidieron dedicarse a tiempo completo a su etiqueta y publicaron el debut de una de las bandas más representativas de la naciente escena rock de la ciudad. «Touch me, I'm Sick» de los Mudhoney representó un giro artístico: en aquel punto, Pavitt y Poneman estaban convencidos de que tenían en la mano la nueva realidad de la escena rock internacional. Un día, a finales de 1988, tuvieron una idea para promover la Sub Pop: reflexionando sobre de qué modo, en el pasado, la prensa británica había tenido un papel determinante en la difusión de escenas musicales y artistas norteamericanos, decidieron invitar a Seattle a un periodista inglés. La elección recayó en Everett True. En realidad se llamaba Jeremy Andrew Thackray, y había trabajado para el New Musical Express utilizando a menudo el seudónimo «The Legend». En 1988, Thackray fue despedido del New Musical Express y comenzó a colaborar con la revista de la competencia, el *Melody Maker*. Entonces eligió un nuevo nombre, Everett True, como un personaje de cómics de comienzos del siglo XX. Everett había publicado una recensión de los Mudhoney y aceptó inmediatamente la oferta de los chicos de Sub Pop. Poco tiempo después, a comienzos de 1989, salió el artículo en *Melody Maker* en el que Everett fantaseaba sobre esta nueva escena que él mismo definía como «la más vibrante y enérgica que he visto en los últimos diez años en una única ciudad».

En el mismo período, la compañía Sub Pop había contratado a una banda de Aberdeen (en el estado de Was-

BANDA SONORA

TOUCH ME I'M SICK

Mudhoney - *Superfuzz Bigmuff* (1988)

Es el primer sencillo de los Mudhoney para Sub Pop, grabado en Reciprocal Recording por Jack Endino, el padre del grunge. Esta pieza está considerada por muchos como el prototipo del género. Fundacional.

Space Needle, el símbolo de Seattle

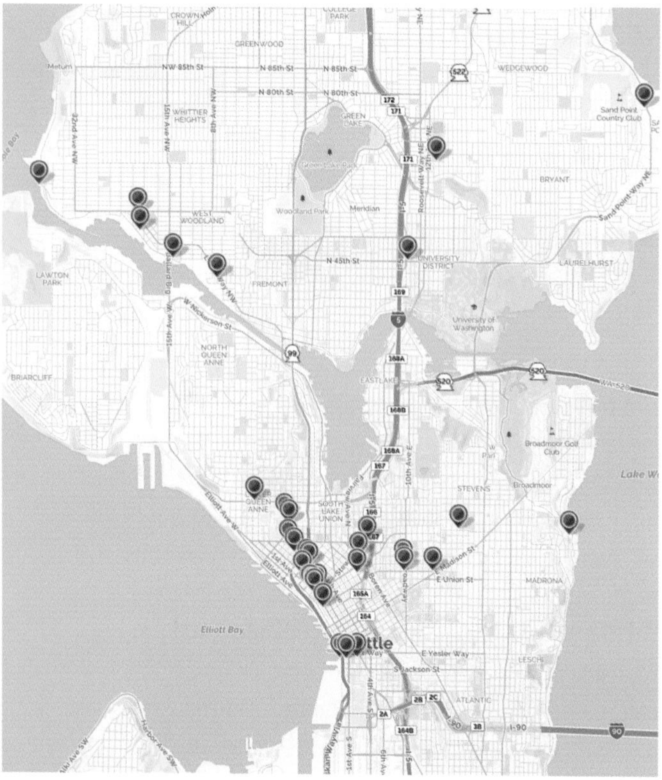

hington) esponsorizada por Jack Endino, ex guitarrista de los Skin Yard, que producía a los mejores grupos de la ciudad en el Reciprocal Recording Studio.

Los estudios habían sido fundados por Chris Hanzsek y por Tina Casale en 1984. Originariamente se habían instalado en unas oficinas cerca de la línea férrea, en el barrio de Interbay, y luego, al año siguiente, se trasladaron a un sótano en la zona de Madrona. Posteriormente, en junio de 1986, Chris Hanzsek y Jack Endino se hicieron socios y trasladaron de nuevo los estudios al 4230 Leary Way N.W., en el barrio de Ballard. En enero de 1988, un tal Kurt Cobain, de Aberdeen, había llamado a Endino para grabar una demo. Se había presentado como amigo de los Melvins, una de las primeras bandas de rock de Seattle. «Los amigos de los Melvins son mis amigos», le respondió Endino, y

Reciprocal Recording Studio, con Jack Endino frente a la puerta. Linda's Tavern

de esta manera, la banda de Cobain, Nirvana, entró en Reciprocal Recording para grabar diez temas. Endino pidió permiso a los muchachos para enviar la cinta a sus amigos de Sub Pop y así, casi un año más tarde, los Nirvana regresaron a los Reciprocal Recording para grabar su primer álbum, *Bleach*. Costo total: 606 dólares y 17 centavos. Reciprocal Recording cerró en 1991 pero, desde entonces, el pequeño edificio en Ballard ha acogido numerosos otros estudios.

La historia del Seattle grunge está fuertemente vinculada a los Nirvana y a la figura de Kurt Cobain. Si bien

«HOY SEATTLE YA NO ES UNA CIUDAD DE LOCOS: ES UNA METRÓPOLIS 2.0»

Krist Novoselic (Nirvana)

el álbum *Bleach* consagró el nacimiento de la nueva escena musical, la muerte de Cobain (5 de abril de 1994) marcó su fin.

Después de escaparse el 1 de abril del centro de rehabilitación Exodus de Marina del Rey, en California, Kurt se había refugiado en el **Marco Polo Motel** (4114 Aurora Avenue North), en la periferia de Seattle, por el que por

«SOLTEROS»

El Seattle de la Generación X

Cameron Crowe decidió ambientar en el Seattle grunge su *Solteros*, película de 1992 con Bridget Fonda y Matt Dillon. La película narra las complicadas relaciones de dos parejas de jóvenes; la primera está formada por Janet (Bridget Fonda), que es camarera, y Cliff (Matt Dillon), músico de un falso grupo grunge en el que militan miembros de los Pearl Jam. Luego están Linda (Kyra Sedgwick) y Steve (Campbell Scott), dos novios que intenta comprender si realmente están hechos el uno para el otro. Y finalmente está Debbie (Sheila Kelley), en busca de su príncipe azul. Las historias tienen lugar en Gas Works Park, Capitol Hill, Pike Place Market y Renton, cerca de la tumba de Jimi Hendrix. Muchas escenas fueron filmadas en los locales y en los clubs del Seattle grunge, como el OK Hotel y el RKCNDY (ambos desaparecidos). La casa en la que viven los protagonistas se encuentra en la esquina **entre E. Thomas Street y 19th Avenue E**.

En la película, Matt Dillon lleva prendas de vestir pertenecientes al bajista de los Pearl Jam, Jeff Ament, quien escribió muchas piezas de la banda sonora. Al final Debbie encuentra a su «Mr. Right» en el aeropuerto, Linda y Steve se van a vivir juntos y Cliff entiende que Janet es la mujer de su vida cuando ella lo deja.

Linda's Tavern

entonces menudeaban los camellos y gente de mala vida. A menudo Cobain se veía con sus «suministradores» y utilizaba la habitación 226 para consumir heroína. Aquella vez se registró como Bill Bailey, el verdadero nombre de Axl Rose (el nombre falso quizás se lo inspiró otro extraño episodio: ironía de la suerte, en el vuelo de Los Angeles a Seattle del 1 de abril, Cobain estaba sentado junto al bajista de los Guns N' Roses, Duff McKagan). La noche del 4 de abril, Kurt fue visto por última vez fuera de la **Linda's Tavern** (707 E. Pine Street), un bar muy popular de Capitol Hill que sigue

Denny-Blaine, la casa de Kurt Cobain y Courtney Love

en activo, aunque ya no recuerda en nada la epopeya del grunge. Según la autopsia, Kurt Cobain murió al día siguiente, el 5 de abril. Pero su cuerpo lo encontró al cabo de tres días, el 8 de abril, a primera hora de la mañana, Gary Smith, un electricista que estaba allí para comprobar el sistema de alarma. El cadáver se encontraba en una especie de invernadero (en realidad un cuarto trastero) sobre el garaje de la propiedad en el **171 de Washington Lake Boulevard East** en la que Kurt vivía con su esposa Courtney Love y la pequeña Frances Bean, de dos años. Construida en 1902, la bellísima mansión de tres pisos en estilo Cape Cod (725 metros cuadrados con cinco dormitorios) fue adquirida

BANDA SONORA

FRANCES FARMER WILL HAVE HER REVENGE IN SEATTLE

Nirvana - *In Utero* (1993)

Frances Farmer, nativa de Seattle, fue una actriz de los años treinta y cuarenta con una vida atormentada y un final dramático. Acusada de ser comunista, fue perseguida hasta ser lobotomizada. Su historia impresionó mucho a Kurt Cobain (llamó a su hija Frances Bean en su honor): estaba convencido de que los perseguidores de Farmer todavía estaban en Seattle. Reivindicativo.

BRYAN BOWERS

El Jimi Hendrix del autoarpa

Seattle, principios de la década de 1970; casi todos los días, en Pioneer Square, se podía ver a un hombretón de dos metros actuando por lo que los viandantes le ofrecieran. De vez en cuando se le encontraba en algún club de folk de la ciudad, tocando sólo para obtener propinas. Aquel gigante, Bryan Bowers, contaba historias fascinantes, pero sobre todo manejaba un instrumento muy extraño, el autoarpa. Inventado a finales del siglo XIX por un inmigrante alemán, es una cítara que tiene barras con fieltros para bloquear algunas cuerdas y dejar libres otras, formando acordes perfectos. El instrumento tiene un sonido dulce y seductor. Al parecer, Bowers lo escuchó por primera vez en casa de un amigo que lo tocaba para sus plantas, declarando que de este modo crecían más vigorosas...

El autoarpa tiene 36 cuerdas, y aquel joven de dos metros lo tocaba como nadie lo había hecho antes: había cambiado su afinación, de cromática a diatónica y, arpegiando como un virtuoso con los cinco dedos, sabía hacer al mismo tiempo la melodía, la armonía, los bajos y el ritmo. Bryan transponía de modo asombroso a su instrumento algunas *fiddle tunes* tradicionales, o bien lo usaba para acompañar temas originales como «A View from Home», en la que narraba las maravillas naturales del estado de Washington.
Así como, unos años antes, un nativo de Seattle –Jimi Hendrix– había revolucionado la guitarra, Bryan Bowers hizo lo propio con el autoarpa, creando un entusiasmo por un instrumento olvidado en los desvanes de media Unión. Hoy, Bryan Bowers viaja hacia los 80 años pero sigue actuando y llevando sus autoarpas por los escenarios de todo el país.

por los cónyuges Cobain sólo cuatro meses antes, en enero de 1994, por poco más de un millón de dólares. Por entonces, Howard Schultz, presidente y propietario de Starbucks, era vecino de Kurt y Courtney. No lejos vivía también Peter Buck, guitarrista de los R.E.M. Situada en el corazón de Denny-Blaine, una de las zonas más exclusivas de la ciudad, la casa confina con el Viretta Park, en el que desde abril de 1994, miles de admiradores de Cobain dejan marcas de su afecto. En 1996, cansada por las continuas visitas de fans morbosos (que a menudo usaban un banco verde a pocos pasos de la entrada de la ciudad como pizarra para sus mensajes de amor) Courtney Love mandó derribar el edificio situado frente a la casa, donde estaban el garaje y aquella especie de invernadero en el que se halló el cuerpo sin vida de Cobain. Al año siguiente, Courtney decidió vender la propiedad, pero con una cláusula especial: se reservaría el derecho a poder volver, en cualquier momento, para llevarse el sauce llorón del interior de la propiedad. Hubo quien pensó que las cenizas de Kurt Cobain estaban justamente alrededor de aquel árbol.

«Come as you are»: el cartel de bienvenida a Aberdeen. Debajo, el Young Street Bridge

«Para entender la música de los Nirvana y el espíritu de Kurt Cobain es preciso ir a **Aberdeen**», dicen los periodistas musicales y los historiadores del rock. A principios del siglo XX, Aberdeen era famosa en todo el país como lugar de vicio, de juegos de azar y sexo libre. Pero la reputación de «hoyo del infierno en el Pacífico» o de «puerto de machos perdidos» duró poco, y la Gran Depresión barrió las veleidades de Aberdeen, que volvió a ser un puerto comercial de provincias desconocido en el resto de la Unión. El éxito de los Nirvana la volvió a colocar en el centro de los mapas (rock) del mundo, hasta el punto de que Aberdeen mostró un reconocimiento a su hijo más célebre: en el día en que este habría cumplido 47 años, el alcalde de Aberdeen, Bill Simpson, inauguró una extraña estatua en el museo de historia de la ciudad, un Cobain que toca la guitarra y llora. El alcalde declaró el 20 de febrero como «Kurt Cobain Day»; es más, bajo el cartel de entrada en la ciudad, «Welcome to Aberdeen», aparece la inscripción «Come as you Are».

«SEATTLE ES UNA CURIOSA ISLA LIBERAL. INCLUSO LAS ZONAS MÁS RICAS ESTÁN RODEADAS DE EXTRAORDINARIAS BELLEZAS NATURALES»

Stone Gossard (Pearl Jam)

Esta marca viaria se encuentra en las inmediaciones del **Kurt Cobain Memorial Park**, abierto en 2011 gracias a la Kurt Cobain Memorial Foundation. El parque está frente a las aguas del río Wishkah y muy cerca del **Young Street Bridge**, el puente que se hizo famoso por la canción «Something in the Way» y bajo el que Cobain sostenía que había dormido muchas veces. Una placa en el parque recuerda los versos de la canción, hasta el punto que, como alguien escribió, «Cobain inmortalizó el puente, ahora el puente inmortaliza a Cobain».

En el pequeño parque hay una escultura de una guitarra, un retrato de Kurt con los versos de «Something in the Way», una lápida con algunas citas grabadas (como «Llevo conmigo una infección bacteriana»), aunque una de estas («Las drogas te joderán») fue parcialmente borrada por vulgar. También hay una escultura violeta llamada «Kurt Cobain air guitar» y una serie de grafitis, bajo el puente, dedicados a los Nirvana.

Kurt Cobain Memorial Park

La modesta vivienda en la que creció Kurt Cobain en Fellony Flats

Kurt Cobain había nacido en **Hoquiam** (2830 Aberdeen Avenue), pero desde los dos años de edad había vivido en una modesta residencia en Felony Flats, uno de los barrios más pobres de Aberdeen. La vivienda en el **1210 de East First Street** está como era en la década de 1970: una cocina de época con esterillas anaranjadas, negras y doradas, el pasillo con un viejo parquet y el cuarto de Kurt conservado como un pequeño museo, incluido un agujero en la pared que hizo con un puñetazo, inscripciones dedicadas a los grupos que más le gustaban (Led Zeppelin, Iron Maiden, etc.) e incluso una lata de su cerveza preferida, la Olde English 800.

La casita de Felony Flats, que podría tener un valor efectivo de 65.000 dólares, la puso a la venta Wendy O'Connor, la madre de Kurt, por 500.000 dólares («porque compráis un fragmento de historia del rock» reza el eslogan de la agencia inmobiliaria). Jaime Dunkle, periodista de Portland, Oregon, y gran admirador de Cobain y de los Nirvana, está intentando reunir el dinero para transformar la vivienda de Aberdeen en un museo.

En el 107 S.M. Street sigue encontrándose **Maria's Hair Design**, la peluquería de la madre de Krist Novoselic en cuya trastienda él y Cobain ensayaban en busca de un sonido y de una identidad musical, mientras que la **Aberdeen High School** (414 North G. Street) es la escuela en la que estudiaron Cobain y Novoselic.

Después de haber sido restaurada sigue en estado precario la **Pourhouse** (506 E. Wishkah Street), el único local decente de música en directo de la zona donde Kurt y Krist tocaron al menos tres veces entre

BANDA SONORA ★★★

BLACK HOLE SUN

Soundgarden - *Superunknown* (1994)

El tema más famoso del grupo que se llamaba como una de las instalaciones artísticas situadas en las inmediaciones del Warren G. Magnuson Park. Fue publicado en marzo de 1994, un mes antes de la muerte de Kurt Cobain, cuando Seattle era la capital mundial del rock. Épico.

EL CASO
STARBUCKS

En 1971, tres estudiantes de la San Francisco University decidieron producir y vender un café de calidad. Tenían que crear una marca para su producto y, dado que un amigo sostenía que los nombres que comienzan por «st» eran particularmente eficaces, comenzaron a hacer una lista. La elección recayó en «Starbuck», el nombre del cocinero de la novela *Moby Dick*.
El 31 de marzo de 1971, el primer **Starbucks** abrió en Seattle en el 2000 de Western Avenue para luego trasladarse, unos años más tarde, al 1912 de Pike Place Market, de donde ya no se movió. En 1987, los tres socios fundadores decidieron vender su criatura a Howard Schultz, un dependiente suyo.
Schultz comenzó a expandir la aventura, a aumentar la oferta de café expreso y de capuchino y a transformar aquellos simples bares en lugares de encuentro, en internet points y a abrir locales fuera de Seattle. Hoy son más de 23.000 Starbucks en todo el mundo.
En 1994, Howard Schultz era vecino de casa de Courtney Love y Kurt Cobain en Lake Washington Boulevard.

El primer Starbucks de Seattle

La casa de papá Cobain en Montesano y la caravana del abuelo Leland

1986 y 1988, la última junto a Buzz Osbourne de los Melvins. A propósito de Melvins, a un cuarto de hora de carretera de Aberdeen, en la población de **Montesano**, la ciudad natal de los Melvins, Cobain vivió durante cuatro años en la casa de su padre (413 Fleet Street South). Hay quien recuerda que, cuando su madre venía a buscarlo, se oían los gritos y las peleas entre ambos a varias manzanas de distancia. La casa roja parece hoy deshabitada. Antes de dejar Fleet Street, Kurt vivió en la caravana de su abuelo paterno, Leland, en el mobile home park Country Estates, en las afueras de Montesano. Un cartel advierte que «quien pase más allá de la señal será perseguido, y quien sobreviva acabará lleno de perdigones». Hoy, en la casa del abuelo vive Gary Cobain, hijo de Leland y tío de Kurt.
Dos meses después del primer concierto de verdad de los Nirvana, una fiesta privada en Raymond, Kurt se trasladó a **Olympia**, la ciudad universitaria del estado de Washington, desde siempre una comunidad joven y creativa. En el 114 de Pear Street, en una casa dividida en tres apartamentos, Cobain vivía con Tracy Marander, su novia de la época. En aquel período y en aquella casa Kurt compuso varios de los temas que terminarían en *Nevermind*. Incluso después de que se separaran, Cobain mantuvo aquel apartamento. Se dice que fue allí justamente donde su amiga Kathleen Hanna, de las Bikini Kill, después

Evergreen State College, Olympia

de una noche de juerga, escribió en una de las paredes la fatídica frase «Kurt smells like Teen Spirit». Porque, según Kathleen, la batería de su grupo Toby Vail (que de vez en cuando se enrollaba con Kurt) usaba el desodorante Teen Spirit. En julio de 1991, tras regresar de un tour promocional para la inminente salida de *Nevermind*, Cobain fue al apartamento de Olympia pero encontró sus cosas echadas por la acera como si se tratara de basura. Aquella casa sigue ahí y, como entonces, viven en ella estudiantes y artistas.

Situada a 60 millas al sur de Seattle, Olympia, pequeña capital del estado de Washington y ciudad universitaria, tuvo una gran influencia en el desarrollo del movimiento grunge y en particular del de las denominadas «Riot Grrrl». El epicentro artístico y cultural fue el **Evergreen State College** (2700 Evergreen Parkway) donde, además de Bruce Pavitt, estudió también Matt Groening, el creador de los *Simpsons*. Justamente en Olympia, en el **North Shore Surf Club** (hoy The Blend Cafe 116 E. 5th Avenue), el 11 de octubre de 1990 Dave Grohl dio su primer concierto como batería de los Nirvana. El **Capitol Theater** (205 5th Avenue) acoge todavía conciertos y tributos a los Nirvana.

La muerte de Cobain se vio precedida y seguida por otros fallecimientos famosos del universo grunge. La heroína, que llegaba por vía marítima desde Oriente, tenía un punto de difusión importante en Seattle. Y la heroína fue el principal asesino de estrellas del rock en Seattle, porque, como recordaba Tom Hansen (uno de los camellos más conocidos de la zona, tenía como clientes a Kurt Cobain, Layne Staley de los Alice en Chains, Mark Lanegan y a muchos otros), «en los primeros años noventa, más del 50% de los músicos de rock de Seattle eran toxicómanos». El primero en dejar este mundo, con tan sólo 24 años, fue Andrew Wood, «medio Marc Bolan y medio Jim Morrison», como lo definió la prensa de entonces. Andrew tenía un gran talento y sus Mother Love Bone fueron precursores de lo que los Pearl Jam harían después de su muerte. El 16 de marzo de 1990 Andrew fue encontrado en coma en su apartamento por su novia, Xana La Fuente: sobredosis de heroína. Murió tres días más tarde en el **Virginia Mason Hospital** (1100 9th Avenue / Spring Street). En el **Paramount Theather** (911 Pine Street) se celebró un extraño funeral, en el que participó su amigo y coinquilino Chris Cornell.

El 7 de julio de 1993, la cantante de las Gits, Miza Zapata, de 27 años, había salido de la **Comete Tavern** (922 East Pike Street), uno de los locales más cool de Capitol Hill. La muchacha vivía a cien metros de allí, pero en unos pocos minutos fue agredida, violada y finalmente asesinada. Su cuerpo se encontró en el cruce entre la 24 Avenue South y South Washington Street. Durante diez años la investigación no llegó

Comet Tavern

a ninguna conclusión; luego, casi por casualidad, fue arrestado un pescador de Florida, Jesus Mezquia, cuyas huellas dactilares coincidían con las del agresor de Mia. El 16 de julio de 1994, tres meses después de la muerte de Cobain, una de sus amigas más queridas, Kristen Pfaff –bajista de las Hole, el grupo de Courtney Love– fue hallada muerta por sobredosis de opiáceos en su apartamento de Minneapolis. Kristen acababa de dejar Seattle y las Hole (por graves discrepancias con Courtney que, al parecer, estaba celosa de ella).

El 19 de abril de 2002, el asesor fiscal de Layne Staley (líder de los Alice in Chains) contactó con Susan Silver, mánager del cantante: desde hacía dos semanas no figuraban reintegros ni movimientos en su cuenta corriente. Susan informó a la madre de Layne, que llamó a urgencias. Cuando la policía entró en el apartamento en el quinto piso del edificio de **Grandview Plaza** (4528 8th Avenue) encontró a Staley sin vida, acurrucado sobre el sofá: a su lado había dos pipas para crack, una bolsita llena de cocaína y numerosos esprays. Layne tenía una jeringa en una pierna y otra en la mano derecha. Medía más de un metro ochenta y pesaba 39 kilos.

«SI HAY UNA BANDA QUE HA ENCARNADO MÁS QUE CUALQUIER OTRA EL ESPÍRITU DE SEATTLE Y LA ACTITUD GRUNGE SON LOS MUDHONEY»

Eddie Vedder

Jimi Hendrix nació y fue sepultado en Seattle, aunque sus amigos habrían querido que su tumba estuviera en Londres, la ciudad que lo acogió y que él había querido tanto. Pero la familia de Jimi y su padre Al Hendrix, en particular, quisieron que el hijo predilecto reposara para siempre en el lugar en que había nacido. Y si la casa en la que había crecido Jimi (2010 Jackson Street)

SEATTLE BOYS: ALLEN Y GATES

Nacidos ambos en Seattle, Bill Gates y Paul Allen eran compañeros de escuela en la Lakeside, donde estudiaban programación informática.
Allen se laureó primero en la Washington State University y los dos, basándose en un chip Intel 8008, construyeron un ordenador que utilizaron para crear Traf-O-Data, un programa de información sobre el tráfico. Luego, Allen fue a trabajar para la Honeywell de Boston, mientras Gates estudiaba en la vecina Harvard.
En 1974, la noticia del primer ordenador personal, el Altair 8800, los había entusiasmado: pero ellos sabían que lo habrían podido hacer mejor. Y pusieron a punto un nuevo sistema que propusieron al presidente de Altair. Allen tenía 22 años y Gates 19: en unos pocos meses, el nuevo Altair Basic vio la luz.
En 1975, de su asociación nació Microsoft que, en 1979, regresó al estado natal de Washington, en Bellevue, en los alrededores de Seattle.
En 1981, los dos inventaron el MS-DOS 1.0, que lograron vender a IBM. En 1986 Microsoft se desplazó a Redmond, también en el estado de Washington.
Según Forbes, de 1995 a 2007 Bill Gates fue el hombre más rico del mundo.

fue derribada, a pesar de numerosos intentos para salvarla, hoy un imponente mausoleo en el **Greenwood Cemetery** de Renton honra su memoria.

Desde mediados de la década de 1990, es decir, desde que volvió a estar en posesión de los derechos de la música de su hijo, Al Hendrix comenzó a acariciar el sueño de construir una gran tumba para su hijo. Después del funeral que se celebró en la Dunlap Baptist Church de Rainer Avenue el 1 de octubre de 1970 (la iglesia hoy ya no existe), Hendrix fue sepultado en el cementerio de Greenwood (350 Monroe Avenue): la tumba aparecía señalada por una pequeña lápida en la que se había esculpido la frase: «Forever in your Hearts – James M. Jimi Hendrix – 1942/1970». Todo ello coronado por la imagen de su fiel Stratocaster.

El 24 de septiembre de 1990, con una pequeña ceremonia, se descubrió el nuevo y monumental tributo a Jimi Hendrix. Se encuentra al inicio del cementerio y se puede avistar fácilmente. La capilla principal, con techo en forma de cúpula, está sostenida por tres pilastras de granito con imágenes de Jimi, citas, frases (escritas con su caligrafía) y fragmentos de canciones. En el exterior hay un reloj de sol, otra imagen de Hendrix y su firma sobre la base de granito del mausoleo.

Mausoleo de Jimi Hendrix en el cementerio Greenwood

Estatua de Hendrix en Capitol Hill

Hay otros homenajes a Hendrix en la ciudad que nunca lo apreció mucho y que él, en cierto punto, incluso detestó. Como la famosa estatua en la zona de Capitol Hill (**en la esquina entre Broadway y Pine Street**), con Jimi de rodillas tocando su Strato. Impulsada por Mike Malone, rico coleccionista de guitarras, la estatua es obra de Daryl Smith, escultor de Seattle.

La familia Hendrix donó un busto de bronce de Jimi a la Garfield High School, escuela frecuentada por su hijo, pese a que nunca había completado sus estudios. El busto de bronce, creado por Jeff Day, se encuentra en la biblioteca (400 23rd Avenue).

En 2015, la ciudad de Seattle dedicó el parque adyacente a la futura sede del Northwest African American Museum justo a él: el **Jimi Hendrix Park** (2400 S. Massachusetts) se encuentra por ahora en fase de construcción pero será un punto importante para acontecimientos multiculturales, convenciones y actividades para la comunidad. En el **Woodland Park Zoo** (en la African Savannah Exhibit, en la entrada sur del parque, 750 N. 50th Street) se encuentra un memorial realizado con una serie de piedras rodeadas por un paseo con una pavimentación en mosaico con diseño en forma de llamas. La roca de mayor tamaño debería calentarse para simbolizar el calor de la música de Hendrix.

El Experience Music Project y la muestra permanente sobre Jimi Hendrix

El lugar que celebra más que cualquier otro el arte de Jimi Hendrix es el célebre EMP, el **Experience Music Project**. El futurista edificio, impulsado por Paul Allen, de Microsoft, proyectado por el genio de Frank Gehry y abierto en 2000, representa el estuche de una guitarra eléctrica. Originariamente debía ser un museo enteramente dedicado a Hendrix, pero luego se amplió a todo el mundo musical del North West. Hoy acoge también una parte dedicada a la ciencia ficción.

La exposición permanente Jimi Hendrix – An Evolution of Sound vale por sí misma el precio de la entrada con las dos guitarras más famosas de la historia (lo que queda de la Strato que ardió en Monterrey y la Fender blanca de Woodstock).

El EMP se encuentra en el Seattle Center, cuyo corazón es el **Space Needle**, el símbolo de Seattle. Este observatorio de 184 metros (durante años la estructura más alta al oeste del Mississippi) se inauguró para la World's Fair de 1962. Cada año lo visitan más de dos millones de personas que suben en los ascensores que conducen al nivel superior, desde el que se puede admirar una vista extraordinaria de la ciudad, las montañas vecinas, la Elliott Bay y las islas de los alrededores.

En 2012, para su quincuagésimo aniversario, el techo del nivel superior se pintó con el color galaxy gold de la versión original.

Cada año, en la noche de fin de año, el Space Needle acoge un show de fuegos artificiales a ritmo de música. Cerca de la aguja espacial, el 10 de abril de 1994, Courtney Love presenció el funeral en memoria de Kurt Cobain.

BANDA SONORA

SEATTLE
Mark Knopfler – *Privateering* (2012)

Una dulce balada de amor que el músico británico ambientó en la ciudad del Puget Sound. La 1st Avenue se vuelve gris, el skyline de la ciudad se admira desde el ferry y luego... empieza a llover. Si vives en Seattle tienes que amar la lluvia. Húmedo.

El Black Hole Sun en el Volunteer Park y el Sound Garden

La que constituye una de las cinco instalaciones artísticas en el campus de la National Oceanic and Atmospheric Administration, cerca del lago Washington, se ha convertido, a su vez, en un pequeño símbolo de Seattle gracias al rock. Ideado y realizado por el escultor Douglas Hollis entre 1982 y 1983, el **Sound Garden** consta de doce torres de acero en cuyo interior hay tubos de órgano de varias dimensiones que producen sonidos graves cuando el viento penetra en las estructuras o las roza por el exterior. En la parte superior de las torres, banderolas horizontales de acero conducen el viento hasta el interior de los tubos de órgano. En 1984, la recién nacida banda de rock formada por Chris Cornell, Kim Thayil y Hiro Yamamoto decidió llamarse Soundgarden en honor a la obra de arte de Hollis. La banda de Chris Cornell parece tener una debilidad por las esculturas: su célebre himno «Black Hole Sun» también se inspira en la obra homónima del artista japonés Isamu Noguchi, instalada en el Volunteer Park, frente al Seattle Asian Art Museum.

Soundgarden, Alice in Chains, Pearl Jam, Mudhoney, Melvins, Nirvana y las otras bandas que crearon el rock de Seattle actuaban en varios locales de la ciudad, muchos de los cuales ya no existen. En el lugar del mítico Vogue, en 2081 de 1st Avenue (donde los Nirvana realizaron su primer concierto en Seattle y donde tocaron todos, desde los Alice in Chains hasta los Mudhoney) hay una peluquería que se llama Vain. En lugar del Ok Hotel (212 Alaskan Way), donde se grabaron varias escenas de *Solteros*, la película de Cameron Crowe, hoy hay apartamentos. En **Pioneer Square**, hoy lugar turístico y de encuentro, ya no hay locales de música: en el emplazamiento del Colorbox hay una tienda de alfombras, y en la otra acera, donde estaba el Timer's Cafe, se halla una tienda de vestir.

«SI LOS NIRVANA NO HUBIERAN TENIDO ÉXITO, KURT COBAIN TODAVÍA ESTARÍA VIVO. QUIZÁS ESTARÍA GORDO Y CALVO, PERO SERÍA FELIZ. Y CIERTAMENTE VIVIRÍA EN SEATTLE»

Moby

Funeral en memoria de Kurt Cobain

The Showbox at the Market, uno de los locales históricos de Seattle

También el Doc Maynard, uno de los bares de encuentro de los años noventa, está cerrado. El legendario RKCNDY (1812 Yale Avenue) también cerró, en 1999, y en su lugar hay un Marriott: en efecto, justamente en el club más apreciado por los Pearl Jam. Sigue estando ahí **The Showbox at the Market** (1426 1st Avenue) : abierto en 1939, acogió a varios artistas, desde Muddy Waters hasta los mismos Pearl Jam. También resiste el legendario **The Crocodile** (2200 2nd Avenue), llamado antaño Crocodile Cafe. Abierto en 1991 por Stephanie Dorgan, mujer de Peter Buck de los R.E.M., el Crocodile vio lo mejor del rock de la década de 1990. Merece la pena visitar el **Columbia City Theater** (4916 Rainier Avenue South): construido en 1917, es el teatro de vodevil más antiguo del estado.

La nueva cara de Capitol City, el barrio universitario antaño epicentro del grunge, está representado por el **Electric Tea Garden** (1402 Pike Street), un local decididamente underground en el que señorean la electrónica y los dj.

¿Y Sub Pop? ¿Cómo terminaron Bruce Pavitt y Jonathan Poneman? Después del acuerdo de 1996 con la Warner, Bruce Pavitt se fue: no compartía las ideas de *business* de Poneman. Ambos se pelearon y no se hablaron durante años. En 2005, Pavitt arrancó una nueva aventura para la producción de música electrónica con 8Stem. Su ex socio tiene parkinson desde 2013. El famoso **Sub Pop Megamart** ya no está en su antiguo emplazamiento downtown: se puede encontrar *on line*, o bien en el aeropuerto de Seattle-Tacom, cerca de la puerta C. Otro signo de los tiempos...

Sub Pop Store, Seattle Airport

AUSTIN
CITY LIMITS

Dicen que el secreto está... en el agua. En efecto, porque en Texas la música parece verdaderamente ser el ADN de sus habitantes. Aquí, rock, folk, blues y tex-mex han dado vida a un híbrido musical de extraordinaria fascinación y de sonido inconfundible; casi como para confirmar el orgullo y la identidad del pueblo del estado de la estrella solitaria, el mayor y el más patriótico de los Estados Unidos. «Don't mess with Texas», no ensuciéis Texas: de eslogan patriótico publicitario para una campaña sobre la limpieza se ha convertido en un lema de los texanos. Es como decir: quédate en tu casa. Porque, también en música, Texas no necesita a nadie más.

Paradójicamente, Austin es la ciudad menos texana de Texas. Además de ser uno de los puntos más relevantes de la civilización informática, de hecho es capital dos veces: del estado y de la escena en directo. Y, entre otras cosas, aquí nació el show televisivo musical más famoso y longevo de los Estados Unidos.

A principios de la década de 1970, Terry Lickona era un joven dj de la WEOK de Poughkeepsie, estado de Nueva York. Un fiel oyente de su show, laureado en la University of Texas, a menudo le contaba historias sobre **Austin**, su escena musical y sus héroes como Willie Nelson o Asleep at the Wheel.

Terry quedó tan fascinado que, junto a su amigo músico Dan del Santo, decidió viajar a Texas. En 1974, los dos muchachos estaban frente al escenario del Nelson's Fourth of July Picnic. Una vez llegaron a la ciudad decidieron que aquel era el lugar en el que les gustaría vivir. Pocos meses después, ya era una realidad: estaban allí justo en los días en que su ídolo, Willie Nelson, estaba grabando el episodio piloto de un nuevo programa musical para una televisión local.

«TODO TEXAS ES UN RECEPTÁCULO DE BANDAS Y DE ARTISTAS FENOMENALES»

Henry Rollins

La producción (intencionadamente simple, sin artificios, con una atención máxima a la calidad de audio) fue una idea de Bill Arhos,

TEX-MEX

Una cultura híbrida

El término «tex-mex» nació a finales del siglo XIX, asociado a la compañía ferroviaria Texas Mexican Railway, que comenzó sus actividades en 1875.
En efecto, en los horarios de los trenes, los nombres de las compañías se abreviaban, y así como la Missouri Pacific se convirtió en Mo-Pac, la Texas Mexican se abrevió en Tex-Mex.
En 1963, en un artículo del *New York Times*, se hizo referencia a la comida de los tejanos (los texanos de origen mexicano), como «cocina tex-mex». Respecto a los platos mexicanos, los tex-mex preveían un mayor uso de queso, carnes de buey y cerdo, frijoles, especias. Posteriormente, el término se extendió a la música y a la cultura tejanas.

Flaco Jimenez

Austin City Limits, el escenario con el skyline de la ciudad

que en 1975 la propuso, con éxito, a la PBS: había nacido *Austin City Limits*.
En poco tiempo, Lickona logró introducirse en el equipo de producción del programa y, a partir de 1978, se convirtió en productor ejecutivo. Más que seguir sus detalles organizativos, Lickona, ya desde el principio, se concen-

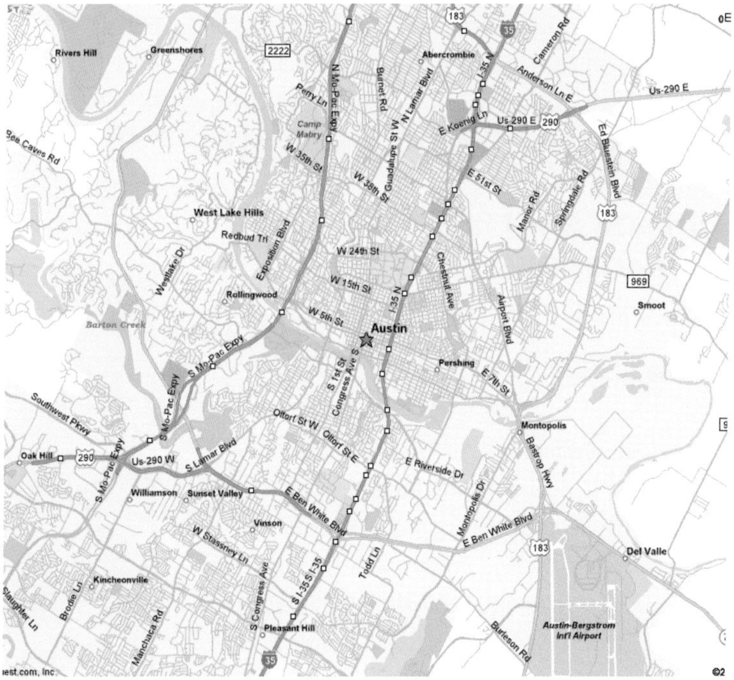

La tienda de Austin City Limits en el aeropuerto de la ciudad

tró en los aspectos artísticos. Y de este modo el show despegó asociándose a los nombres más prestigiosos de la escena texana y a algunas superestrellas como Joan Baez, David Byrne, Johnny Cash, Ray Charles, Joe Cocker, Leonard Cohen, Norah Jones, Van Morrison, Pearl Jam, Robert Plant, Tom Waits o Neil Young.

Desde siempre, detrás del escenario hay un falso skyline de Austin que caracteriza el impacto visual del programa. *Austin City Limits* no tiene presentadores y deja que la música tenga el papel principal.En el Austin

«EN LOS ANGELES TODOS SON ACTORES, EN TEXAS TODOS SON MÚSICOS»

Willie Nelson

Bergstrom International Airport hay una tienda en la que se pueden adquirir los productos con la marca ACL: camisetas, sudaderas, gorras, bolsas, etc.

De 1976 a 2010, *Austin City Limits* se grabó en el **estudio 6A del Communication Building B**, en el campus de la University of Texas (2504 Whitis Avenue). El estudio podría tener 800 plazas pero, por motivos de seguridad, durante las grabaciones del espectáculo la capacidad siempre se redujo a tan sólo 300. En 2010, el show y el estudio 6A entraron a formar parte del Rock and Roll Hall of Fame; dos años más tarde, la misma institución de Cleveland digitalizó los más de 800 episodios del programa para que fueran accesibles al público. En 2016, MTV Live adquirió los derechos de difusión por televisión. Una placa cerca de la entrada del Communication Building B recuerda que *Austin City Limits* es el show musical más longevo de la historia de la televisión estadounidense».

El 26 de febrero de 2011 se grabó el primer capítulo en el nuevo estudio construido específicamente, el **Moody Theater** (310 W Willie Nelson Boulevard). El teatro, además del show de televisión, acoge cada año un centenar de conciertos y otros tantos eventos privados.

Desde 2002, *Austin City Limits* se ha convertido también en un gran festival. Organizado por C3 Presents, agencia de promoción local, la manifestación se desarrolla en el **Zilker Park** en otoño (durante dos fines de semana consecutivos del mes de octubre), en estrecha relación con el show televisivo.

El festival atrae a 100.000 espectadores y, como es tradición en la ciudad, valora el arte culinario: *Austin Eats*

Moody Theater

Austin City Limits Festival

permite que todos aquellos que participan en el festival prueben lo mejor de la restauración texana. Y además, siguiendo el ejemplo del New Orleans Jazz and Heritage Festival, hay un espacio para el arte y el artesanato local: el **ACL Art Market** está situado en el corazón del Zilker Park, y sus puestos permanecen abiertos para toda la duración del festival.

En los Estados Unidos nadie se atreve a ponerlo en duda: Austin es la capital de la música en vivo. El renombre se debe a la rica escena de locales de la ciudad y de manifestaciones colaterales como, precisamente, el ACL Festival. Y, a propósito del festivales, desde 1987 hay uno que relega a todos los demás a un segundo plano, y no sólo en la ciudad. Nacido como South by Southwest, hoy se ha convertido en el SXSW Music, y está considerado con toda justicia como el mayor festival del mundo en su género. Especie de camino del medio entre una feria de música, una muestra de monólogos y seminarios y un festival propiamente dicho, el SXSW acogió en 2014 más de 2.000 espectáculos y casi 30.000 inscritos. Tiene lugar en marzo y dura unos diez días en

Austin Convention Center (punto principal del SXSW)

BANDA SONORA

BLUE YODEL #1 (T FOR TEXAS)

Jimmie Rodgers (1928)

El primer gran éxito discográfico de la historia. Grabado en Nueva Jersey, dos años antes de que el «ferroviario cantarín» se trasladara a Kerrvile para curarse de la tuberculosis, el tema se convirtió en un fenómeno extraordinario: millones de copias vendidas que echaron gasolina sobre el fuego de la naciente industria discográfica. Incendiario.

los que la ciudad está literalmente invadida de eventos y personalidades varias.
Paradójicamente, el texano South by Southwest nació en Nueva York, en julio de 1986, cuando los organizadores del New Music Seminar anunciaron una extensión

Austin, panorama de la ciudad

de su evento en el Southwest. De este modo se contactó con Roland Swenson, redactor de la publicación de

BANDA SONORA

NEW SAN ANTONIO ROSE
Bob Wills & His Texas Playboys (1939)
Caballo de batalla del rey del western swing, la pieza fue grabada por los más grandes, de Bing Crosby a Willie Nelson. Un himno del estado de la Estrella Solitaria. Patriótico.

contracultura *The Austin Chronicle*. El proyecto no llegó a buen puerto y Swenson pensó entonces en concentrar sus esfuerzos en la promoción de una feria-evento en la ciudad, decidiendo implicar al director y al editor del *Chronicle*, Louis Black y Nick Barbaro. Justamente fue Black quien acuñó el nombre de la manifestación, modificando el título de una famosa película de Alfred Hitchcock, *North by Northwest* (en castellano, *Con la muerte en los talones*).
La primera edición del festival tuvo lugar en marzo de 1987: la banda y los artistas tenían que sufragar los

EL BURDEL DE LA GRANGE

Uno de los más apreciados riffs de guitarra de la historia del rock es el que embellece una canción del trío texano ZZ Top, que habla de un fantástico burdel cerca de La Grange (entre Houston y Austin, en la Highway 71). John Lee Hooker llevó a los ZZ Top a los tribunales diciendo que habían copiado su clásico «Boogie Chillen», pero el bluesman perdió la causa. El burdel existía realmente: se llamaba **Chicken Ranch** y, aunque era ilegal, estaba tolerado, por lo que operó con éxito de 1905 a 1973.
El Chicken Ranch fue fuente de inspiración no sólo para los ZZ Top: el musical *La casa más divertida de Texas* y la sucesiva y homónima película de 1982 con Burt Reynolds y Dolly Parton se refieren justamente a la casa de citas de La Grange.

Chicken Ranch en La Grange y la carátula de los ZZ Top

Austin City Limits Festival

costos de viaje y de alojamiento, los organizadores esperaban unos 150-200 inscritos. Llegaron 700 y la manifestación obtuvo inmediatamente la atención de los medios de comunicación nacionales.

En 1993, el festival eligió como sede principal el **Neal Kocurek Memorial Austin Convention Center** (500 E Cesar Chavez Street), un magnífico edificio multifuncional en el centro, cerca de Waller Creek.

«LA GENTE NO VIVE EN AUSTIN PARA TRABAJAR, TRABAJA PARA VIVIR»

Robert Rodriguez

El SXSW ha sido protagonista de diferentes momentos que han causado sensación. En 1992, la texana Michelle Shocked provocó un escándalo, primeramente con un discurso en el que acusaba a los músicos blancos de haber robado el repertorio a los afroamericanos, luego intentando expulsar del escenario a las Two Nice Girls, un dúo de lesbianas declaradas.

En 1994, Charles Walker Hanson, de Tulsa, Oklahoma, llevó al festival el trío formado por sus jovencísimos hijos; tras atraer la atención del mánager Christopher Sabec, los Hanson obtuvieron casi al instante un contrato con Mercury Records. Algo análogo sucedió en 2000 a John Mayer, en 2002 a los Polyphonic Spree, en 2004 a James Blunt, descubierto por Linda Perry justamente en Austin.

En marzo de 2016, diez días después de la intervención del presidente Obama en el SXSW, un tiroteo en plena 6th Street provocó terror y pánico pero, por fortuna, ninguna víctima.

El éxito del festival musical ha propiciado que el SXSW se extienda al cine (SXSW Film) y a las nuevas tecnologías (SXSW Interactive). Más recientemente, en Austin han nacido SXSW Edu, conferencia sobre la innovación educativa, y SXSW Eco, sobre los problemas ambientales.

Durante el SXSW Music, la ciudad, todavía más de lo habitual, está invadida por la música que, por ejemplo, brota generosamente de los locales de **6th Street**, en el centro de la ciudad, una calle que desde los años setenta en adelante se ha convertido en el foco de la diversión. Austin tiene dos almas: la de college town, con una población juvenil, colorista y viva; y luego la más institucional de capital de Texas. Como imagen de esta última destaca el Capitolio (**Texas State Capitol**), uno de los símbolos más reconocibles de la ciudad. Ideado por el arquitecto Elijah E. Meyers y construido entre 1882 y 1888 bajo la dirección del ingeniero Reuben Lindsay Walker, el Capitol surge majestuoso en la confluencia entre Congress y 11th Street: en la época de la construcción era el séptimo edificio más grande del mundo. Con sus 94 metros, sigue siendo hoy el capitolio más alto de los Estados Unidos. Restaurado y ampliado en 1993, en 1970 se incluyó en el registro de los monumentos históricos, y desde 1986 se considera un National Historic Landmark.

Texas State Capitol

The Driskill Hotel

No lejos del Capitolio, en el 604 de Brazos Street, en la esquina con 6th Street, está el **Driskill**, el hotel más antiguo de Austin y uno de los más famosos y más elegantes de todo Texas. Construido en 1886 gracias a los fondos del coronel Jesse Driskill, un ganadero que había decidido gastar una fortuna para dar vida «al mejor hotel al sur de St. Louis», el hotel sigue siendo hoy en día extraordinariamente fascinante. Jesse Driskill nunca lo pudo disfrutar: después de invertir en aquella idea loca, comenzó a tener dificultades financieras. Cerró el hotel un año después de su obertura y se lo jugó al póker, perdiéndolo, en una legendaria partida contra su cuñado Jim «Doc» Day, que se convirtió de este modo en propietario.

Frecuentado por políticos (entre ellos el ex presidente Lyndon B. Johnson), por artistas y por gente del espectáculo, se dice que el Driskill era el preferido de Kinky Friedman, apodado «The Jewish Cowboy». Cantautor pintoresco, amigo de Bob Dylan, hoy Kinky es autor de novelas policíacas, pero en la década de 1970 era un cantante y compositor de culto: su «They Ain't Making Jews Like Jesus Anymore» tuvo un notable éxito.

BANDA SONORA ★★★

TEXAS FLOOD

Stevie Ray Vaughan & Double Trouble - *Texas Flood* (1983)

Escuchado por primera vez en el Antone's Club en la versión de la cantante de blues Angela Strehli, el clásico de Larry Davis de 1958 aparece aquí magníficamente reinterpretado por el gran Stevie Ray Vaughan, hijo predilecto del Austin rock-blues. Irresistible.

LA DALLAS DE J.R.

Entre finales de la década de 1970 y la primera mitad de la de 1980 se produjo uno de los éxitos televisivos más clamorosos. *Dallas* fue una serie televisiva basada en los amores, las traiciones, las conjuras y las vicisitudes varias de los Ewing, una familia de ricos petroleros texanos. La historia se desarrollaba en su mayor parte en el rancho de la familia, **Southfork**, en 3700 Hogge Drive de Parker, no lejos de Dallas. El rancho todavía se puede visitar y se alquila para convenciones y eventos especiales. Los personajes principales de la serie eran el terrible hijo mayor J.R. (Larry Hagman), su mujer Sue Ellen, mujer débil y vulnerable traicionada por su marido (Linda Gray), el dócil hermano menor Bobby Ewing (Patrick Duffy) y su esposa Pamela (Victoria Principal). Junto a ellos, en las primeras temporadas, también estaban el patriarca Jock Ewing, su mujer Ellie, la pequeña Lucy y el fiel Ray. En España también se programó esta serie durante años y se convirtió en un fenómeno de los años ochenta. En 2012 se intentó renovar la serie con algunos personajes del cast original, como J.R., Bobby y Sue Ellen. Pero fue un fiasco. A fines de ese mismo año, el 23 de diciembre de 2012, Larry «J.R.» Hagman murió después de años de batalla contra el cáncer. Tenía 71 años.

Wild About Music

A pocos pasos del Driskill se halla uno de los comercios más curiosos de Austin. Se llama Wilde About Music (615 Congress Avenue, esquina con 6th Street), y es una tienda de cuatro pisos en la que se pueden encontrar las cosas más extrañas relacionadas con la música: obras de arte, muebles, objetos de varios tipos, pero también libros, joyeros, camisetas y otras prendas de vestir, todo ello rigurosamente de tema musical. Obviamente se presta una atención particular a los artistas de la ciudad y a la música de Texas.

«EN AUSTIN ESTÁS RODEADO DE MÚSICA: MÚSICA DE TODO TIPO»

Gary Clark Jr.

También venden instrumentos musicales, aunque no de una particular calidad; lo más interesante son los centenares de objetos extravagantes. Uno de los artistas de los que se encuentran más cosas en el **Wild About Music** es Stevie Ray Vaughan, formidable *guitar hero*, que murió con tan sólo 35 años, el 27 de agosto de 1990, en un accidente de helicóptero, tras haber tocado en el Alpine Valley Music Theater con Eric Clapton, Buddy Guy, Robert Cray y Jimmie Vaughan, su hermano. Justamente Jimmie y su madre Martha aceptaron, poco tiempo después, la oferta de la ciudad de dedicar una estatua a Stevie Ray. Aun habiendo nacido en Dallas (su tumba se encuentra en el Laurel Land Memorial Park), Stevie creció en Austin, y su leyenda nació sobre todo allí. El escultor bostoniano Ralph Helmick venció el concurso para la concesión convenciendo a Jimmie y

Estatua de Stevie Ray Vaughan

Martha. Su idea era la de retratar a Stevie Ray un poco como Michelangelo había hecho con su David: es decir, en una pose no dinámica, sino casi reflexiva. Fueron necesarios un año de trabajo y 100.000 dólares de presupuesto para que Helmick realizara su homenaje al gran guitarrista texano. Inaugurado el 21 de noviembre de 1993 –seis semanas después de la fecha prevista, es decir, el 3 de octubre, día del cumpleaños de Stevie– el monumento gustó a todo el mundo. Es una estatua de casi dos metros y medio, de bronce, que retrata a Stevie con su atuendo habitual: sombrero del oeste, botas, poncho y la fiel Stratocaster en el costado izquierdo. Ubicado en el **Auditorium Shores** (ni siquiera a 100 metros de distancia del escenario que el guitarrista había pisado decenas de veces), el memorial se orienta hacia las aguas del Town Lake (o Lady Bird Lake). Respecto al proyecto inicial, Helmick decidió desplazar la ubicación del monumento a una pequeña colina rodeada por el Lady Bird Lake Trail, para favorecer su visibilidad. En efecto, en el lugar pensado en su origen, la estatua habría estado a la sombra la mayor parte del tiempo. Aún hoy, a los pies del memorial, fans y admiradores dejan flores o pequeños recuerdos.

La ciudad de Austin ha dedicado una gran estatua a otro músico legendario, el gran Willie Nelson, ya homenajeado con una calle que lleva su nombre (la 2nd Street, hoy **Willie Nelson Boulevard**). En la esquina entre Lavaca Street y la calle que lleva su nombre, el propio Nelson, acompañado por el alcalde, inauguró el monumento en su honor. La escultura de bronce, creada por el artista de Filadelfia Clete Shields, mide dos metros y medio de altura y muestra a un Willie sonriente, sentado sobre un taburete, con la guitarra en el brazo. La obra requirió tres años de trabajo y una docena de copias de arcilla. Gustó muchísimo a Willie Nelson que, en el día de la inauguración, alegró a la multitud con un par de temas en directo.

Austin es famosa por su escena en directo, y algunos de sus clubs históricos cuentan con una historia fantástica. Como el **Antone's**, uno de los templos mundiales del blues. Fruto de la clarividencia, de la determinación y de la pasión de Clifford Antone, el local abrió sus puertas en 1975 en 6th Street.

Nacido en Port Arthur, Texas (la ciudad natal de Janis Joplin), Clifford llegó a Austin en 1968 para

Estatua de Willie Nelson

Antone's, el templo del blues texano

frecuentar la University of Texas. Su club contribuyó de modo decisivo a desarrollar la fama de Austin como capital de la música en directo. Por su escenario han pasado los más grandes, como B.B. King, John Lee Hooker, Muddy Waters o Clarence «Gatemouth» Brown. En 1987, Clifford Antone dio vida a una etiqueta discográfica que acompañaba a la tienda de vinilos, libros y cassettes (Antone's Records Shop, 2928, Guadalupe Street). Hoy la etiqueta ya no existe, pero la tienda de discos sigue en activo. Clifford Antone murió en 2006

DIXIE CHICKS

El escándalo de las «polluelas»

De su álbum de debut, *Wide Open Spaces*, se vendieron doce millones de copias, y fue el mayor éxito en la historia de la música country para un disco de un dúo o de un grupo. El siguiente, *Flye*, superó los diez millones. Ganaron trece Grammy, numerosos premios y reconocimientos más y, sobre todo, se ganaron la amistad y la estima de grandes leyendas como James Taylor y Emmylou Harris.

Y sin embargo, Natalie Maines, Emily Robinson y su hermana Marty Maguire, es decir, las Dixie Chicks, no sólo son conocidas por su espumeante new country, sus bellísimas canciones o sus extraordinarias dotes como intérpretes. Su fama es directamente proporcional a la dimensión de los problemas que se han creado a raíz de sus tomas de posición. En el álbum *Fly* hay una canción («Goodbye Earl») que habla de violencia contra las mujeres, plaga vergonzosa del sur de los Estados Unidos. El protagonista del tema, Earl, macho prevaricador y violento, es asesinado por su mujer. En el libreto del CD, después del texto de la canción, las Chicks especificaban que el suyo no era un deseo de venganza, pedían «simplemente justicia». Aquella frase les costó el embargo del tema y del vídeo en las principales radios y televisiones.

Tres años más tarde sucedió algo peor. En plena guerra en Irak, el 10 de marzo de 2003, las Dixie Chicks tocaron en el Shepherd's Bush Empire de Londres, y al presentar la canción «Travelin' Soldier», Natalie Maines dijo, con la aprobación de sus compañeras artísticas, que odiaba la violencia y cualquier guerra, y declaró «avergonzarse de ser del mismo estado, Texas, que el presidente de los Estados Unidos, George W. Bush».

La declaración provocó un terremoto: hogueras con los discos de las Chicks, fechas de la gira canceladas, titulares en los periódicos, pintadas vergonzosas en las paredes y *on line*. Natalie decidió mitigar la situación pidiendo excusas al presidente por haber sido irrespetuosa, pero no retiró las acusaciones contra la guerra en Irak.

pero su espíritu sigue presente en una tienda con perfume antiguo. Entretanto, el Antone's, reabierto con un concierto de Gary Clark Jr.

Waterloo Records

para el fin de año de 2015, ha vuelto al centro de Austin (305 E 5th Street).

Sin menoscabar el Antone's Record Shop, desde hace años la mejor tienda de discos es **Waterloo Records** (600 A N. Lamar). Abierta en abril de 1982, cuando Austin todavía no era, como hoy, una de las capitales de las nuevas tecnologías y de la música, el Waterloo impactó inmediatamente por su enseña, que recuerda la de las estaciones de metro en Londres. Dentro no hay sólo una fantástica oferta de CD y vinilos, sino también la posibilidad de asistir a *showcases* gratuitos como los que hicieron, en otros tiempos, Sonic Youth, Nirvana y Queens of the Stone Age. La sede actual es cinco veces mayor que la de los años ochenta.

Antes que a Clifford Antone, Austin debe dar las gracias a otro apasionado, quizás el primero en dar impulso a la música en directo en la ciudad. Se llamaba Kenneth Threadgill, era un fan de la música country y vendía alcohol de contrabando. En 1933 construyó una estación de servicio en las afueras de lo que entonces eran los confines septentrionales de Austin (hoy **6416 N. Lamar Street**). Fue la primera estación de todo el condado en contar con licencia para vender cerveza y licores. Por este motivo, pronto se convirtió en lugar de encuentro entre músicos que se detenían aquí para adquirir bebida después de los conciertos. Aquel *beer joint* cada vez era más conocido y apreciado, especialmente en la década de 1960, cuando todos los miércoles se tocaba música en vivo. Justamente en este minúsculo escenario, Janis Joplin comenzó a darse a conocer. **Threadgill** logró llevar a cabo otro milagro: hacer convivir a cowboys y *rednecks* locales con los jóvenes hippies de aquellos años. El local lo adquirió posteriormente Eddie Wilson, propietario del Armadillo World Headquarter. Wilson decidió transformar el Threadgill en un restaurante de típica soul food con música en vivo. El fin de año de 1980 cerró el Armadillo, y en el fin de año siguiente abrió el nuevo Threadgill: fue un éxito inmediato.

Desde 1996 hay dos Threadgill: el original en Lamar Street, que refleja el local original de las décadas de 1930 a 1960; y el segundo, más céntrico,

Threadgill's: la sede en Lamar y la de Riverside

Paramount Theater

cerca de la sede del viejo Armadillo (301 W. Riverside), que se inspira en los gloriosos días del mismo local en la década de 1970. En el techo aparece colgado el piano que tocaron entonces gigantes como Jerry Lee Lewis o Captain Beefheart.

Son muchísimos los locales de Austin que proponen, casi todas las noches, música en vivo. El más antiguo pero también el más elegante y ambicioso es el **Paramount Theater**, a pocos pasos del State Capitol (713 Congress Avenue). Originariamente se reservaba para el vodevil y las variedades, y ha mantenido también hoy una tipología ecléctica: comedias, películas de preestreno y, obviamente, música. Los techos altísimos, la galería con hileras de asientos ordenados, la compleja moldura y los frescos muy coloristas lo convierten en uno de los lugares más sugestivos para disfrutar de un concierto. Aquí tran-

BANDA SONORA

THAT'S RIGHT (YOU'RE NOT FROM TEXAS)

Lyle Lovett - *The Road To Ensenada* (1996)

Eslogan muy querido por la oficina de turismo texano, ha pasado a ser de uso común para describir las actitudes particulares y a menudo mal interpretadas por los texanos. El western swing espumeante, la ironía de Lyle y su fenomenal gusto estético completan el tema. Promocional.

Victory Grill y Hole in the Wall

sitan grandes nombres del rock, del songwriting, del blues y del jazz.

Entre los clubs más famosos de Austin está el **Continental Club** (1313 S. Congress Avenue), con sus luces rosadas y las obras de artistas locales colgadas de las paredes y en cuyo escenario actúan los mejores grupos de country y swing.

«EN TEXAS HE ENCONTRADO MI IDENTIDAD MUSICAL»

Jerry Jeff Walker

Hole in the Wall (2538 Guadalupe Street) es otra institución de la escena *live* de Austin. Abierto en 1974, sigue siendo el *college bar* más conocido y popular de la ciudad. La enseña amarilla reza: «Música a buen precio, bebidas rápidas y mujeres en directo». El mural en el exterior, con dos cowgirls gemelas, pistola en mano, es el de los viejos tiempos, cuando aquí se exhibían Lucinda Williams, Stevie Ray Vaughan o Shawn Colvin.

BANDA SONORA

THAT'LL BE THE DAY

The Crickets / (1957)

Lo que parecía un muchachito de Lubbock, torpe y un poco empanado, demostró ser una de las estrellas más luminosas de la historia del rock. Buddy Holly, inspirándose en una broma de John Wayne en *Centauros del desierto* («llegará un día en que moriré») escribió un clásico intemporal. Inmortal.

Todavía más histórico es el **Victory Grill** (1104 E 11th Street): abierto en 1945, pronto se convirtió en un pequeño templo del blues y del jazz. Aquí actuaron reinas como Billie Holiday, Etta James, Janis Joplin, así como el gran James Brown. Incluido en el registro de lugares históricos, el Victory Grill es tanto un local como un museo.

El jazz en la ciudad se puede escuchar también en el **Elephant Room** (315 Congress Avenue), pequeño pero elegante local en el centro, pero el espíritu de

Lubbock: Buddy Holly Center y la escultura de las gafas de Buddy Holly

Buddy Holly

Austin aparece mejor representado en el **Carousel Lounge** (711 Red River), donde, desde hace unos diez años, Randall y Donya Stockton dan espacio a jóvenes bandas locales de rock.

The White Horse (500 Comal Street) es un escenario que acoge vigorosos shows rockabilly, tex-mex y country rock en directo.

Para quien quiera bailar el western swing, el mejor local sigue siendo el viejo **Broken Spoke** (3201 S. Lamar Boulevard) que en su enseña reivindica con orgullo el hecho de ser «last of the true Texas dance-halls».

Austin también es un punto táctico para visitar las otras ciudades texanas. Desde allí es obligatoria una peregrinación a **Lubbock**, lugar de nacimiento del gran Buddy Holly.

En febrero de 1955, el joven Holly abrió un concierto de Elvis, que le prestó para la ocasión una de sus Martin acústicas. Holly quedó fuertemente impresionado por el episodio y, desde aquel momento, desarrolló su excepcional vena creativa, truncada trágicamente sólo cuatro años más tarde, el 3 de febrero de 1959, por un accidente aéreo en los helados cielos de Iowa. Lubbock honra la memoria de Holly con un precioso museo en su nombre, el **Buddy Holly Center** (1801 Crickets Avenue). Está situado en el interior de un antiguo depósito ferroviario, y abrió sus puertas el 3 de septiembre de 1999. Dedicado principalmente a Buddy Holly, amplió posteriormente el espectro a los principales artistas del oeste de Texas y a su correspondiente Walk of Fame. La exhibición permanente dedicada a Buddy Holly se encuentra en una sala en forma de guitarra. Luego están el **Texas Musicians Hall of Fame**, la **Lubbock Fine Arts Gallery** y otras tres galerías que acogen muestras temporales. En mayo de 2002, frente a la entrada, se situó una gran escultura que representa la montura de las famosas gafas de Buddy.

En octubre de 2014, uno de los mayores fans de Buddy Holly, Paul McCartney, celebró un concierto en el Center contando la influencia que la música del rockero texano tuvo en los Beatles.

La tumba de Buddy Holly se encuentra en el **City of Lubbock Cemetery** (2011 E. 31st Street). A menudo, los admiradores dejan sus púas en la lápida del autor de «That'll Be the Day».

GREETINGS FROM ASBURY PARK

Lo llaman «Garden State», pero el cuarto estado más pequeño de los Estados Unidos podría definirse, de manera todavía más apropiada, como «el jardín musical». Sí, porque, de Frank Sinatra a Lauryn Hill o Queen Latifah, pasando por Count Basie, Debbie Harry, Whitney Houston o Jon Bon Jovi, aquí nacieron y crecieron algunos de los grandes nombres del pop, del rock, del blues y del jazz. Aunque cuando se habla del binomio Nueva Jersey-música, la mente vuela inevitablemente hacia el hijo más amado y respetado de todo el estado. El que, gracias a sus canciones, ha dado a conocer su lugar natal a todo el mundo: Mr. Bruce Springsteen.

Freehold, Nueva Jersey. En los primeros meses de 1965, cuatro muchachos que formaban parte de una banda de rock ensayaban en una casita bifamiliar de tres pisos. En la otra mitad de la casa vivían un obrero de treinta y dos años, Tex Vinyard, y su mujer Marion. No tenían hijos y, tal vez por este motivo, sentían una gran simpatía por los más jóvenes. Pero el volumen de la música era altísimo y a Marion la molestaba. Por ello, quiso que Tex fuera a decir a los chicos que pararan de tocar. En realidad, unos días más tarde, George Theiss, el guitarrista de la banda, fue a casa de los Vinyard para excusarse por todo aquel estruendo. Inmediatamente entablaron amistad y, al cabo de poco, los chicos del grupo pensaron que Tex –en aquel período en el paro y luchando con sus antiguos patrones– les podía hacer de mánager. Es más, el grupo decidió llamarse Castiles, justamente como el champú que usaba él. Es más, la casa de los Vinyard se convirtió en su nueva sala de ensayos: a Marion no le entusiasmaba pero, en realidad, todavía era más tierna y afectuosa que su marido con aquellos chicos.

My Hometown: Springsteen en Freehold

Entretanto, Tex se había metido en el papel y si uno de los chicos se saltaba los ensayos lo despedía. Como le sucedió al guitarrista solista, propietario del micrófono y del único amplificador.

Una noche, mientras estaba diluviando, un chaval de quince años que vivía cerca de allí llamó a la puerta. «Sé que buscan un guitarrista –dijo–, me llamo Bruce Springsteen». Bruce era amigo de George Theiss o, mejor dicho, George estaba loco por Ginny Springsteen, la hermana pequeña de Bruce. «¿Conoces muchas canciones?», le preguntó Tex. «No –respondió Bruce–, pero aprendo muy rápido. Y así fue. La aventura de los Castiles llevó a Bruce Springsteen a convertirse en lo que había soñado ser desde que, en 1956, a los siete años, vio a Elvis Presley en la televisión, en el show de Ed Sullivan. La casa de los Vinyard, en la esquina entre Center y Jackson Street, fue distinguida con una placa oficial el 18 de mayo de 2002 y se convirtió en el **Vinyard Park**. A la simple ceremonia de inauguración, que tuvo lugar en la calle justo enfrente de la placa, estuvo el mismo Springsteen que luego, junto a Marion Vinyard y otros invitados, participó en una pequeña fiesta. En aquella ocasión, el mismo Bruce cortó el pastel y lo repartió a sus amigos.

Bruce Springsteen había nacido el 23 de septiembre de 1949 en el **Monmouth Medical Center de Long Branch**, población bal-

Bruce y el árbol de su casa en Institute Street

2002 : Bruce Springsteen y Marion Vinyard en la inauguración del Vinyard Park

LA COCINERA DEL BOSS

Mobile, Alabama, principios de los años sesenta. Paula Frazier era una chiquilla de 7 años a quien encantaba cocinar: se pasaba los días junto a su abuela, siempre ocupada delante de los fogones. Todos los días, jugando, fingía llevar el restaurante de su casa, se ponía una servilleta en el brazo y pasaba a tomar nota de lo que querían sus familiares.

En 1979, cuando estaba en St. Augustine, Florida, Paula entró por primera vez en un restaurante francés. Se quedó estupefacta. Al día siguiente se presentó al chef del local, Guy LeRoi, y le pidió trabajar allí: quería aprender con él. «Estás contratada –le dijo LeRoi–, coge esta escoba y comienza a limpiar; se empieza a aprender por aquí». Dos años más tarde, Paula estaba en Nueva York. Se casó, tuvo una hija y trabajó durante siete años en el mundo del *food styling*: sus platos los fotografiaban las principales cabeceras del sector. Luego, un encuentro decisivo: Jane Bace, propietaria del Lady Jane, uno de los restaurantes más famosos de Hoboken y de todo Nueva Jersey, le propuso fundar una sociedad de cátering. Así nació Bace & Frazier, que al cabo de poco tiempo se haría con un cliente importante, Bruce Springsteen. «Hemos cocinado para Bruce y familia de 1994 a 1996. Cada día iba a Rumson, a casa de los Springsteen. ¿Sus platos favoritos? Tagliatelle con mantequilla y... sandía. A menudo tuve que cocinar de madrugada, cuando Springsteen volvía de uno de sus legendarios conciertos. Así como dar de comer, además de a Patti Scialfa, a los miembros de la E Street Band y algunos famosos amigos de Bruce, como Susan Sarandon y Tim Robbins, o Tom Hanks y su pareja». Pero en 1996 también Bace fue madre, y los traslados de Hoboken a Rumson, así como el reparto de turnos entre Paula y Jane, cada vez eran más difíciles. Resultado: en 1996 ambas tuvieron que abandonar, a regañadientes, a su cliente preferido y dedicarse a otras cosas. Hoy Paula cogestiona el Rigoletto, restaurante italiano en Weehawken, Nueva Jersey. El padre de su nueva socia, Monica Bizzarrini, era cocinero del Papa. «Somos una sociedad perfecta: los cocineros del Papa y del Boss finalmente se han reunido».

Paula Frazier

BANDA SONORA ★★★

4TH OF JULY, ASBURY PARK (SANDY)

Bruce Springsteen - *The Wild, The Innocent & The E Street Shuffle* (1973)

Descrito como «impecable proyecto musical sobre la cultura popular de las costas de Nueva Jersey», el tema es el enésimo tributo del Boss a su tierra. El amor por Sandy se mezcla con imágenes de Asbury Park, de Madam Marie a la vida en el paseo marítimo. Lánguido.

nearia que a principios de siglo había sido definida como la «Hollywood de la East Coast» a causa de su por entonces floreciente escena teatral y cinematográfica. La gran estructura hospitalaria (300 2nd Avenue) se encontraba a un par de manzanas de la playa en el Atlántico.

Pocos días más tarde, el recién nacido Bruce llegó a la casa del **87 de Randolph Street**, donde vivían su padre Doug y su madre Adele. Aquí vivió hasta los seis años de edad. La casa fue arrasada y en su lugar se creó un parque para la vecina iglesia de St. Rose of Lima.

En 1955, después de que la familia se ampliara con el nacimiento de Virginia «Ginny», Bruce y los suyos se trasladaron a una casa bifamiliar en el 39 ½ Institute Street. Los Springsteen ocupaban la parte izquierda del dúplex, y aquí Bruce vio a Elvis en televisión por primera vez. También aquí, en 1984, se hizo la foto de Springsteen apoyado en un árbol, que aparece en el interior de *Born in the USA* y en el

Las escuelas de Bruce

libro que recoge la gira de la misma serie de conciertos. Aún hoy, muchos springsteenianos vienen a esta casa a inmortalizarse cerca del árbol, como su héroe.

En 1963, otro traslado, al 68 de South Street: también en este dúplex los Springsteen vivían en la parte izquierda de la casa. Una leyenda local sostiene que, en la década de 1980, un fan adquirió la puerta vidriada pensando que era la de *Thunder Road*. En 1969, la familia Springsteen se trasladó a California, pero Bruce se quedó en Nueva Jersey.

En el 51 de Lincoln Place está todavía la **St. Rose of Lima School** donde, de 1954 a 1963, Bruce cursó educación infantil, primaria y secundaria. El 8 de noviembre de 1996, Springsteen regresó a la escuela para un concierto acústico de beneficencia, que tuvo lugar en el escenario del instituto. Las entradas estaban reservadas a los residentes de Freehold.

En 1967, Bruce se diplomó en la **Freehold High School** (2 Robertsville Road) y hoy es miembro del Hall of Fame de la escuela. El 6 de abril de 2006, Adele, su madre, vino aquí a retirar el reconocimiento destinado a su hijo y leyó un discurso escrito por Bruce en el que se incluía un pasaje importante: «Sugiero a los enseñantes que se concentren en los jóvenes diferentes, en aquellos que tienen ideas y comportamientos poco habituales: nos podrán reservar alguna buena sorpresa».

Federici's Pizza (14 E. Main Street) es desde siempre uno de los restaurantes preferidos de Bruce Springsteen. Desde hace 93 años es propiedad de una familia de origen italiano. El local acogió la fiesta que se celebró después del concierto acústico de 1996 en la escuela St.

«NUEVA JERSEY ES UN LUGAR FANTÁSTICO PARA VIVIR. Y LUEGO NOS HA REGALADO TALENTOS EXTRAORDINARIOS, COMO JACK NICHOLSON, JOHN TRAVOLTA, JERRY LEWIS, FRANK SINATRA, BRUCE SPRINGSTEEN, JON BON JOVI Y... QUEEN LATIFAH»

Queen Latifah

Federici's, el restaurante preferido de Bruce

Rose of Lima. También aquí, el 3 de julio de 2004, Springsteen se unió a la «pizzata» de un grupo de fans que habían trabajado en una casa de Freehold para el proyecto Habitat for Humanity.

«QUIEN HAYA CRECIDO EN LA COSTA DE NUEVA JERSEY SABE QUE ESTOS LUGARES SON ÚNICOS»

Bruce Springsteen

Allí cerca se encuentra la estatua de la Columbia Triumphant que recuerda la batalla de Monmouth. En la pared de enfrente hay un ladrillo con el nombre de Springsteen entre los donantes que permitieron la restauración del monumento. Se dice que en torno a aquel ladrillo se tuvo que poner mucho más cemento del habitual para evitar que los coleccionistas lo extirparan. Freehold es la población que vio los primerísimos pasos de Bruce en el mundo de la música, pero para alguien realmente springsteeniano, el nombre de **Asbury Park** es el que provoca los estremecimientos más intensos.

Asbury Park, localidad turística –está considerada la sexta playa más bonita de Nueva Jersey–, debe su nombre a Francis Asbury, primer obispo estadounidense de la iglesia metodista episcopal. La desarrolló en 1871 el neoyorquino James Bradley, un rico fabricante de cepillos que había decidido retirarse allí.

En el **Upstage Club** (702 Cookman Avenue), Bruce Springsteen, pero también otros músicos como Southside Johnny y Steven Van Zandt, comenzaron su carrera. Desde hace muchos años el club ya no está, pero el edificio que lo acogía sigue ahí. Originariamente era una cafetería y, de 1968 a 1971, ocupaba el segundo y el tercer piso justamente sobre una de las tiendas de calzado de Thom McAn. En el Upstage, Springsteen conoció a algunos músicos que luego se convertirían en compañeros artísticos: Garry Tallent, Danny Federici, David Sancious y Vini «Mad Dog» Lopez. El local cerró en octubre de 1971 con un concierto de los Steel Mill, uno de los grupos de Springsteen antes de la E Street Band.

El **Stone Pony** (913 Ocean Avenue) sigue siendo uno de los locales más famosos del mundo. Se dice que

The Stone Pony de Asbury Park. Aquí Springsteen tocó más que en ninguna otra parte del mundo

BANDA SONORA

THE FEVER
Southside Johnny & The Asbury Jukes - *I Dont Want To Go Home* (1976)
Escrito por Springsteen y popularizado en la versión del «abuelo del Sound of Asbury Park». Southside Johnny demuestra su arte instintivo y la originalidad de la fórmula que mezcla rock, rhythm and blues y doo-wop. Ardiente.

Bruce tocó en aquel escenario al menos 90 veces, más que en cualquier otro sitio aunque, en la mayor parte de los casos, venía tarde por la noche y participaba en jams con otros artistas. Hasta el punto de que, aparte de algún concierto de beneficencia, ninguna de sus apariciones en el Stone Pony se anunció jamás, ni siquiera se clasifica entre sus directos oficiales. El Stone Pony está tan asociado a Springsteen que mucha gente piensa que comenzó aquí su carrera. Falso: cuando el local abrió sus puertas en 1974, Bruce ya había publicado sus dos primeros álbumes. Después de un período de crisis (cerró en 1992), el Stone Pony se renovó en la década de 2000 y hoy, respetando la arquitectura original, cuenta con una instalación de audio y vídeo perfecta y presenta objetos y fotografías de la época histórica. Cada año, el Stone Pony acoge los Asbury Park Music Awards, un tipo de ceremonia similar a la de los Grammy pero para artistas locales.
Hay otro escenario de Asbury Park particularmente apreciado por Springsteen: el del **Convention Hall**, en el 1300 de Ocean Avenue, en la esquina con 5th Avenue. En este histórico emplazamiento para 3.500 personas a lo largo de los años tocaron todos, desde los Doors y Joplin hasta los Stones y Dylan. Hasta 1999, Bruce no había puesto sus pies, pero luego realizó aquí los ensayos para todos sus tours. Es más: en 2000, 2001 y 2003 llevó aquí sus Christmas Show. El 30 de julio de 2002, el día de la publicación de *The Rising*, Springsteen y la E Street Band salieron en directo en el *Today Show* de la NBC y de la misma manera pero esta vez para *Good Morning America*, de la ABC, el 25 de abril de 2006 Bruce presentó con orgullo el proyecto de las *Seeger Sessions*.
En el mismo inmueble del Convention Hall, en el paseo marítimo peatonal, está el **Paramount Theater**, en cuyo escenario, en noviembre de 1996, Springsteen actuó durante tres noches con su show acústico de *The Ghost*

Convention Hall de Asbury Park

JERSEY BOYS

Fue uno de los musicales de Broadway de mayor éxito de la década de 2000. Basado en la historia de los Four Seasons, un grupo vocal de Jersey que a principios de la década de 1960 rivalizaba con los Beach Boys en términos de ventas discográficas, se desarrolla casi como un documental. El musical se divide en las cuatro estaciones, de la primavera al invierno, remendando así el nombre de la banda. Cada una de las partes está narrada por un miembro diferente del grupo, para un gran final, que narra la admisión de los Four Seasons en el Rock and Roll Hall of Fame, en 1990.
En 2014, Clint Eastwood rodó una versión cinematográfica que ciertamente reflejaba el espíritu del musical, aunque sin reproducir su éxito. El proyecto propició el auge de Frankie Valli, cantante solista de la banda y otro hijo célebre de Nueva Jersey.

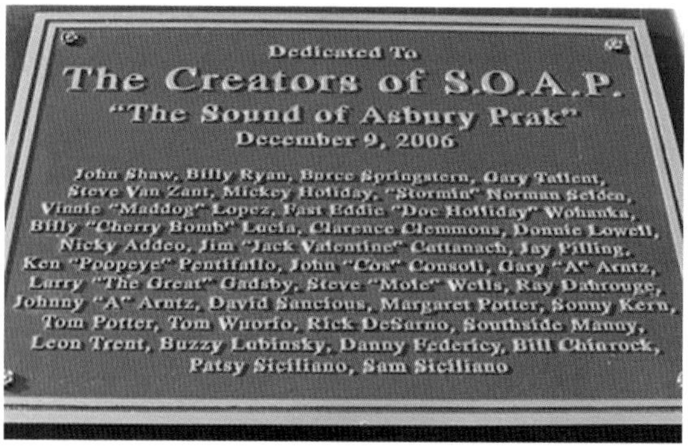

Greetings from Asbury Park: el paseo marítimo y la placa del S.O.A.P.

of Tom Joad. En este mismo teatro de 1.600 plazas, Bruce y la E Street Band prepararon el tour de *Darkness on the Edge of Town*, mientras que en 2005 se hicieron los ensayos para *Devils & Dust*.

Caminando por el paseo marítimo peatonal se pueden encontrar otros hitos springsteenianos. No es casual que el *boardwalk* sea particularmente apreciado por Bruce: en 1972, en una de las tiendas del paseo, vio la postal «Greetings from Asbury Park», la compró, y la llevó a los despachos de Columbia Records diciendo a sus agentes discográficos que quería titular así su primer álbum, publicado en enero de 1973.

BANDA SONORA

MY CITY OF RUINS

Bruce Springsteen - *The Rising* (2000)

Asbury Park está en crisis económica y social: las tiendas cierran, la gente se va, los viejos edificios se abandonan. «Mi ciudad está en ruinas», canta Bruce con tristeza y dolor. La canción, pocos meses más tarde, parecerá el retrato perfecto de Nueva York en el 11 de septiembre. Fúnebre.

Entretanto, en el mismo paseo marítimo, Springsteen ambientó muchos vídeos y lo fotografiaron varias veces. También varios especiales de televisión se grabaron aquí, como el *60 Seconds* de Ed Bradley (CBS) en 1996 o las entrevistas con Matt Lauer (NBC) en 2002 y 2005. A la altura de 5th Avenue hay una placa conmemorativa de los creadores del S.O.A.P., el Sound of Asbury Park, una mezcla formidable de rock, rhythm and blues y doo-wop. Son unos treinta nombres que van de Southside Johnny (el «abuelo» del Sound of Asbury Park) a todos los amigos de Springsteen, obviamente él mismo incluido. La placa de bronce fue inaugurada el 9 de diciembre de 2006.

Ashbury Park y las localidades limítrofes de la costa de Nueva Jersey están presentes, de manera más o menos explícita, en la mayor parte de las canciones de Springsteen. Los aficionados recuerdan bien la estrofa «Did you hear the cops finally busted Madam Marie for tellin' fortunes better than they do» («Habéis oído que los policías han arrestado a Madam Marie que preveía el futuro mejor que ellos»): procede de «4th of July, Asbury Park (Sandy)», un tema del segundo álbum de Bruce, *The Wild, the Innocent and the E Street Shuffle*. El tema, que presenta una parte importante de acordeón tocado por Danny Federici, tras la muerte

La tienda de Madam Marie

del teclista el Boss lo ha dedicado a él en cada concierto. Luego, en julio de 2003, Marie Castello (auténtico nombre de Madam Marie) desapareció a los 93 años y Springsteen le quiso dedicar también a ella aquella canción. En su página web, el día de la muerte de Marie, Bruce publicó este post: «La observaba desde el

«REIVINDICO CON ORGULLO HABER NACIDO EN NUEVA JERSEY: TIENES TODAS LAS VENTAJAS DE NUEVA YORK PERO ADEMÁS ESTÁS ESCONDIDO Y PROTEGIDO»

Jon Bon Jovi

otro lado del paseo marítimo, cuando se llevaba a los clientes a la trastienda y les desvelaba los misterios del futuro. Siempre dijo que mi vida sería grandiosa, y tenía razón. El mundo está lleno de misterios y necesitamos a muchas más Madam Marie».
La tienda de Madam Marie sigue ahí, en el paseo marítimo, en el cruce con 4th Street: dentro ejercen algunos de sus parientes.

En la parte más meridional del paseo marítimo se encuentra el Casino, al que Bruce cantaba también en «4th of July, Asbury Park (Sandy)»: «And the boys from the Casino dance with their shirts open like latin lovers along the shore» («Y los muchachos del Casino bailan con las camisas abiertas como latin lovers de la costa»). El **Casino** no es un auténtico casino, ya que no hay juegos de azar, pero era uno de los dos edificios al final del paseo marítimo. El otro, la hermosa Carousel House, un gigantesco tiovivo de otros tiempos, se vendió en 1990 a un parque de atracciones de Myrtle Beach, Carolina del Sur, donde sigue operando. El Casino fue restaurado y renovado en 2008, pero la parte del escenario donde se rodaron los vídeos de «Tunnel of Love» y «Lonesome Day» fue derribada. Tampoco existe ya el **Fast Lane** (207 Fourth Avenue). Después del Stone Pony, era el club musical más querido por Springsteen que, de 1979 a 1981, había tocado aquí con Beaver Brown, Robert Gordon y otros.
También aquí, el 25 de marzo de 1979, Bruce vio el concierto de los Ramones al final del cual Joey Ramone le pidió que escribiera una pieza para ellos. Springsteen compuso «Hungry Heart» pero, siguiendo el consejo de su mánager Jon Landau, decidió añadirlo a su propio repertorio.

Wonder Bar

BANDA SONORA

WHO SAYS YOU CAN'T GO HOME?
Bon Jovi - *Have A Nice Day* (2006)
Como Springsteen, tampoco Jon Bon Jovi pierde ocasión de recordar sus raíces en Nueva Jersey. A menudo lo hace de modo explícito, como en esta balada en doble versión rock y country. Patriotero.

Sí sigue ahí el **Wonder Bar** (1213 Ocean Avenue). A principios de la década de 1970, el local acogía a menudo a los Joyful Noyze, la banda de Norman Seldin que incluía a un tal Clarence Clemons al saxo. Una noche, Clemons atravesó la calle y del Wonder Bar se dirigió al Student Prince (hoy Cruisin) de Kingsley Street, para encontrarse con Bruce Springsteen: el resto es historia. En 1988, Springsteen rodó en el Wonder Bar algunas partes del vídeo de «One Step Up», y también hizo una sesión fotográfica para el *New York Times*, en 2005. Aún hoy, Bruce pasa de vez en cuando por el local.

Student Prince, Wonder Bar y otros locales eran etapas obligatorias del denominado «**Circuit**», entre Kingsley Street y Ocean Avenue. Era el recorrido cantado en «Night» (de *Born to Run*), mientras que Kingsley Street aparece mencionada en «Something in the Night» («I'm riding down Kingsley Street, figuring I'll get a drink») hasta el punto que, durante bastante tiempo, el gobierno municipal de Asbury Park tuvo problemas con los carteles viarios de Kingsley Street, regularmente robados por fans coleccionistas. Los cuales pueden disfrutar de la **Asbury Park Public Library** (500 1st Avenue), la biblioteca de la ciudad, en la que se han catalogado cerca de 11.000 piezas de una vasta colección springsteeniana entre libros, partituras, *tour book*, revistas, fanzines y artículos varios.

Cinco kilómetros al sur de Asbury Park está **Belmar**, otra población balnearia que los springsteenianos aprecian particularmente. La esquina entre 10th Avenue y la E Street

El abuelo del JERSEY SOUND

Jon Bon Jovi dijo que «él es el motivo por el que soy cantante».
Amigo de Steven Van Zandt, con el que fundó los Asbury Jukes, John Lyon, conocido como Southside Johnny, forjó mejor que nadie el Sound of Asbury Park. Se trata de una mezcla original de rock, rhythm and blues y doo wop alimentado por la sección de viento de los Miami Horns.
También Johnny, como Springsteen, surgió del escenario del Upstage Club y tocó mil veces en el Stone Pony. Además de Little Steven, también otros músicos de la E Street Band, como Gary Tallent, Clarence Clemons, Max Weinberg y Patti Scialfa militaron en los Asbury Jukes.
El debut discográfico de Southside Johnny fue en 1976: el álbum se titula *I Don't Want to Go Home*, y la canción homónima se convirtió en uno de los temas más significativos de todo el cancionero del rockero de Nueva Jersey.

Southside Johnny

La Fender Squire en Belmar y la estatua de Bruce en Manasquan

es el punto en el que se suelen hacer la foto de recuerdo: hoy hay una gigantesca Fender Squire idéntica a la que toca Bruce, arañazos incluidos. La obra es de Bob Mataranglo, autor también de un mural dedicado a Springsteen que se encuentra en la esquina entre Main Street y 10th Avenue.

En el 1105 de E Street vivía David Sancious, y los futuros miembros de la banda de Bruce a menudo se encontraban en aquella zona.

Todavía más al sur, en **Manasquan** (475 Euclid Avenue), otro artista ha dedicado una obra de arte a Springsteen. Se trata de una estatua de bronce llamada «Bruce Springsteen Soulful Humanitarian», y muestra al Boss con una expresión reflexiva.

Nueva Jersey no sólo es Bruce Springsteen o el estado natal de músicos legendarios (comenzando por Frank Sinatra), actores famosos como Jack Nicholson o John Travolta o mitos del espectáculo como Jerry Lewis. También es el lugar en el que, en una pequeña localidad de la costa, Wildwood, nació un fenómeno de masas: el twist. Corría el año 1959 cuando Ernest Evans, un muchacho negro de Filadelfia que ayudaba a su abuela a vender fruta y verdura en el mercado, logró convencer a la firma Cameo-Parkway Records para que les dejara cantar una canción. Tras recuperar una canción de Hank Ballard, los agentes discográficos la refrescaron con un nuevo arreglo, y después de unos meses la propusieron a Evans, que mientras tanto había elegido un nombre artístico: Chubby Checker. «El rock 'n' roll tenía sonido, ritmo e ídolos: faltaba un baile que lo representara», recuerda Chec-

«EL ROCK HA SIDO NUESTRA RELIGIÓN. Y NOSOTROS, LOS DE NUEVA JERSEY, LO VIVIMOS CON UN SENTIDO COMUNITARIO Y DE HERMANDAD: ÉRAMOS Y SOMOS UNA FAMILIA»

Little Steven

BANDA SONORA ★★★

ELLA FITZGERALD
Jersey Bounce / *Clap Hands. Here Comes Charlie!* (1961)
Después de cantar este clásico de big band (a lo Benny Goodman) y haberlo grabado en dos álbumes diferentes, Ella mereció el título de «ciudadana honoraria del Garden State». Sincopado.

ker. Y de este modo, en verano de 1960, el joven de Filadelfia puso a prueba la nueva canción en un local, el Rainbow Club, en Wildwood, Nueva Jersey, Checker había observado que, al contrario que las generaciones anteriores, los jóvenes ya no bailaban en pareja. Y así, tras subir al escenario, además de cantar comenzó a mover los brazos hacia adelante y hacia atrás, a menear las caderas y hacer girar las piernas, de las rodillas hacia abajo. En el Rainbow Club de Wildwood, aquella noche, había nacido el twist.

Gracias a una participación en el programa *Bandstand* de Dick Clark (que también había comenzado en los locales de Wildwood), el twist se convirtió en una moda, primero nacional y luego planetaria. Y no era la primera vez que Wildwood bautizaba un fenómeno musical. Durante el Memorial Day Weekend de 1954, Bill Haley y sus Comets tocaron por primera vez en público (en el **HofBrau Hotel**) «Rock Around the Clock», uno de los primeros y mayores éxitos de rock 'n' roll. Hoy los locales ya no existen, pero Wildwood rindió homenaje al mito local Bobby Rydell y a los dos héroes del rock 'n' roll, Bill Haley y Chubby Checker, con coloridísimos murales. Y en los lugares en los que antaño surgían el

«NUEVA JERSEY SIEMPRE ESTÁ EN MI CORAZÓN. HE SIDO AFORTUNADO: ASBURY PARK ES UNO DE LOS MEJORES LUGARES DEL MUNDO PARA CRECER»

Danny DeVito

Mural de Bill Haley

Mural de Chubby Checker

Rainbow Club (en el 3817 de Pacific Avenue hoy está el restaurante Cattle n' Clover) y el HofBrau Hotel (3400 Atlantic Avenue, Notor Inn Beach Terrace) hay placas que recuerdan aquellos momentos históricos.

En cambio no hay mural de Bruce Springsteen en **Long Branch**, el lugar en que nació y donde vivió durante dos años (1974 y 1975). Bruce residía en un bungalow en la **playa** (7 ½ West End Court), donde se dice que compuso las canciones de *Born to Run*. La cabaña no es fácil de encontrar. Se dice que un curioso Bob Dylan, conocido por andar buscando las viviendas de sus colegas, como Neil Young, John Lennon o Jim Morrison, fue arrestado un día por la policía porque rondaba por los alrededores. «Parecía un tipo poco recomendable...», se justificó el policía después de haber entendido que había cometido un error.

En Asbury Park se cometieron muchos errores, a partir de 1970. Después de los enfrentamientos en el West Side, por una insensata política de desarrollo de centros comerciales en la periferia en detrimento de las tiendas del centro, la ciudad no logró recuperarse. Las décadas de 1980 y 1990 hicieron huir a sus habitantes, que no fueron reemplazados por nadie. En el año 2000, la ciudad parecía estar al borde del abismo, como bien cantó Springsteen en *My City of Ruins*. Pero después de haber compuesto su marcha fúnebre, el mismo Boss anunció de algún modo su renacimiento. «Tal vez lo que muere, un día vuelve, ¡y también Asbury Park está regresando!», gritó desde el escenario del Wonder Bar. Y hay motivos para creerlo.

CARNABY STREET
CARNABY
STREET W1

3

LA TIERRA DE ALBIÓN

Un largo y detallado trayecto por el viejo continente tras las huellas del rock que conquistó el mundo, incluidos los Estados Unidos, dejándonos arrastrar por los entusiasmos adolescentes del Liverpool de los Beatles o saboreando el gusto de las noches de Londres, capital de las nuevas tendencias y, al mismo tiempo, tierra natal del punk, ciudad glam y metrópolis turbulenta. Hasta atravesar el mar de Irlanda para visitar el Dublín de los U2, uno de los últimos bastiones rock del planeta.

LIVERPOOL
LULLABY

A principios de la década de 1960, la más gris de las ciudades inglesas fue coronada capital mundial del rock. Por las aguas del Mersey corrían las notas de centenares de bandas que actuaban cada noche en un famoso club llamado Cavern. Soñaban ser como Elvis o Chuck Berry, pero para ganar cuatro perras se veían obligados a ir a tocar a los locales de Hamburgo. Pero cuatro de ellos lograron triunfar. Y Liverpool pasó de ser un puerto comercial anónimo a una meta para todos los aficionados al rock.

Todo comenzó el 6 de julio de 1957 en **Woolton**, un barrio residencial al sur del centro de Liverpool. La idea fue de Ivan Vaughan, un quinceañero apasionado por el rock 'n' roll que de vez en cuando tocaba el bajo en un cuarteto skiffle, los Quarrymen. Ivan decidió presentar a un amigo suyo de la clase a los amigos de la banda que, aquel día, debían animar una fiesta en los jardines de la **iglesia de St. Peter en Church Road**.

Aquel muchacho, nacido además el mismo día que Ivan Vaughan, se llamaba Paul McCartney. Desde el punto de vista musical, tenía un talento increíble, y llegó a la cita –no por casualidad– con una guitarra en bandolera. Paul se quedó encantado por el líder de los Quarrymen: tocaba las canciones que a él le gustaban, cantaba muy bien, se movía como dios. Era John Lennon. Una vez terminada la actuación, Ivan presentó a su compañero a los muchachos del grupo. Inmediatamente después, sin que nadie se lo pidiera, el joven Paul comenzó a tocar delante de ellos. Los otros pensaron: ¿pero qué quiere este chaval? ¿Qué puede saber él de rock 'n' roll?

Pero cuando Paul atacó un clásico de Eddie Cochran («Twenty Flight Rock») al que le siguió una sincopada versión de «Be Bop A

Iglesia de St. Peter en Woolton

Lula» y un fulgurante medley de Little Richard, los otros se quedaron mudos. El propio Lennon, fingiendo cierta indiferencia, comenzó a observar los dedos de aquel muchacho. «Caramba –pensó–, el mocoso sabe tocar...».

Paul explicó a los Quarrymen cómo afinar de manera correcta la guitarra y se ofreció a copiarles los textos originales de aquellas extraordinarias canciones. Luego se despidió de todo el mundo y se fue.

A partir de aquel momento, John Lennon tuvo una única idea en la cabeza: formar un grupo con Paul McCartney.

En el sagrario de la iglesia de St. Peter hay un pequeño **cementerio** que acoge, entre otras, la tumba de una tal Eleanor Rigby que, aunque de modo inconsciente, inspiró a Paul McCartney la composición del tema homónimo. A la muchacha de la canción (pero también a toda la «lonely people», como reza el estribillo de la pieza), Tommy Steele, una de las primeras estrellas británicas de rock 'n' roll pero también actor y artista visual, dedicó una estatua en **Stanley Street**. La obra, que retrata a una melancólica Eleanor sentada sobre un banco, fue inaugurada en diciembre de 1982 y fue donada por el autor a la ciudad de Liverpool.

Lápida y estatua de Eleanor Rigby

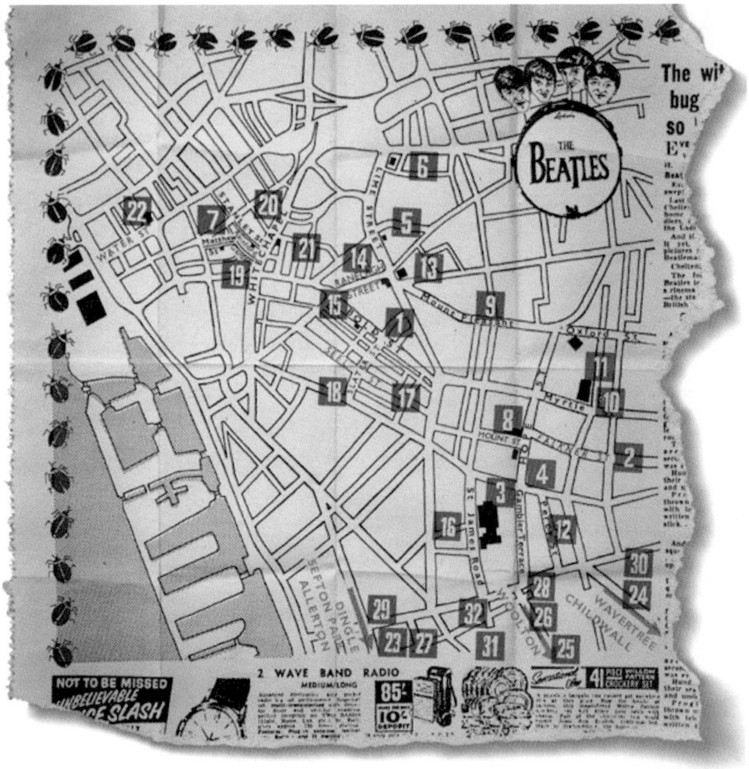

Allí al lado, en el número 60, antaño se hallaba el Hessy's Music Center donde, en 1958, la tía Mimi compró una Hofner Senator para su sobrino preferido: justamente la guitarra que John se llevó consigo a Hamburgo. Más allá de la iglesia de St. Peter, en Woolton, hay muchos otros lugares relacionados con los Beatles, y con Lennon en particular. Lennon creció en **Mendips**, en una casa bifamiliar en casa de tía Mimi y tío George, en el 215 de Menlove Avenue. John llegó allí en 1946, cuando tenía cinco años, y se quedó hasta 1963, cuando tenía veintidós. El 8 de diciembre de 2000 (a los veinte años exactos de la muerte

Mendips, casa de John Lennon

de Lennon) Mendips recibió la placa azul del English Heritage. la casa fue adquirida en 2002 por Yoko Ono que, después de haberla restaurada respetando el estilo original de los años cincuenta, la donó al National Trust. «Cuando supe que la casa de John se pondría a la venta –declaró Yoko en aquellos días- quise adquirirla para preservarla y dejarla a los habitantes de Liverpool y a todos los fans de los Beatles.»

En 2009, un grupo de aficionados llegó a Menvole Avenue en autocar para una visita guiada. Entre ellos, un turista de excepción: Bob Dylan. «Cuando llevé al grupo a la habitación de John –recuerda Colin Hall, el guardián de Mendips– noté que Dylan observaba con atención *Just William*, el libro de cuentos para niños que era uno de los preferidos de John. Al parecer, a él también le había fascinado aquel volumen. En aquel momento pensé: estoy en la habitación de Lennon y Dylan está ahí enfrente... ¿Estoy soñando?».

No lejos de allí, en el cruce entre Menlove y Vale Road, la noche del 15 de julio de 1958 Julia Lennon, la madre de John, murió atropellada por un policía fuera de servicio. Tenía 44 años.

También en Woolton se encuentra uno de los puntos beatlelianos más queridos, el legendario Strawberry Field (Beaconsfield Road). Vendida al Salvation Army en 1934, la casa se convirtió en un orfanato que abrió las puertas de su famosa puerta roja de hierro forjado el 7 de julio de 1938. A John le encantaba aquel lugar, entre otras cosas porque cada verano, en los jardines de **Strawberry Field** se celebraba una fiesta bastante concurrida. Como recordaba Mimi, «cada vez que John oía la música de la banda del Salvation Army, saltaba y brincaba, gritando: '¡Tía, apresurémonos o llegaremos tarde!'. Dado que estaba muy cerca de Mendips, el jardín de Strawberry Field era un lugar que el pequeño Lennon adoraba visitar para dar vida a sus juegos de fantasía.

«LIVERPOOL SIEMPRE HA SIDO UNA CIUDAD POBRE, AQUÍ LA GENTE HA TENIDO QUE LUCHAR DURAMENTE PARA SOBREVIVIR. EL ÉXITO DE LOS BEATLES NO CAMBIÓ LAS COSAS, SÓLO HIZO LA VIDA MÁS LLEVADERA»

Pete Best

BANDA SONORA

IN MY LIVERPOOL HOME

The Spinners (1962)

Pete McGovern era un cantante folk de padres irlandeses, pero había nacido en Liverpool. Ferroviario y sindicalista, en 1960 escribió esta canción que grabaron The Spinners, grupo folk de la ciudad del Mersey. Se convirtió en un himno para todos los habitantes de Liverpool. Orgulloso.

La famosa puerta exterior de Strawberry Field

El edificio original fue arrasado y reconstruido (con menores dimensiones) a principios de los años setenta. Cada una de las tres casas familiares podía acoger hasta doce huérfanos. Después de cerrar temporalmente en 2005, hoy acoge una iglesia y un centro de meditación y plegaria. En mayo de 2011, la puerta original se retiró y fue sustituida por una réplica.

La primera casa de John Lennon, donde vivió los primeros cinco años de su vida junto a su madre Julia, se encuentra en **Wavertree**, a algunos kilómetros de distancia de Woolton: es una de las casas en hilera de Newcastle Road, de ladrillos rojos, en el número 9. Subastada en 2013, fue adquirida por un beatlemaníaco estadounidense por 480.000 libras esterlinas, más del doble de su valor efectivo en el mercado.

Por su parte, Paul McCartney vivía en Allerton (**Forthlin Road**). La casa de McCartney también era una típica vivienda en hilera. La familia se trasladó allí en 1955, pero tan sólo un año más tarde, Mary McCartney (madre de Paul y Michael) fallecía: tenía 47 años y un cáncer de mama la separó de sus hijos y de su marido Jim.

Se dice que en la salita situada justo frente a la entrada, Paul y John compusieron varias canciones, entre las cuales «Love me Do» y «I Saw her Standing There». En efecto, porque a menudo, Paul y John hacían novillos y se refugiaban en aquella casa. Cuando Paul no tenía las llaves, entraba por detrás, trepaba a lo largo del tubo del desagüe, penetraba por la ventana

Una ciudad de

SCOUSERS

Se llama «scouse» al acento-dialecto de Liverpool, y es una de las cosas más reconocibles de los habitantes de la ciudad del Mersey. El término nació como abreviatura de «lobscouse», vocablo de origen escandinavo que indicaba una comida a base de carne o pez muy cocidos. Se trataba de un plato simple y económico que comían los pescadores y la gente pobre. Por este motivo, poco a poco, quien venía de fuera comenzó a llamar «scouser» (obviamente con intención peyorativa y mordaz) a los habitantes de Liverpool. La característica del scouse es un habla rápida, fuertemente acentuada, que enfatiza los cambios de tono ascendentes y descendentes, creando de este modo una especie de melodía. Entre los Fab Four, se dice que John Lennon era el que hablaba con el scouse más pronunciado, incluso después de haber vivido en Nueva York durante años.

del baño que siempre estaba medio cerrada y luego bajaba a abrir la puerta a John, que llevaba consigo las guitarras. Mantenida perfectamente en su estilo originario de la década de 1950, la casa de Forthlin Road es propiedad del National Trust y está abierta al público. La ventana del dormitorio de Paul está exactamente sobre la puerta de entrada. Desde aquella misma ventana, McCartney podía controlar también a los fans de los Beatles que a menudo pasaban la noche frente a la casa para arrancarles un autógrafo, una foto o, simplemente, una sonrisa. En parte por este exceso de amor, en 1964 los McCartney decidieron trasladarse lejos de allí. Pero hoy, Forthlin Road sigue siendo un lugar de peregrinación.

BANDA SONORA

FERRY CROSS THE MERSEY

Gerry and the Pacemakers - *Ferry Cross The Mersey* (1964)

Es el tema más explícitamente dedicado a Liverpool de los abanderados del Mersey Sound, y la banda sonora de la película homónima interpretada por los propios Pacemakers. A lo largo de los años, esta pieza la cantaron otros oriundos de Liver pool, como Paul McCartney o Frankie Goes to Hollywood. Evocador.

YOU'LL NEVER WALK ALONE

Una canción que se ha convertido en un himno

Para los aficionados al fútbol, *You'll Never Walk Alone* es el himno de los hinchas del Liverpool. Pero no todos saben el por qué, y sobre todo, de dónde viene este tema que desde hace muchos años incendia el **estadio de Anfield Road** e impresiona a los equipos rivales.

La canción nació en Nueva York en 1945, de manos de la «premiada marca» Rodgers & Hammerstein. La cantaba en *Carousel*, un afortunado musical de Broadway, la prima de la protagonista para consolarla tras la muerte de su marido suicida. La pieza, que se repite también al final del musical (y de la película que se inspiró en él) fue redescubierta e interpretada por decenas de artistas, de Frank Sinatra a Alicia Keys, pasando por Elvis Presley y Ray Charles.

En Gran Bretaña, la versión de mayor éxito fue la de Gerry and The Pacemakers, abanderados del Merseybeat, en 1963: el tema estuvo en lo más alto de la clasificación durante cuatro semanas. Fue justamente Gerry Mardsen, líder del grupo, quien la hizo escuchar previamente a Bill Shankly, por entonces entrenador del Liverpool. Shankly buscaba siempre nuevas ideas, y la canción le gustó muchísimo. Poco tiempo después, el equipo fue invitado al show de Ed Sullivan para que cantara junto a Gerry and The Pacemakers. Es más, Shankly, antes de la final de la F.A. Cup de 1965, indicó la canción como una de las que se llevaría a una isla desierta. Había nacido una leyenda.

Posteriormente, «You'll Never Walk Alone» fue adoptada por los aficionados escoceses del Celtic y por otras hinchadas de todo el mundo.

La «KOP», la curva de los ultras del Liverpool con las bufandas «You'll Never Walk Alone»

George Harrison nació en Wavertree, en una modesta casa de ladrillos rojos en el **12 de Arnold Grove**. Sus padres, Harold y Louise, se habían establecido allí en 1930, después de casarse; luego habían nacido cuatro hijos, el menor de los cuales era George. La casa, en alquiler por pocos chelines a la semana, era pequeña, tenía una sola estufa y los niños se veían obligados a salir para ir al baño.

Forthlin Road, la casa del joven Paul McCartney

Harold Harrison, padre de George, trabajó durante un tiempo embarcado en un barco, y de este modo se procuró los primeros discos de música estadounidense. Y justamente en este apartamento George escuchó por primera vez un blues, el de Josh White.

En enero de 1950, los Harrison se trasladaron a **Speke** (23 Upton Green). En su nueva casa, George aprendió a tocar la guitarra. En el autobús 86, que cogía cada día para ir a la escuela, el joven Harrison conoció a Paul McCartney, que vivía no lejos de allí. En los primeros tiempos, John, Paul y George ensayaban a menudo en esta casa que en octubre de 2014 se vendió por más de 150.000 libras esterlinas, el doble de su valor real.

Richard Starkey nació en **Toxteh**, el 7 de julio de 1940, en una casa pareada del 9 de Madryn Street. Cuando sus padres se separaron, Ringo tenía cinco años. La madre y el hijo se trasladaron a un apartamento todavía más modesto a poca distancia de allí (**10 Admiral Grove**). Ringo permaneció en esta casa hasta 1963, cuando estalló la beatlemania: allí festejó su vigésimo primer aniversario y preparó su primer matrimonio, con Maureen Cox.

A pocos pasos de ambas casas de Ringo está el **Empress Pub** (93 High Park Street). El edificio, de forma particularmente estrecha y esbelta, domina orgulloso en la carátula de *Sentimental Journey*, el álbum del debut como solista de Ringo, en 1970.

«LA GENTE DE LIVERPOOL ES TRADICIONALMENTE VIVA Y ALEGRE. Y LAS PERSONAS DE ALLÍ TIENEN BUEN GUSTO: LES GUSTAN LA MODA Y LAS COSAS BONITAS»

Vivienne Westwood

Observando la posición geográfica de Liverpool, en el estuario del río Mersey, se pueden entender la historia y la reputación de la ciudad. Fundada en el siglo XIII como punto de reunión de las tropas destinadas a la conquista de Escocia, Liverpool se desarrolló en torno al puerto, inicialmente militar y luego comercial. El centro habitado no se edificó hasta finales del siglo XVIII. El tráfico marítimo entre los Estados Unidos y

Gran Bretaña llevó al noroeste del país a muchísimos emigrantes de cualquier raza y nacionalidad; y así, las ya presentes bolsas de pobreza aumentaron enormemente.

El siglo xx fue un siglo de dificultades y problemas para la ciudad,

Casas de George Harrison

que entró en crisis por el declive de los comercios fluviales y marítimos. En 1941, un devastador bombardeo por parte de la Luftwaffe destruyó el área portuaria, pero en tan sólo un mes, y a pesar de los miles de víctimas, los habitantes de Liverpool lo reconstruyeron todo.

El Empress Pub y la carátula del álbum de Ringo Starr *Sentimental Journey*

Justamente la actividad del puerto fue la llave que permitió el nacimiento de una escena musical entre finales de la década de 1950 y principios de la de 1960: en la posguerra, en el Pier Head, los marineros desembarcaban llevando consigo valiosos cigarros cubanos, blue jeans, paquetes de chicles, cigarrillos americanos y discos de Elvis, Bill Haley, Little Richard, Chuck Berry y los demás grandes héroes del rock 'n' roll.

Los vínculos de los Beatles con el puerto de Liverpool fueron numerosos. Harry, padre de George, había trabajado en las líneas transatlánticas, y también Freddie Lennon se embarcó. Ringo, para reunir algunas libras, había encontrado trabajo en el ferry que desde Liverpool llevaba al norte de de Gales, mientras que John Lennon, a los 17 años, intentó enrolarse como marinero (pero desde la oficina de contrataciones telefonearon a su tía Mimi, y de este modo John se vio obligado a volver a casa).

El Albert Dock antaño era zona de almacenes portuarios: hoy acoge estudios de televisión, tiendas, restaurantes y locales. Aquí, en Britannia Vaults, está **The Beatles Story**, un museo muy interesante: se trata de un recorrido que lleva al visitante a recorrer la vida, ,la cultura y la música de los Fab Four. En 1960, en un apartamento situado en el número 3 de **Gambier Terrace**, vivía Stu Sutcliffe, compañero de Lennon en la escuela de arte local (el College of Art, 68

Hope Street). Durante un cierto período, también John y otro amigo, Rod Murray, compartieron el apartamento, suscitando la envidia de George y Paul, que todavía vivían con sus padres. Aquella zona es famosa porque se cuenta que, una noche de abril, John estaba paseando con Stu, Paul y George cerca de la catedral de Liverpool cuando salió con la idea de llamar a su banda The Beatles. Según McCartney, el término «beetle» lo usaba Marlon Brando en la película *El salvaje*. Pero el hallazgo de John fue cambiar la manera de escribir, como recordó él mismo: «Así tendría un doble sentido: 'beetles' en el sentido de escarabajos y 'beatles', como homenaje a los poetas beat y a los beatniks. También los Crickets, nuestro grupo favorito, el que acompañaba a Buddy Holly, tenía un nombre con dos significados: un insecto (el grillo) y un juego de equipo (justamente el cricket)». George y Paul no estaban muy convencidos, pero el nombre ya estaba decidido.

Cerca de Gambier Terrace se encuentra la **catedral de Liverpool**, la mayor iglesia anglicana en el mundo. Aquí, en 1953, con tan sólo 12 años, Paul McCartney hizo una prueba para entrar en el coro de la iglesia, pero fue rechazado. El 29 de marzo de 1981, pocos meses después del homicidio de Nueva York, se celebró una ceremonia en la catedral, el Festival of Peace, en memoria de John Lennon, con temas de los Beatles interpretados al órgano. También aquí, en 1991, McCartney presentó el *Liverpool Oratorio*, obra realizada con el compositor clásico Carl Davies.

A comienzos de la década de 1960, Brian Epstein era responsable de la tienda de la cadena North End Music Stores en el **12-13 de Whitechapel**.

Pier Head y The Beatles Story

Picado en su curiosidad por un artículo sobre los Beatles (la cubierta del número 144 de *Mersey Beat*), Epstein preguntó al director de la revista, Bill Harry, quiénes eran aquellos chicos. Cuando luego algún cliente comenzó a pedir copias de *My Bonnie*, el single de Tony Sheridan acompañado por los Beatles, Epstein se dirigió al Cavern Club, donde los futuros Fab Four actuaban habitualmente.

BANDA SONORA

PENNY LANE

The Beatles (1967)

La calle de Liverpool donde John y Paul se encontraban para coger el autobús para ir al centro. Escrita por Paul McCartney, tenía que formar parte de *Sgt. Pepper*, pero apareció como 45 rpm por motivos comerciales. Nostálgico.

Gambier Terrace y la catedral de Liverpool

El 24 de enero de 1962, justamente en los locales de la tienda, los Beatles firmaron el primer contrato con Brian Epstein.

Después de casarse con Cynthia Powell el 23 de agosto de 1962 (la ceremonia se produjo en la oficina del registro de Mount Pleasant), John se estableció en el apartamento de Epstein (**36 Falkner Street**). Dado que había creado la imagen de los Beatles como «brillantes chicos casaderos», Brian no quería que se supiera que ahora Lennon estaba casado. De este modo, John y Cynthia pasaron su luna de miel en aquella casa. John aprovechó para escribir «Do You Want to Know a Secret?», cuyo título parecía referirse precisamente al «secreto» de su matrimonio (hay quien sugirió otra interpretación: el «secreto» sería la homosexualidad de Brian Epstein, y en la Inglaterra de aquellos años la homosexualidad se consideraba un crimen). Cinco años más tarde, el 27 de agosto de 1967, Brian Epstein murió en su casa de Londres a causa de una sobredosis de barbitúricos. El edificio en el que antaño se hallaba la tienda ha sido demolido, mientras que la vieja casa georgiana de Falkner Street sigue ahí.

En 1997, el viejo Neptune, uno de los teatros históricos de Liverpool (85 Hanover Street) fue rebautizado **Epstein Theater**, aunque nunca hubo ningún vínculo entre aquel lugar y los Beatles.

Gracias a los Beatles, Liverpool, considerada a menudo una de las ciudades inglesas menos atractivas, se ha convertido en una meta turística.

Se puede comprobar nada más llegar al **John Lennon Airport**, que luce este nombre desde marzo de 2002. Una estatua de bronce de John, de

La casa de Brian Epstein

El homenaje al Yellow Submarine en el exterior del John Lennon Airport, la entrada del aeropuerto y la estatua de Lennon en el interior

más de dos metros de altura, señorea en el centro del área del *check in*. La realizó Tom Murphy, escultor local, autor también de una hermosa estatua de Bill Fury (rockero de los años cincuenta y una de las primeras glorias de Liverpool) que se levanta en el Albert Dock. La obra en el interior del aeropuerto inmortaliza a Lennon de cuerpo entero, mientras pasea con una actitud un poco fanfarrona. En la ceremonia de inauguración, junto a Murphy, también estaban Yoko Ono y Cherie Blair, esposa del entonces premier Tony Blair. Entretanto, algún juerguista ha robado las gafas redondas de la estatua o, según los triunfos futbolísticos, se le coloca al cuello la bufanda del Liverpool o del Everton. En el techo se puede ver el lema, «Above us, only sky»

NOWHERE BOY

Ópera prima de la directora y fotógrafa inglesa Sam Taylor-Wood, la película cuenta las pasiones del joven Lennon, entre 1955 y 1960, cuando comenzaba, junto a los Beatles, a abrirse camino en los locales de Hamburgo. Inspirada en la biografía escrita por Julia Baird, hermanastra de John, la película analiza las relaciones entre Lennon, su madre Julia (que lo había abandonado a la edad de cinco años) y la tía Mimi, hermana de Julia, que lo había educado como a su propio hijo. Las dinámicas afectivas de John se cruzan con sus pulsiones musicales y su talento creativo innato. Todo ello tiene como telón de fondo el Liverpool de aquellos años, hasta el punto de que muchas escenas se grabaron en lugares típicos de la ciudad del Mersey.

La película, que recibió críticas positivas y hasta cuatro nominaciones a los British Academy Awards, se estrenó en las pantallas inglesas a finales de 2009, mientras que en los Estados Unidos se pudo ver a partir del 8 de octubre de 2010, día en que John Lennon habría cumplido setenta años.

La escena final es muy hermosa y emblemática: John va a casa de su tía Mimi para coger el pasaporte: tiene que irse a Hamburgo. «Llámame cuando llegues...», le dice Mimi, dándole el documento. Luego se puede leer en la pantalla: «Una vez en Hamburgo, John telefoneó a la tía Mimi, y así lo hizo todas las semanas durante el resto de su vida».

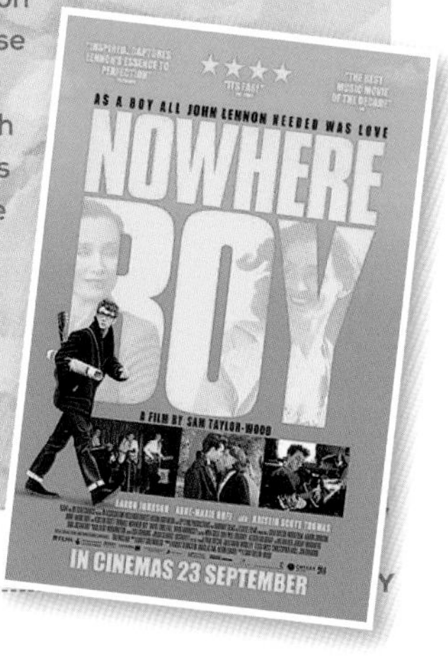

(«Encima de nosotros, sólo el cielo»), extraído de una estrofa de «Imagine». Otros fragmentos de temas de Lennon se encuentran repartidos aquí y allí en el edificio, mientras que en la sala de salidas se halla la hermosa galería de Paul Salzman, fotógrafo de la aventura de los Beatles en Rishikesh, en el ashram de gurú Mahesh Maharishi Yogi (primavera de 1968).

En el exterior, en una plazoleta frente a la entrada principal, hay una obra que rinde homenaje al **Yellow Submarine**. Realizado en 1984 por unos ochenta aprendices de los astilleros de Cammel Laird, el «submarino amarillo» (15 metros de longitud y casi 5 de altura) fue encargado por el International Garden Festival de aquel mismo año. Una vez terminada la manifestación, el submarino fue trasladado a Chavasse Park (en el centro de Liverpool), donde permaneció durante varios años antes de ser completamente restaurado y, en 2006, trasladado al aeropuerto.

En diciembre de 2015 se inauguró una estatua de los Beatles, realizada por Andrew Edwards, en el **Pier Head**, delante de las denominadas Three Graces (los majestuosos edificios Royal Liver, Cunard y Port of Liverpool, motivo de orgullo desde siempre para todos los ciudadanos).

Fue Julia Baird, hermanastra de John Lennon, quien retiró la tela de la sugestiva obra escultórica de bronce

La estatua de los Beatles en el Pier Head

que muestra a los Fab Four caminando mientras admiran el panorama a su alrededor. Donada por el Cavern Club, la estatua fue inaugurada en el quincuagésimo aniversario del último concierto de los Beatles en Liverpool (Empire Theater, 5 de diciembre de 1965).

Las del aeropuerto y del Pier Head no son las únicas obras de arte de Liverpool dedicadas a los Beatles. La más criticada es la de John Doubleday que se encuentra en los Cavern Walks. Inauguradas en 1984 por Mike McCartney, hermano de Paul, las cuatro estatuas de bronce se asemejan tan poco que incluso a Mike le costó reconocer la que debía representar a su hermano.

Ciertamente más original, también en Mathew Street, es la creación artística de Arthur Doyle, que se inventó una Beatle Street y un eslogan, «Cuatro chicos que trastornaron el mundo», para embellecer sus obras de madera, bronce y viejas muñecas de plástico que retratan a Paul, George y Ringo como querubines en los brazos de la Virgen, con un John también angelical a la derecha de los otros.

Sin movernos de Mathew Street podemos ver otra estatua de Lennon. Creada por Dave Webster, la escultura de fibra de vidrio representa a John tranquilamente

«EN GENERAL, EN LIVERPOOL LA GENTE DIFÍCILMENTE SE DESPLAZA. POR SUERTE NOSOTROS DIMOS UNA BUENA SACUDIDA A TODO EL MUNDO»

Ringo Starr

BANDA SONORA ★★★

STRAWBERRY FIELDS FOREVER

The Beatles (1967)

Strawberry Field era un orfanato del Salvation Army en la zona en la que John Lennon vivía cuando era niño. Fue el primer tema grabado en las sesiones de *Sgt. Pepper* y se comercializó (junto a «Penny Lane») en un sencillo. Lennon lo consideró siempre su mejor tema. Elegíaco.

The Cavern Club ayer y hoy

apoyado en una pared, mientras parece observar con curiosidad a los jóvenes que entran en el Cavern Club.

Mathew Street es el corazón musical de la ciudad, con el reconstruido pero siempre mítico **Cavern Club** y, justo enfrente, el **Eric's**, centro de la escena punk de finales de la década de 1970. Abierto en octubre de 1976, el Eric's se encontraba en la planta baja del edificio en el 9 de Mathew Street. El local acogió lo mejor de la escena punk y new wave, de los Clash a los Joy Division, pero también las realidades ciudadanas más interesantes del mismo movimiento, como Julian Cope o Echo and The Bunnymen. Cerrado en 1980 después de un raid de la brigada antidroga de la policía de Liverpool, el Eric's ha contado con diferentes gerencias y configuraciones a lo largo de los años. La última, con el mismo nombre y el mismo logo pero con una dirección artística completamente diferente, fue vivamente criticada.

En el número 10 se encuentra el Cavern Club. Inaugurado el 16 de enero de 1957 en un sótano (antiguo refugio bélico), lo que acabaría siendo el cuartel general de los Beatles se inspiraba en los clubs de tendencia parisina en los que se tocaba preferentemente jazz. Los Quarrymen de John Lennon fueron uno de los primeros grupos de rock que actuaron allí, el 7 de agosto de 1957. Dos meses más tarde, el 18 de octubre, Paul McCartney tocó en el Cavern junto a ellos. El 25 de mayo de 1960, el local organizó la primera Beat Night que, entre otros, vio la presencia de Ringo Starr con Rory Storm & The Hurricanes. Los Beatles debutaron el 9 de febrero de 1961, y justamente allí, el 9 de noviembre de 1961, Brian Epstein los vio por primera vez, instaurando poco más tarde la afortunada asociación que dio comienzo a su carrera. El último de los 292 conciertos celebrados por los Beatles en el Cavern tuvo lugar el 3 de agosto de 1963 en una velada apocalíptica marcada por un apagón causado por la excesiva humedad debida al sudor

BANDA SONORA ★★★

THE KILLING MOON

Echo & The Bunnymen / *Ocean Rain* (1984)

El grupo de Liverpool que, aparte de los Beatles, tuvo más éxito. Este es para muchos el mejor tema de su LP más celebrado. Esotérico.

que emanaba de las más de 500 personas hacinadas en el sótano.

El Cavern siguió los destinos del Merseybeat: el repentino declive del género llevó al fracaso y, en febrero de 1966, al consiguiente cierre del local, que pocos meses más tarde volvió a abrir pero con una programación diferente y un contexto completamente distinto. Por entonces, incluso estrellas del rock emergentes como Eric Clapton o Rod Stewart comenzaban a exhibirse aquí con una cierta regularidad. A pesar de ello, en marzo de 1973, el local fue derribado y el área se utilizó como aparcamiento. En 1984, Tommy Smith (ex jugador del Liverpool) decidió reconstruir el club utilizando incluso los viejos ladrillos. Sin embargo, la nueva propiedad se vio obligada a cerrar en 1989. Pero tan sólo dos años más tarde, el Cavern Club volvía a abrir gracias a los esfuerzos conjuntos de un maestro (Bill Heckle) y de un taxista (Dave Jones). La pareja sigue gestionando hoy en día el Cavern, restituido de alguna manera a los antiguos fastos y, sobre todo, punto de cita ineludible de cualquier tour Beatles. En efecto, cada año, aquí en Matthew Street, se celebra la Beatle Week, un evento que lleva hasta la ciudad a los beatlemaníacos de todo el mundo.

«CUANDO ÉRAMOS JÓVENES, EN LIVERPOOL, ÉRAMOS SALVAJES: PACIFISMO Y VEGETARIANISMO ERAN CONCEPTOS ENTONCES DESCONOCIDOS. LA MÚSICA NOS SALVÓ LA VIDA»

Paul McCartney

Frente al Cavern Club, debajo del Eric's, está el **Cavern Pub**, de los mismos propietarios y gestores que el club. Ofrece platos de tema beatle y, en la pared exterior, presenta una especie de Wall of Fame con los nombres de todos los grupos que tocaron en el Cavern de 1957 a 1973.

También en Mathew Street, en 2001, se inauguró otro Wall of Fame (**Liverpool Wall of Fame**), con los discos inspirados en los lugares de la ciudad.

El Cavern Pub y el Liverpool Wall of Fame

La mítica Penny Lane

Toda la zona de Mathew Street forma parte de los **Cavern Walks**, especie de centro comercial cuya puerta de entrada está coronada por dos paneles diseñados por Cynthia Lennon. Aquí hay un montón de tiendas, bares y pequeños restaurantes, algunos de los cuales particularmente interesantes. **Penny Lane**, la calle en la que Paul y John se encontraban para coger el autobús e ir al centro, es hoy una calle tranquila. Termina en Smithtown Place, un cruce en el que se encuentran la barbería y las sucursales bancarias citadas en la canción homónima de los Beatles. El **barber shop** es de Tony Slavin, en el número 11, mientras que en el edificio de al lado, donde antaño estaba la sucursal del instituto de crédito TSB, hoy hay una consulta médica. Lo que se definía como «shelter in the middle of a roundabout» («refugio en medio de una rotonda») hoy es un bar restaurante, que se llama, precisamente, **Sgt. Pepper's Bistro**.

Sin olvidar que Liverpool fue, en cuanto a música, la ciudad de Bill Fury, Gerry and The Pacemakers, Billy J. Shaver & The Dakotas, Cilla Black, Ian Astbury, Dead Or Alive, Echo & The Bunnymen, Julian Cope y Frankie Goes To Hollywood (por citar tan sólo algunos ídolos locales), es innegable que la persistente presencia de los Beatles tenderá, en el futuro, a ofuscar a cualquiera que se encare a las orillas del Mersey.

Así que es mejor sumergirse totalmente en un Magical Mystery Tour y alojarse en el **Hard Days Night Hotel** (North John Street), con su **Blake's Bar** (dedicado a Peter Blake, creador de la carátula de *Sgt. Pepper's*) y sus numerosas habitaciones temáticas. Y soñar con infinitos campos de fresas...

«In Penny Lane there's a barber shop showing photographs...». Como cantaban los Beatles, la barbería de Tony Slavin sigue en Penny Lane

THE SWINGING
CAPITAL OF COOL

A mediados de la década de 1960, Londres fue coronada capital mundial de la nueva cultura juvenil, la ciudad más querida y admirada del mundo. Y, de repente, se volvió «swinging», es decir, de moda, gracias sobre todo a la música de Beatles, Rolling Stones, Who, Cream, Yardbirds, Kinks y Small Faces. De Carnaby Street a Abbey Road, de Portobello al Marquee Club, son centenares los lugares mágicos que se identifican con un período irrepetible de la historia, de la cultura y del arte del siglo xx.

S*aturday Club* era un programa de la BBC presentado por Brian Matthew, el primer y más importante show de música pop de la radio inglesa. Mientras estaban escuchando la emisión del 26 de enero de 1963, Brian Jones, Mick Jagger y Keith Richards se toparon por primera vez con la música de los Beatles. Cuando de su aparato salieron las notas de «Love Me Do», los tres se quedaron de piedra. «Oíd como suenan...», dijo Brian. «Pues sí, pero ¿qué me decís de la armónica? –respondió Keith–. Un instrumento usado en el blues: me parece que estos tienen idea de lo que hacen».

Tres meses más tarde, Giorgio Gomelsky, mánager de los Rolling Stones, fue a ver a los Beatles: quería hacer una película con ellos. Pero los cuatro no parecían interesados; acababan de llegar de Liverpool y deseaban ver

Crawdaddy hoy y cuando tocaban los Rolling Stones

los locales de Londres, entender qué ofrecía la escena de la capital, conocer a nuevos artistas. Gomelsky les propuso visitar su club, el **Crawdaddy**, en Richmond, y ver a aquella nueva banda de rhythm and blues que se hacía llamar como un tema de Muddy Waters. Los cuatro aceptaron: la idea les gustaba, y además, el Crawdaddy (1 Kew Road, Richmond) les pillaba de camino a casa. Cuando los Beatles llegaron al local, los Stones acababan de comenzar su segunda actuación. Bill Wyman fue el primero en darse cuenta de quién había llegado, al entrever a «cuatro figuras en la penumbra» con gorras de piel y abrigos de piel de ante.

Los Fab Four parecían divertirse, y Ringo era el más entusiasta de todos. Una vez terminado el concierto, Brian Jones invitó a los Beatles al apartamento de Chelsea que compartía con Mick y Keith: más que nada, era una excusa para escuchar discos y hablar de música. Aparentemente, nadie se preocupó por el desorden y la suciedad, aunque, unos años más tarde los Beatles contaron que habían quedado disgustados por la casa de **102 Edith Grove**.

Brian, Mick y Keith vivían en aquel semisótano desde hacía unos meses. Para ahorrar en el alquiler, en enero

«LA PRIMERA VEZ QUE FUIMOS A CARNABY STREET NOS PARECIÓ ESTAR EN UNA PELÍCULA: ERA COMPLETAMENTE DIFERENTE AL RESTO DE LONDRES. HABÍA UNION JACKS COLGADAS, PERCHEROS LLENOS DE VESTIDOS POR LA CALLE, MÚSICA A TODO VOLUMEN Y UNA ENERGÍA QUE NO HABÍAMOS SENTIDO NUNCA»

Ringo Starr

de 1963, pidieron a un amigo, James Phelge, que se uniera a ellos. El caos en la vivienda todavía aumentó más, si cabe, a pesar de que Doris Richards, la madre de

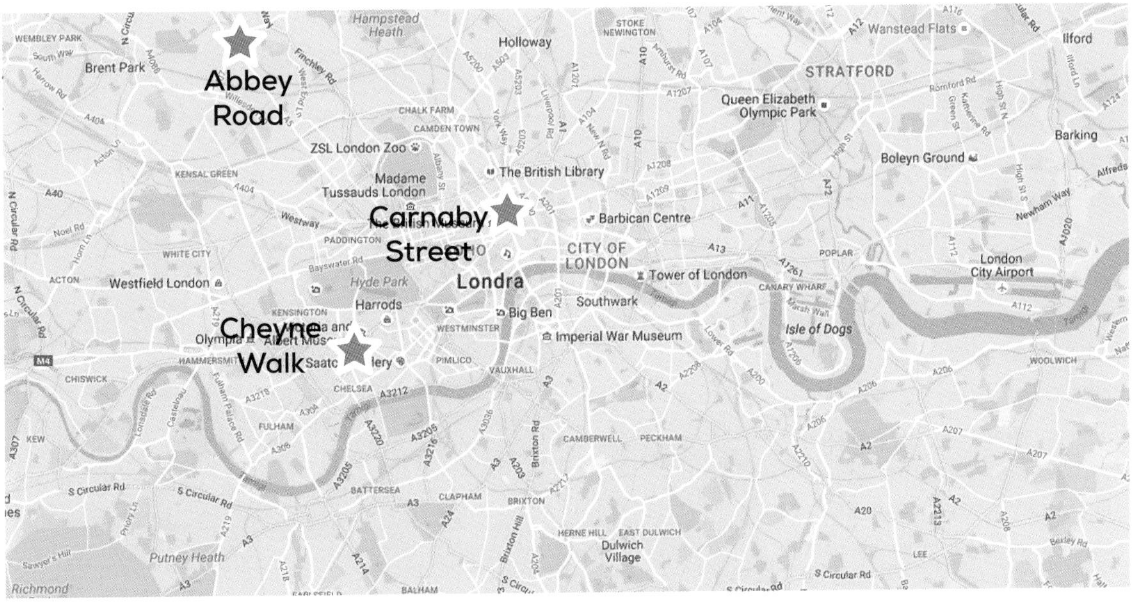

102 Edith Grove y los Stones sentados frente a la entrada, a mediados de la década de 1960

Keith, intentara echar una mano limpiando las habitaciones, lavando la ropa y cocinando algo para los chicos. «La alfombra apestaba de modo insoportable», recuerdan al unísono Mick y Keith. La cocina estaba constantemente en un estado imposible, y las paredes a menudo se usaban como pizarra para dejar mensajes. Pero en aquel apartamento su pasión por la música despegó definitivamente.

Radio y tocadiscos, encajados en un mueble, estaban siempre encendidos. Había vinilos por todas partes, y las guitarras acústicas de Keith y Brian raramente estaban sin usar. La casa de Edith Grove fue importante en la historia de los Rolling Stones: basta pensar que el seudónimo Nanker Phelge (utilizado para acreditar las primeras composiciones del grupo) nació por idea de Brian, justamente pensando en el amigo con el que compartían el apartamento de Chelsea. Es más, en la reciente muestra Exhibitionism, Jagger y Richards han querido que hubiera una reconstrucción fiel de aquel apartamento, con los platos sucios en la cocina, para dar una idea de cómo era su vida en Londres de principios de los sesenta.

Hoy, el exterior de Edith Grove es similar al de entonces, pero ha desaparecido el Wetherby Arms (500 King's Road), el pub frecuentado por los Stones en aquel período y en el que se efectuaron las pruebas para elegir al bajista. Bill Wyman fue quien las superó: a los chicos les parecía un poco «viejo», pero quedaron impresionados por su coche y por los amplificadores. Hoy, los locales los ocupa una contaduría de Paddy Power.

El Crawdaddy tampoco está en su emplazamiento original, el Station Hotel, frente a la estación de tren de Richmond: ahora hay allí un restaurante (One Kew Road). El nuevo Crawdaddy renació en 2011 en el Richmond Athletic Ground de Twickenham Road, según

La reconstrucción de los interiores de Edith Grove para la muestra *Exhibitionism*

el espíritu de la época que, después de la de los Stones, lanzó las carreras de Yardbirds, con Eric Clapton, de Paul Jones y Manfred Mann, Long John Baldry y Ray Davies, antes de que se formaran los Kinks.

Cheyne Walk, la calle donde tenían su casa tanto Mick Jagger como Keith Richard

Después de Edith Grove, a partir de la primavera de 1965, Mick y Keith vivieron juntos en el semisótano de un cottage de Hampstead, en el **10a de Holly Hill**, por sugerencia de su nuevo mánager Andrew Loog Oldham, que quería que compusieran el mayor número posible de temas originales. Así lo hicieron, pero tampoco perdieron ocasión de organizar fiestas o encuentros especiales como el del 5 de abril de 1965, cuando John Lennon llegó a Holly Hill para una sesión de audiciones musicales.

De la miseria al esplendor: en un par de años (1968), en plena Swinging London, Jagger volvió a Chelsea, donde adquirió, por 50.000 libras esterlinas, una auténtica mansión de 1771, en el 48 de **Cheyne Walk**, calle histórica que bordea el Támesis. Con él vivía Marianne Faithfull, y en aquellas habitaciones (en absoluto revolucionarias) se dice que compuso «Street Fightin' Man». En aquellos mismos días, Richards compró una casa todavía más lujosa en la misma calle (3 Cheyne Walk). En la residencia de seis pisos, datada en 1717 y

BANDA SONORA

(I CAN'T GET NO) SATISFACTION

The Rolling Stones (1965)

Inicialmente vetada por la BBC por el contenido «sexualmente explícito» del texto, el tema más famoso de los Rolling Stones fue impulsado por las emisoras piratas como Radio Caroline, antes de invadir Londres, Inglaterra, Europa y el mundo. Satisfactorio.

bautizada **River House** porque está encarada al Támesis, había vivido en el pasado el célebre organista clásico sir John Goss y el almirante William Henry Smith, fundador de la Royal Geographic Society. Keith se instaló con la bellísima modelo y actriz Anita Pallenberg, ex novia de Brian Jones (pero se murmuró que Anita tuvo también una historia con Mick Jagger).

Richards y Pallenberg vivieron allí hasta finales de los años setenta, cuando Keith vendió la casa.

Ambas viviendas vieron la irrupción de la policía; en 1969, en casa de Jagger, cuando Mick fue multado por posesión de Marihuana; a finales de 1973, cuando las

Brian Jones en Elm Park

fuerzas del orden descubrieron drogas de naturaleza variada y algunas armas de fuego en la River House. A Keith le fue peor que a su amigo: a consecuencia de la batida, el guitarrista fue primeramente a prisión, y terminó pagando una multa sustanciosa. Se dice que en 1974, Steve Jones, el futuro guitarrista de los Sex Pistols, robó un televisor de aquella casa.

Stargroves, la villa elisabetiana de Jagger

Por su parte, Brian Jones, poco después de la publicación de *Aftermath* (1966), vivió unos meses en un cottage en el 7 de **Elm Park Mews**. El apartamento, de alquiler, tenía un papel pintado de dudoso gusto, con filamentos de oro.

En la segunda mitad de la década de 1960, en la cumbre de la popularidad, los miembros de los Rolling Stones decidieron invertir parte de su fortuna en casas solariegas en el campo. Bill Wyman, al adquirir, **Gedding Hall** (deliciosa y antiquísima propiedad en Suffolk), se había convertido en señor de la mansión de Gedding y Thormwoods, mientras que Charlie Watts había adquirido una casa histórica cerca de **Lewes** (Sussex), propiedad de Lord Shawcross, procurador general del estado. En 1970, Mick Jagger se convirtió en propietario de la elisabetiana **Stargroves** (en East Woodhay, condado de Hampshire), que había pertenecido a Oliver Cromwell. Aquella ciudad fabulosa y el ambiente bucólico que la rodeaba también parecieron un lugar ideal para grabar música. Por este motivo, Jagger y sus socios encargaron la construcción del Rolling Stones Mobile Studio, con el que justamente en Stargroves grabaron muchas piezas destinadas a terminar en álbumes como *Sticky Fingers*, *Exile on Main Street* y *It's Only Rock 'n' Roll*. En Stargroves, en

Las minipasiones de
MARY Q.

Está considerada la inventora de la minifalda y de los hot pants. «Pero las verdaderas inventoras fueron las chicas de **King's Road** –explica hoy–. Entraban en mi tienda, se probaban mis prendas y luego, cuando les preguntaba si la longitud les parecía bien me contestaban: no, más corto, más corto».

Mary Quant tenía 21 años cuando, junto a su futuro marido Alexander Plunket Green, abrió su primera tienda, Bazaar, en King's Road, justo encima de Alexander, el restaurante regentado por su marido. Quant se dio a conocer por sus cuellos de plástico blanco que revitalizaban jerséis o vestidos, y los pijamas extravagantes. Fue ella quien acuñó el nombre «minifalda», porque su coche preferido era el Mini Minor, un nuevo modelo de automóvil urbano que, conducido por artistas, actores y celebridades varias, se convirtió en un icono del Londres de los años sesenta. George Harrison tenía uno pintado a mano, con dibujos inspirados en el arte tántrico, como imponía la moda hippie de la época.

Mary Quant abrió su tienda en Carnaby Street en 1966. Su leyenda sigue viva hoy.

los mismos estudios, también grabaron Who (*Won't Get Fooled Again*), Led Zeppelin (*House of the Holy* y *Phisical Graffiti*), Deep Purple, Iron Maiden y Santana. En 1998, Stargroves fue adquirida por Rod Stewart por 2,5 millones de libras. El anterior propietario era el constructor de Fórmula 1 Frank Williams.
En 1966, Keith Richards compró por 20.000 libras una casa de campo en West Wittering, en la península

«CUANDO MI NIETO ME PREGUNTÓ CÓMO ERA LONDRES EN LA DÉCADA DE 1960, LE HICE ESCUCHAR *PURPLE HAZE*. Y ME ENTENDIÓ»

Marianne Faithfull

de Manhood. La propiedad, llamada **Redlands**, fue testimonio, el 12 de febrero de 1967, de una redada de la policía, que arrestó a Keith por posesión y consumo de estupefacientes. Pero el episodio pasó a la historia porque un par de policías, que subieron a la planta superior de la ciudad, se encontraron a Marianne Faithfull desnuda sobre el sofá envuelta en una manta de piel mientras se entregaba a jueguecitos eróticos con una barrita de chocolate junto a su novio Mick Jagger. Keith Richards sigue siendo propietario de Redlands. Tras haber adquirido el terreno adyacente, imposibilitó en la práctica acercase a la vivienda. En 2015, el propio Richards impidió la construcción de un proyecto de casi dos millones de libras en la playa limítrofe: una cafetería que, según la estrella del rock, habría «dañado la imagen de la zona».

Redlands, la renombrada country house de Keith Richards

Cotchford Farm y la piscina en la que se ahogó Brian Jones

Al contrario que sus colegas, Brian Jones nunca tuvo una casa de propiedad. Y de este modo, en noviembre de 1968, la **Cotchford Farm** (a la venta por 35.000 libras) le pareció una ocasión excelente. Situada en el corazón de East Sussex, cerca de Hartfield, era una fascinante country house del siglo XVII: tres plantas y más de 350 metros cuadrados, con seis dormitorios, cinco baños y una magnífica piscina. Además, se encontraba dentro de una propiedad magnífica, entre bosques y riachuelos.
En 1925, Cotchford Farm fue adquirida por el escritor A.A. Milne como retiro para él, su mujer y el pequeño Christopher Robin. Allí, Milne escribió su libro más

La tumba de Brian Jones

famoso, creando la fábula del oso Winnie the Pooh. Muchos de los lugares citados en su obra (como el Ashdown Forest, el Bosque de los cien acres, el puente, etc.) se encontraban justamente en las inmediaciones.

Jones compró la Cotchford Farm en invierno de 1968 e inmediatamente después se dedicó a remodelar la casa y la propiedad circundante. En primer lugar, mandó pintar las paredes de azul brillante. Luego, temeroso de que lo engañara Frank Thorogood, un individuo ya despedido del entorno de los Stones, al que había confiado las obras, Brian hizo instalar un sistema de alarmas y de interfono, invirtiendo otras 10.000 libras esterlinas. Cotchford Farm y sus alrededores gustaban mucho a Brian: le encantaba tomarse una copa junto a las estatuas del jardín (la de Christopher Robin y los otros personajes de los cuentos de Milne), nadaba y se relajaba en la piscina. Pero justamente en el fondo de aquella piscina, en la noche entre el 2 y el 3 de julio de 1969, la estudiante sueca Anna Wohlin, por entonces su novia, encontró el cuerpo sin vida de Brian Jones.

La Cotchford Farm, restaurada a la perfección (piscina incluida) se puso a la venta por 2 millones de libras. En los alrededores, el pub preferido de Brian Jones, el Hay Waggon (High Street, Hartfield) cerró sus puertas hace tiempo, pero en High Street, el Sackville Cottage sigue acogiendo el Pooh Corner, tienda en la que se venden objetos, libros, camisetas y gadgets varios sobre Winnie the Pooh.

Para encontrar recuerdos de Brian Jones es preciso ir a su población natal, **Cheltenham**: en el cementerio está su tumba, y en el 17 de Eldorado Road, señalada por una placa, está **Rosemead**, la casa en la que creció Brian.

The Ealing Jazz Club

En los míticos **IBC Studios** (35 Portland Place en Marylebone, Londres), los Rolling Stones grabaron sus primeras canciones. Como también lo hicieron, a principios de la década de 1960, los Who. Adquiridos en 1970 por Chas Chandler, fueron rebautizados Portland Recording Studios. Hoy los locales están ocupados por Musion Das Hologram Ltd., que utiliza aquellos espacios para producir o, simplemente, realizar demostraciones de hologramas a tamaño natural.

«LONDRES PARECÍA EL LUGAR DE LAS HADAS, UN PAÍS ENCANTADO. SIEMPRE LA HE CONSIDERADO MI CASA»

Jimi Hendix

En los mismos días en los que grababan las primeras demos en los IBC, los Stones frecuentaban el reino de Alexis Korner y Cyril Davies, el **Ealing Jazz Club** (42 The Broadway). Situado en los sótanos bajo la Aerated Bread Company Tea Shop, en la acera opuesta a la de la

El Marquee Club

parada del metro de Ealing Broadway, al Ealing se llegaba bajando las escaleras que llevaban al Haven Place, entre la tea shop y una joyería.

«El local –recordaba Alexis Korner- podía contener como máximo 180-200 personas. Lástima que en Londres, en 1960, sólo hubiera como máximo un centenar de personas interesadas en el blues, aunque vinieron a todas las sesiones de estreno.»

El 7 de abril de 1962, justamente Korner presentó a su pupilo Brian Jones a dos chicos de Dartford que le caían simpáticos: Mick Jagger y Keith Richards.

Hoy el local es un night club y se llama The Red Room, pero en 2011 algunos aficionados que se habían constituido como «The Ealing Club» quisieron reflotar su historia y, con una serie de eventos, consiguieron que en el exterior se fijara una «placa azul».

BANDA SONORA ★★★

MY GENERATION

The Who - *My Generation* (1965)

El himno de los mods londinenses y de una generación que encarnaba rabia y frustraciones típicas de los teenagers. Se dice que la tartamudez de Daltrey pretendía remedar a los jóvenes mods víctimas de las anfetaminas. Rabioso.

Si el Ealing representó el lugar de encuentro para los futuros Rolling Stones, el **Marquee Club** fue el lugar en el que la banda debutó. Era el 12 de julio de 1962: en el escenario del Marquee habrían tenido que actuar Alexis Korner & The Blues Incorporated. Pero un compromiso repentino e irrenunciable con la BBC obligó a Korner a renunciar al show semanal en el Marquee. Decidió dejar su puesto a aquellos muchachos que justamente él había contribuido a poner en contacto. Y así, aquella noche, Mick Jagger, Keith Richards y Brian Jones tocaron por primera vez en público, con la colaboración de Ian Stewart al teclado, Dick Taylor al bajo y Tony Chapman a la batería.

El Marquee Club (originariamente Marquee Ballroom, 165 Oxford Street, en el sótano del Academy Cinema) había abierto en 1958 como local de jazz y skiffle. A partir de 1962, gracias a las sugerencias de Alexis Korner y Cyril Davies, comenzó a especializarse en blues y en rhythm and blues, acogiendo también a maestros como Muddy Waters. En marzo de 1964, el local se trasladó a las inmediaciones (90 Wardour Street) y se convirtió en uno de los templos del Swinging London: Rolling Stones, Who, Yardbirds, Jimi Hendrix Experience y Jethro Tull eran invitados habituales.

Después de estar en la cresta de la ola durante toda la década de 1960 y haber seguido las evoluciones del rock en las décadas sucesivas acogiendo lo mejor de los grupos de los setenta y ochenta, el Marquee cambió de dirección. En 1988, Harold Pendleton, mítico fundador del club, decidió venderlo a Billy Gaff, mánager de Rod Stewart. Y de esta manera, una vez abandonada la sede histórica en el Soho, en Wandour Street, el Marquee se trasladó al 105 de Charing Cross Road, a los amplios locales del Cambridge Circus Cinematograph Theatre. Aquí, en abril de 1993, se grabó *Live at the Marquee* de los Dream Theater, pero en 1996 cerró de nuevo sus puertas y, en lugar del Marquee, ahora hay un pub de la cadena Wetherspoon, The Montagu Pike. En 2001, la marca fue adquirida por un grupo de inversores entre los cuales estaba Dave Stewart, de los Eurhytmics. En Islington se abrió un nuevo Marquee Club, en la que hoy es la Islington Academy, pero duró poco más de un año y cerró en 2003. Tampoco le fue mejor en la siguiente fase, en la que el club volvió a abrir en Leicester Square en 2004, cerrando al cabo de 18 meses. En agosto de 2007 hubo un último intento de revitalizar el mito del Marquee Club, pero la nueva sede en el Covent Garden, Upper Saint Martin Lane, cerró el 10 de febrero de 2008. Todo el West End fue una zona caliente del Swinging London. En el Soho, donde unos años antes se habían establecido los beatniks, otros clubs aparte del Marquee eran puntos de encuentro indispensables. El **21s Coffee Bar** (59 Old Compton Street), considerado por muchos el primer club de rock de Europa, abrió en 1956, acogió entre otros a Tommy Steele, y transformó todo el barrio en el centro rock de la ciudad. Otros locales siguieron el ejemplo, como **The Flamingo** (33-37 Wardour Street), en el

BOB CUT Y MOPTOP

Se dice que fue la fotógrafa alemana Astrid Kercherr, amiga de los Beatles cuando estaban en Hamburgo, quien inventó el corte de cabellos en forma de casco que floreció luego en Londres en la década de 1960. Astrid, novia por entonces de Stu Sutcliffe («el quinto Beatle», amigo de Lennon trágicamente fallecido a causa de una hemorragia cerebral justo entre los brazos de ella), lo niega: «Sólo contribuí a consolidar su amistad; Stu, como muchos de su edad, en aquellos años llevaba el moptop, los otros Beatles, simplemente, se lo copiaron».

En cambio no hay dudas acerca de quién inventó el bob cut, el equivalente femenino del moptop, esto es, un corte de pelo corto para señoras y señoritas. Se llamaba Vidal Sassoon y era un joven judío que quería ser futbolista. Su madre lo convenció para que se hiciera peluquero y él, después de frecuentar la escuela de Raymond Bessone, abrió su primer salón en 1954, donde atendió entre otras a la actriz-cantante Georgia Brown. Sus cortes simples y geométricos le valieron bien pronto fama y popularidad.

A principios de la década de 1960 propuso una versión más moderna del corte «a la garçon», que algunas mujeres norteamericanas habían llevado en años anteriores. Bajo sus hábiles tijeras pasaron las cabezas de muchas actrices, entre ellas la joven mujer de Frank Sinatra, Mia Farrow, que en 1968 interpretó con aquel peinado *La semilla del diablo*, la famosa película «satánica» de Roman Polanski.

El corte «geométrico» de Vidal Sassoon y Mia Farrow

El Soho ayer y hoy

que en 1965 Brian Jones y Paul McCartney, con Jane Asher, asistieron al concierto de los Byrds. O bien **The Scene** (41 Great Windmill Street), que era el preferido de los mods y donde se exhibían los Who. Finalmente, el Bag O'Nails (9 Kingly Street), donde casi cada noche se podían encontrar a Georgie Fame, Animals, Tom Jones, Who y Jimi Hendrix. Paul McCartney, uno de los clientes habituales del local, conoció aquí a su futura mujer, Linda Eastman. Y también aquí, el 1 de noviembre de 1966, Jimi Hendrix Experience dio uno de sus primeros conciertos, como lo testimonia la placa frente al nuevo **Bag O'Nails**, hoy club privado con entrada reservada a los socios.

Ronnie Scott's, templo del jazz y de la black music

Si la mayor parte de estos locales del Soho desgraciadamente han desaparecido, sigue más que nunca en activo el **Ronnie's Scott Jazz Club**. Abierto el 30 de octubre de 1959 en un sótano en el 39 de Gerrard Street, fue fundado por dos saxofonistas jazz, Pete King y, justamente, Ronnie Scott. Otro saxofonista, Zoot Sims, fue la primera estrella norteamericana que actuó allí.

BANDA SONORA

ITCHYCOO PARK

Small Faces (1967)

Fue uno de los grandes éxitos de la banda de Steve Marriott y Ronnie Lane. Acusado de referencias explícitas a las drogas («What did you do there? I got high!»), el tema habla de un parque londinense al que los miembros de la banda iban a jugar y cuyas ortigas provocaban picor («itch»). De ahí el nombre de lo que parece ser Little Ilford Park, en Manor Park. Urticante.

En 1965, el local se trasladó a la sede actual (47 Frith Street) y, aunque acogiera preferentemente a artistas de jazz, se convirtió en un punto de referencia para la escena beat. Se cuenta que justamente allí, un par de días antes de morir, Jimi Hendrix había tocado por última vez en público, subiendo al escenario invitado por su amigo Eric Burdon.
Ronnie Scott fue el presentador de las veladas hasta su muerte, acaecida en 1996, ayudando a su socio Pete King en la gestión y en la dirección artística. King vendió el local en 2005, pero el Ronnie's Scott continua impertérrito prosiguiendo con su misión.
En el Soho también se encuentra la calle más famosa y mítica del Londres de los años sesenta, **Carnaby Street**. La suya es una historia antigua que se remonta

Carnaby Street

a finales del siglo XVII. Un edificio al este de la zona, **Karnaby House**, dio nombre a la calle que comenzó a tener una cierta notoriedad a principios del siglo XIX, cuando se desarrolló allí un pequeño mercado. En 1854, una epidemia de cólera asoló la zona, pero la crisis se pudo superar y resolver. No se volvió a hablar de Carnaby Street hasta 1934, cuando Amy Ashwood, primera esposa del líder jamaicano Marcus Garvey, y su compañero de la época, el músico Sam Manning, héroe del calypso, abrieron el Florence Mills Social Club en el número 50.

«EN LOS SESENTA VIVÍAMOS EN UN SUEÑO, RODEADOS DE FOTÓGRAFOS FAMOSOS QUE QUERÍAN INMORTALIZARNOS PARA *VOGUE*. LOS BEATLES ESTABAN DE GIRA DESDE HACÍA UN AÑO Y LONDRES QUERÍA OTRA BANDA: Y AHÍ ESTÁBAMOS»

Mick Jagger

El lugar era tanto un escenario de jazz como un local de encuentros para aficionados y defensores de la cultura panafricana. Veinticinco años más tarde, en 1958, en Carnaby Street apareció la primera boutique, His Clothes, de John Stephen, etapa obligada para todos los mods. Cuando Pete Townshend llegó allí por primera vez, en 1964, no tenía ni un penique. Un año más tarde, se decía que los Who gastaban 100 libras a la semana. Tras la estela de His Clothes llegaron otras tiendas

Portobello Road

EXHIBITIONISM

La muestra de los Stones

Fue la primera y más hermosa muestra nunca realizada sobre los Rolling Stones.

En 2016, las dos plantas de la Saatchi Gallery en King's Road fueron requisadas para acoger nueve salas temáticas que contenían filmaciones históricas, fotografías raras, imágenes inéditas e intrigantes momentos interactivos, además de 500 objetos procedentes directamente de los archivos personales de los miembros de los Stones.

«Hacía años que pensábamos en ello –confesó Mick Jagger–, y por ello habíamos conservado objetos, vestidos, manuscritos y todo lo que éramos, seguros de que los fans lo apreciarían.»

Entre las cosas más interesantes, la reconstrucción del apartamento de Edith Grove, con la cocina llena de platos por lavar. También extraordinarias eran las prendas de vestir, los accesorios y rarezas varias, entre ellas las listas de canciones que Ron Wood pintaba cada noche antes del concierto. La ubicación era perfecta, a pocos centenares de metros de donde, en la década de 1960, los Stones se solían encontrar. «Es una zona de Londres que desde siempre hirvió de tiendas, lugares de moda y locales extravagantes», puntualizó Wood que, junto a Keith Richards, preparó la Guitar Room, una de las salas más excitantes de la muestra.

como I Was Lord Kitchener's Valet, en la que se vendían antiguos uniformes militares y que ya se estaba trasladando a Portobello Road. Y justamente en respuesta a la tienda de John Stephen, Harry Fox y Henry Moss abrieron Lady

La cubierta de *Time* con la cover story sobre el Swinging London

Jane, la primera boutique femenina de Carnaby, a la que siguieron las de Mary Quant y Foale and Tuffin.

Y de este modo, en la primavera de 1966, Carnaby Street se convirtió en la calle de la moda beat, rock y mod. Algún local, como el Roaring Twenties o el vecino Marquee, se unió a la compañía, hasta el punto de que allí se podían encontrar cada día miembros de algunas de las bandas más legendarias del Swinging London, como Rolling Stones, Yardbirds, Small Faces, The Who y, obviamente, los Beatles. Carnaby Street saltó definitivamente a la escena internacional el 15 de abril de 1966 cuando *Time* dedicó a la calle una cubierta.

La revista estadounidense escribía que «no hay nada mejor que Carnaby Street para describir el espíritu del Swinging London: en los cien metros de la calle se agolpan tiendas llenas de vestidos coloreados que se vendían como churros entre los jóvenes de la ciudad».

Desde 1973 Carnaby Street es una calle peatonal. Cantada por los Kinks en «Dedicated Follower of

BANDA SONORA ★★★

WATERLOO SUNSET

The Kinks - *Something Else By The Kinks* (1967)

La historia de dos novios (hay quien dice que eran los actores Terence Stamp y Julie Christie) que se cortejan junto al Támesis, cerca de Waterloo Station. Una imagen «very London» para la más londinense de las bandas inglesas. Sombrío.

LOS ICONOS

del Swinging London

Fueron la respuesta londinense a la belleza desbordante de Brigitte Bardot, a la álgida sensualidad de Edie Sedgwick y Nico, a la refinada elegancia de Audrey Hepburn, al imbatible físico de Anita Ekberg. Las chicas que se convirtieron en auténticos iconos del Swinging London eran las primeras top model de la historia: la espléndida Jean Shrimpton, la filiforme Twiggy, la seductora Paulene Stone, la «sexy and smart» (palabras de Lennon) Penelope Tree, la asombrosa Veruschka. Todas ellas tenían estrechos vínculos con el mundo de la música y del cine, como Amanda Lear, musa de Salvador Dalí pero amiga de todas las estrellas del rock, o Jane Birkin, una de las protagonistas de *Blow Up* de Michelangelo Antonioni, película de culto ambientada en el Londres de aquellos años. Por no hablar de las novias de los músicos, comenzando con Pattie Boyd y Marianne Faithfull, compañeras respectivamente de George Harrison y Mick Jagger, y Anita Pallenberg, novia de Brian Jones primero y de Keith Richards después, hasta la supersexy Marsha Hunt, capaz de romper el corazón de una legión de estrellas del rock y de tener una hija con Mick Jagger.

Fashion», celebrada por los Jam en «Carnaby Street», desde 2013 la calle también es el tema de un musical: *Carnaby Street*, naturalmente ambientado en los sesenta. Sin embargo, hoy, de la fama y, sobre todo, del impacto cultural de Carnaby Street sobre los años sesenta ha quedado poco. Las tiendas originales se han visto sustituidas por marcas que se encuentran en todas partes, y sólo algún valiente sigue proponiendo el espíritu originario de la calle. Entre estos, **Pretty Green** tienda de la cadena fundada por Liam Gallagher, y **Sherry's** (63 Broadwick Street), que abrió en 1979 y sigue dedicada a la moda retro y a la ropa mod.

El otro gran punto de atracción para moda y modos en la década de 1960 era el **Portobello Market**. Otro lugar que ahora ya es decididamente turístico, pero bastante más interesante de visitar que Carnaby Street. Nacido como mercado tradicional en el siglo XIX, el mercado comenzó a atraer puestos y antiguallas entre finales de los cuarenta y principios de los cincuenta. Cada sábado, desde hace casi setenta años, el Portobello Market cobra vida. Entretanto ha crecido en cuanto a dimensiones e importancia, y se ha convertido en una cita ineludible, además del mayor mercadillo de antigüedades del Reino Unido. En la década de 1960, el Portobello Market (como

23 Brook Street, casa de Haendel y de Hendrix

Carnaby Street) era una meta para los artistas que querían encontrar el look justo, el accesorio más extravagante, la prenda que haría morir de envidia a amigos y colegas. Hoy atrae a visitantes de todas las partes del mundo, y los vendedores se han adaptado: tiendas y puestos a menudo propone artículos que recuerdan el estilo del Swinging London. Es más, algunos estilistas refinados, como **Beatrice Von Tresckow** (9 Portobello Road) han lanzado sus talleres con prendas muy elegantes que parecen salidas directamente del guardarropía de Mick Jagger, Marianne Faithfull, Paul McCartney, Brian Jones o Jimi Hendrix.

Precisamente Hendrix era uno de los músicos que frecuentaba asiduamente Portobello. Le gustaba visitar el mercadillo con sus novias y se detenía encantado frente a los puestos de quincallas. Pero si encontraba algo que le gustaba no se lo pensaba dos veces: como aquella vez en que se le vio adquirir en **John Lewis** (300 Oxford Street) un par de pantalones de terciopelo turquesa. En la época, Hendrix y su novia Kathy Etchingham vivían en Mayfair, en el **23 de Brook Street**, en un apartamento por el que transitó el gotha del Swinging London, de George Harrison a los Bee Gees. Al lado estaba la residencia en la que, 150 años antes, había vivido gran parte de su vida profesional otro músico genial, Georg Friedrich Haendel. Desde 1997 frente a las viviendas hay una placa conmemorativa, porque hoy en día los nombres de Haendel y Hendrix están unidos por esta curiosa coincidencia. Después de abrirse al público con ocasión del cuadragésimo aniversario

BANDA SONORA

THE FOOL ON THE HILL

The Beatles - *Magical Mystery Tour* (1967)

Un día, Paul McCartney y Alistair Taylor, ayudante de Brian Epstein, estaban caminando por Primrose Hill cuando de repente apareció ante ellos un hombre que luego, a la misma velocidad, desapareció. Por su parte, McCartney sostenía que el «loco de la colina» era el gurú hindú Maharishi Mahesh Yogi. Misteriosa.

Cavernas Chislehurst

de la muerte del guitarrista estadounidense, la casa de Jimi puede visitarse desde febrero de 2016.

El propietario de aquel apartamento poseía, en la planta baja, el restaurante **Mr. Love**, a donde Jimi acudía a menudo a ordenar su comida preferida: bistec con patatas, una botella de Mateus Rosé y un paquete de Benson & Hedges.

Las primeras apariciones públicas de Jimi en Londres fueron en el **Scoth of St. James** (13 Mason's Yard). Jimi subió al escenario la misma noche de su llegada a Londres, el 24 de septiembre de 1966, para improvisar con la banda que tocaba allí. En el local, justamente aquel día, Hendrix conoció a Kathy Etchingham. Un mes más tarde, también en el mismo local, Jimi Hendrix Experience debutó en Londres. El club, que vivió sus días más felices en época del Swinging London, se volvió a abrir recientemente, aunque hoy es más conocido porque lo frecuentan vips y por sus parties muy codiciadas, más que por la calidad de la música que programan.

Además del Scotch, el Bag O'Nails y el Marquee, Jimi frecuentaba también el **Speakeasy** (48 Margaret Street), donde a menudo coincidía con su colega y amigo Eric Clapton. El local fue uno de los muchos templos del Swinging London, pero en 1978 cerró sus puertas.

Entre los diferentes lugares en los que Jimi tocó en Londres, la palma del más curioso le corresponde sin duda a las **cavernas de Chislehurst**, en Bromley, en la parte sureste de la ciudad. En el siglo XIII eran minas de yeso y sílice, pero a principios del siglo XX se convirtieron en una atracción turística y luego, durante la Segunda Guerra Mundial, en un refugio. En los años sesenta, durante un breve período, fueron un excéntrico escenario de conciertos rock. De Bowie a los Pink Floyd, de los Stones a Status Quo, muchos tocaron aquí. Jimi Hendrix Experiencie lo hizo por dos veces, la última en enero de 1967. Al final de aquella actuación, Jimi conoció a Roger Mayer, «el mago de los efectos», que le

El Samarkand hoy. A la derecha: la Jimi Hendrix Suite en el Cumberland

34 Montagu Square: el piso que Ringo Starr alquilaba a sus amigos, entre ellos a Jimi Hendrix

llevó algunos pedales Octavia para que los probara.

El 31 de octubre de 1974, las cavernas de Chislehurst fueron el escenario de la fiesta para el lanzamiento de Swan Song, la nueva etiqueta de los Led Zeppelin. Hoy, en Chislehurst, ya no se celebran conciertos, pero las cavernas todavía se pueden visitar.

El último concierto de Jimi Hendrix Experience en Londres antes de partir para el Festival de Monterrey fue el del 4 de junio de 1967, en el **Saville Theatre** (135 Shaftesbury Avenue, hoy sede del cine Odeon Covent Garden). En aquellos años, el Saville lo gestionaba Brian Epstein, el mánager de los Beatles. Al concierto asistieron, entre otros, Ringo Starr y Paul McCartney. Después del gran éxito en los Estados Unidos, Hendrix celebró otros dos conciertos en Londres, en el Royal Albert Hall, en febrero de 1969 y luego en septiembre de 1970. En aquella época, Jimi repartía su tiempo entre una habitación del **Cumberland Hotel** y el apartamento de su nueva amada, una ex campeona de patinaje, la alemana Monika Dannemann. Justamente en las habitaciones de aquel edificio de Kensington, el **Samarkand** (21-22 Landsdowne Crescent), la mañana del 18 de septiembre de 1970 Jimi Hendrix fue encontrado en coma y trasladado al vecino hospital de St. Mary's Abbot, donde se certificó su muerte.

Hoy el Samarkand ya no se llama así, pero la casa sigue siendo sustancialmente la misma, mientras que en el Cumberland Hotel (Great Cumberland Place, frente al Marble Arch), desde septiembre de 2010 la habitación de Jimi se ha transformado en una suite temática, que se puede alquilar por unas 300 libras esterlinas.

El vínculo más concreto entre Jimi Hendrix y los Beatles tenía una dirección precisa: **34 Montagu Square**, en la zona de Marylebone. El apartamento en la planta baja con sótano lo alquilaba Ringo Starr desde 1965, antes de su matrimonio con Maureen Cox. En la parte trasera confinaba con la embajada suiza, cuyos dirigentes se lamentaban continuamente de los apostamientos de fans de los Beatles y de los mensajes que aquellos escribían en las paredes de su institución. En julio del mismo año, Ringo adquirió Sunny Heights (en Weybridge, en Surrey), pero mantuvo el contrato de alquiler de Montagu Square, ocupado primeramente por el colectivo The Fool (equipo de creativos que colaboraba con los Beatles), y luego por Paul McCartney. Paul transformó aquel apartamento en un estudio de grabación: se dice que allí realizó las primeras demos de «Eleanor Rigby». Montagu Square estaba cerca tanto de la casa en que vivía Paul con su novia, Jane Asher (**57 Winpole Street**, el apartamento

Abbey Road Studios

en el que nació «I Want to Hold Your Hand») como de los estudios de Abbey Road, a tan sólo un par de kilómetros.

BANDA SONORA

SUNSHINE OF YOUR LOVE
Cream - *Disraeli Gears* (1967)
El tema de mayor éxito del primer supergrupo de la historia del rock. Psicodelia y blues rock se funden de modo magistral, la voz de Jack Bruce y la guitarra de Eric Clapton (que para los fans londinenses ya era un «dios») completan el tema. Cremoso.

En diciembre de 1966, en el 34 de Montagu Square (por 30 libras al mes) se establecieron Jimi Hendrix con Kathy Etchingham y el mánager de Hendrix, Chas Chandler, con su novia Lotta Null. Jimi y Kathy vivían en el semisótano, y se murmura que Hendrix compuso allí «The Wind Cries Mary». Tres meses más tarde, Jimi y Kathy dejaron el 34 de Montagu Square, que Ringo siguió alquilando a amigos y conocidos. En 1968, cuando la historia entre John Lennon y Yoko Ono se hizo oficial, Cynthia Lennon y su hijo Sean se trasladaron allí, para luego regresar a Kenwood (en Weybridge, en Surrey, no lejos de la casa de Ringo), porque John y Yoko preferían vivir en Londres. Durante la grabación del *White Album*, Lennon y Ono residían en Montagu Square, donde el 18 de octubre de 1968, después de una irrupción por sorpresa a las 11.30 de la mañana, fueron arrestados por la policía por posesión de hachís. El suceso obligó a Ringo a renunciar al contrato de alquiler.

En 2002, el empresario discográfico Reynold D'Silva, imponiéndose a una oferta de Noel Gallagher, adquirió el apartamento en 34 Montagu Square por medio millón de libras, con la idea de convertirlo en un museo. El proyecto declinó muy pronto, porque el uso residencial de la casa, con contratos de alquiler de mil euros a la semana, parecía más rentable. En 2010, Yoko Ono inauguró una placa conmemorativa en el 34 de Montagu Square.

Los **estudios de Abbey Road** siguen siendo hoy uno de los lugares más visitados de Londres, y no sólo por los fans de los Beatles. Originariamente, el edificio era una casa georgiana de 1831, que se convirtió en estudio de grabación exactamente un siglo después gracias a la Gramophone Company. Posteriormente, una vez que Gramophone y Columbia se fusionaran, los estudios adoptaron el nombre de la recién nacida etiqueta y pasaron a ser los EMI Studios. Hasta 1958, aquí se registró preferentemente música clásica, luego el rock 'n' roll comenzó a sacar la cabeza por el es-

El paso cebra de *Abbey Road* y la carátula del álbum de los Beatles

tudio 2 con las grabaciones de Cliff Richard.

El estudio 2 es el que se asocia más con los Beatles, que grabaron aquí dentro casi todos sus álbumes y sencillos, usando las cuatro pistas del mezclador Redd ideado por Peter Burkowitz. En la primavera de 1967, mientras los Beatles estaban grabando *Sgt. Pepper*, en los estudios de al lado los Pink Floyd hacían lo propio con *The Piper at the Gates of Dawn*. Un año más tarde, los Pink Floyd volvieron a Abbey Road para *A Saucerful of Secrets*, pero Syd Barret ya era ingobernable. Se dice que se quedó durante días sentado en recepción, a la espera de que los otros de la banda lo llamaran para tocar.

Iain McMillan, el fotógrafo de *Abbey Road*

Cuando en 1969 los Beatles publicaron el álbum *Abbey Road*, con el correspondiente éxito, los estudios de EMI cambiaron definitivamente el nombre a Abbey Road Studios. Además de los Beatles y Pink Floyd, en Abbey Road grabaron, entre otros, Adele, Lady Gaga, Queen, Radiohead, Depeche Mode, Duran Duran, Iron Maiden, Elton John, Oasis, Red Hot Chili Peppers y los italianos Alberto Fortis, Gianna Nannini, Eros Ramazzotti y Zucchero. Después de la adquisición de EMI por parte de Universal, también los estudios de Abbey Road fueron adquiridos por la multinacional norteamericana. Los estudios no son accesibles para el público, que sin embargo puede disfrutar de una tienda adyacente. Algunas salas se pueden alquilar para eventos especiales.

Después de la publicación del álbum *Abbey Road*, **el paso cebra cercano a los estudios** se ha convertido en meta de peregrinación por parte de los fans de todo el mundo. Fue mérito del fotógrafo Iain McMillan que, en la mañana del 8 de agosto de 1969, realizó la famosa foto con los cuatro Beatles en fila india atravesando el paso. McMillan, sobre una escalerilla en medio de la calle, sólo tenía diez minutos para obtener la famosa instantánea antes de que lo interrumpiera un agente de tráfico que lo acusó de crear desórdenes en la circulación.

Y sin embargo, aquel tiempo tan breve bastó para que la imagen de John, seguido de Ringo, Paul y George –este era el orden de derecha a izquierda– se fijara en el imaginario colectivo (dando origen también a diferentes especulaciones acerca de la presunta muerte de McCartney, de la que informaba la foto a través de algunos símbolos). El 22 de diciembre de 2010, el paso cebra de Abbey Road se incluyó en la lista «Grade II» que recoge los monumentos y edificios de relevancia histórica, artística y cultural para el Reino Unido.

Tittenhurst Park, la villa de John Lennon y Yoko Ono

Cerca de Abbey Road, en el **7 de Cavendish Street**, está la gran villa adquirida en 1965 por McCartney, en parte porque desde allí se podía llegar a pie a los estudios. En la época del Swinging London, frente a la puerta de entrada a menudo había montones de fans a la espera de coincidir con su ídolo. Algunos de estos, una noche de junio de 1969, lograron introducirse en la casa, pero sólo se llevaron algunas camisetas usadas. La villa sigue siendo propiedad suya, pero, desde hace mucho tiempo, McCartney ya no vive allí. También la vivienda más famosa vinculada a los Beatles, la de **Tittenhurst Park**, en Ascot, Berkshire, cambió de propietario. La estupenda villa georgiana de 1773 fue adquirida en 1969 por John Lennon por 150.000 libras. Después de vender Kenwood, donde había vivido con Cynthia, John buscaba una casa para él y Yoko, y esta mansión le recordaba la Calderstones House de Liverpool. En Tittenhurst, en agosto de 1969, Lennon y los Beatles hicieron las fotos para la carátula de *Hey Jude* (la colección de singles). Poco después, en los sótanos de la casa, John mandó construir un estudio de grabación, el Ascot Sound. Lennon usó el estudio para sus primeros álbumes como solista, y para los de la Plastic Ono Band, cuyas fotos de carátula se realizaron allí. Tittenhurst también fue el escenario para películas y clips de «Imagine», incluidas las imágenes del interior en las que John toca el piano de cola blanco.

En 1973, dos años después de haber dejado el Reino Unido para instalarse en los Estados Unidos, Lennon vendió Tittenhurst Park, estudios incluidos, a su amigo Ringo Starr. En Tittenhurst grabaron artistas varios, como T. Rex, Nick Drake y Judas Priest. En 1988, por 5 millones de libras, Ringo cedió la propiedad de Tittenhurst a Zayed Bin Sultan Al Nahyan, jeque de Abu Dhabi.

Otro edificio que entró en el imaginario de los fans de los Beatles y no sólo de ellos es el de **3 Savile Row**, donde, en julio de 1968 se trasladó la sede de Apple Records, la etiqueta de los Beatles. Durante unos meses, las oficinas se hallaban en el 95 de Wigmore Street,

El concierto de los Beatles sobre la azotea del 3 de Savile Row

pero los Beatles se vieron obligados a irse porque los vecinos no soportaban el alto volumen de la música. El 30 de enero de 1969, hacia mediodía, en la azotea de Savile Row los Beatles dieron su celebérrimo y último concierto, con el objetivo de promover su nuevo álbum, *Let it Be.* Tocaron durante 42 minutos, grabados por las cámaras de televisión de Michael Lindsay-Hogg, creando asombro y desbarajuste entre la gente. La azotea de Savile Row hoy casi está igual, incluida la caseta de vidrio que aparece en las imágenes de aquella sesión histórica.

Además de la casa discográfica, los Beatles intentaron capitalizar su imagen con la Apple Boutique (94 Baker Street), inaugurada en diciembre de 1967 con una party durante la cual se sirvió zumo de manzana. Según Paul, la tienda se debía gestionar siguiendo los criterios del «comunismo occidental, liberal y generoso». El resultado fue un desastre financiero, la Apple Boutique se vio obligada a cerrar en verano de 1968, y muchas prendas se regalaron a los viandantes.

No lejos de allí (231-233 Baker Street) hoy se encuentra la **Beatles Store**, un bazar donde se puede ver una muestra extravagante de los objetos relacionados con los Fab Four. La tienda se halla frente a la estación de metro de Baker Street, en la que se rodaron muchas escenas de películas de los Beatles, como *A Hard Days Night.*

«Eric Clapton es Dios», pero el perro parece no darse cuenta...

Paul McCartney estableció en el 1 de Soho Square la sede de su **MPL Communications**, el holding que gestiona sus iniciativas, ediciones musicales incluidas, en vista de que Paul adquirió los derechos de muchas estrellas de los años cincuenta como Buddy Holly o Carl Perkins.

Nadie sabe donde se encontraba uno de los grafitis más famosos del Swinging London. Es el que comparaba a uno de los guitarristas más grandes de la época, Eric Clapton, con Dios. En 1966, en una pared del metro primeramente y en otras paredes londinenses más tarde, apareció la inscripción «Clapton is God». Recientemente, el propio Clapton admitió que lo más probable era que se tratara de un pequeño truco de márketing: «No estoy seguro al cien por cien, pero siempre he pensado que la cosa se hizo a propósito. Creo incluso saber quién pudo haber sido. Cuando tocaba con los Yardbirds en el Crawdaddy, había un individuo, Hamish Grimes, que se ocupaba de la promoción. Era él quien, incluso en la sala, hacía que arrancaran los aplausos. Lo veo salir, de noche, con una brocha y una lata de pintura embadurnando las paredes de Londres...».

GOD SAVE THE QUEEN

Camisetas desgarradas, sujetas por imperdibles, crestas de colores y esvásticas invertidas, eslóganes provocadores como «Destroy» o «No future» y una música para bajo, guitarra, batería, apenas con tres acordes y un montón de energía: en 1976, música, cultura y moda punk desembarcan en Londres, inflaman Inglaterra y dan un vuelco a la historia del rock. Hoy, a orillas del Támesis todavía se puede ir en busca de los lugares que vivieron, como protagonistas o testimonios, la revolución punk.

En el número 100 de Oxford Street, los aficionados londinenses al jazz siempre han encontrado lo que buscaban. Desde 1942, cuando aquel local se llamaba Feldman Swing Club y por su escenario transitaban superestrellas estadounidenses como Glen Miller, Art Pepper, Benny Goodman e incluso el gran Louis Armstrong. En 1964, el local pasó a llamarse **100 Club** y allí, además de jazz, se podían escuchar grupos beat y de rhythm and blues. También el público estaba cambiando: jóvenes vestidos con prendas excéntricas y de colores comenzaron a frecuentar el local de Oxford Street. Pero una docena de años más tarde, nadie habría imaginado que en la acera frente a la entrada del 100 Club se pudiera reunir una multitud tan particular: el 20 y el 21 de septiembre de 1976 se iba a celebrar el primer festival punk de la historia. A menudo se ha escrito que la idea fue de Malcolm McLaren, propietario de la tienda Sex en Chelsea y mánager de los Sex Pistols. En realidad fue Ron Watts, un promotor de conciertos que había visto a los Pistols en High Wycomge, quien propuso a McLaren que se contratara al grupo para dos días consecutivos que mostraría en Londres el nuevo rock británico.

De hecho, además de la banda de Johnny Rotten, Watts también quería a los Clash,

100 Club Punk Special, el primer festival punk

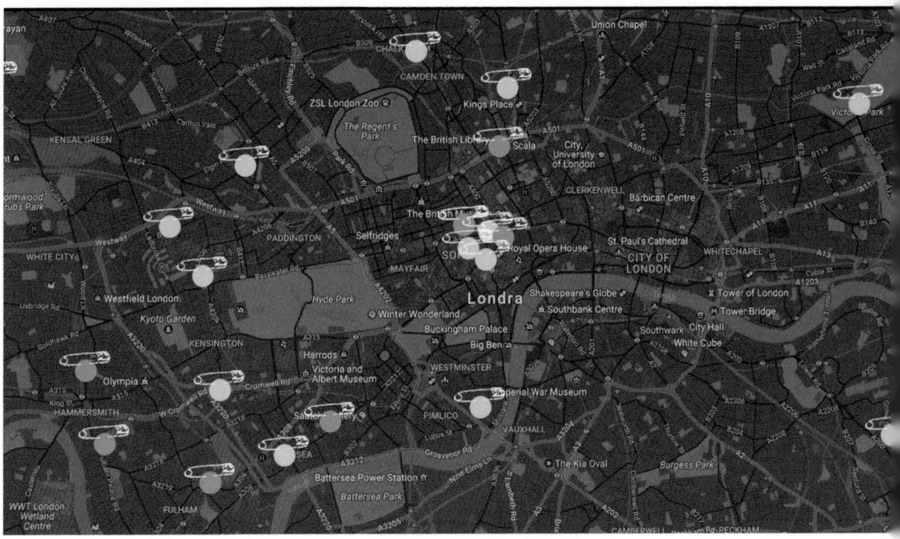

Damned y Buzzcocks, es decir, los protagonistas de aquella escena emergente. Dicho y hecho. Y además de ellos, en el escenario de Oxford Street actuaron Subway Sect y Siouxsie and the Banshees (en el día de su debut), y la noche antes Stinky Toys y Chris Spedding & The Vibrators. El festival (al que McLaren prefirió llamar «100 Club Punk Special») fue un gran éxito. Y aunque el local, en dos veladas, podía acoger como máximo a 600 personas, fueron miles los que juraron haber estado allí. La primera noche, Sid Vicious, que estaba allí como batería de la desquiciada banda de Siouxsie, lanzó desde el escenario un vaso que, después de romperse en una columna del local hirió la oreja del futuro artista John Keane. Peor le fue a una chica del público: una esquirla de vidrio le cegó un ojo.

A pesar del incidente, que le costó a Sid Vicious y, posteriormente, a los Sex Pistols, la prohibición de actuar en su local preferido, a partir de aquel momento la escena punk-rock fue una realidad. Y el Melody Maker que, gracias a la periodista Caroline Coon, contribuyó a la promoción del evento, a la semana siguiente tituló: «Esta es la música que escucharemos en los próximos diez años». De hecho, en los años siguientes, el 100 Club siguió albergando conciertos punk, muchos de los cuales promovidos justamente por Ron Watts. Pero no sólo: el 31 de mayo de 1982, al escenario de Oxford Street subieron los Rolling Stones para un ensayo abierto (no anunciado) de su tour europeo. Los Stones volvieron allí unos años más tarde, el 23 de febrero de 1986, para un espectáculo en memoria de su viejo amigo y compañero artístico Ian Stewart.

El 100 Club hoy

En el curso del tiempo, el 100 Club se ha abierto a géneros musicales diversos, del viejo jazz al northern soul, pasando por el rock de todo tipo e incluso música clásica. El local, que sigue en el 100 de Oxford Street, sigue como en los viejos tiempos. En 2010, cuando comenzaron a correr voces de un posible cierre, muchos se movilizaron para salvar aquel lugar histórico.

BANDA SONORA

NEW ROSE
Damned - *Damned Damned Damned* (1977)
22 de octubre de 1976, Stiff Records publica los primeros sencillos de un grupo punk inglés. Escrito por el guitarrista Brian James, el tema formará parte del primer y legendario álbum de la banda londinense comandada por Dave Vanian. En la cara B, una versión a cien por hora de «Help». Iniciático.

Entre estas, la de Paul McCartney, que actuó allí para recaudar fondos.
En 2011, un acuerdo con Converse permitió mantener en vida el mito del 100 Club.
Malcolm McLaren, como es conocido, se inspiró en Richard Hell para crear el look punk. Lo vio cantar «Blank Generation» en el CBGB de Nueva York y se quedó asombrado: los cabellos «verticalizados», los vaqueros rasgados y, sobre todo, aquellas camisetas con agujeros y desgarros, sujetados por imperdibles, le resultaron reveladores. Parecían la concreción de una idea de filósofo rock situacionista mezclado con las máximas de su abuela: «Lo que es malo es bueno, lo que es bueno es aburrido. Sed todo lo que la sociedad detesta».
El **430 de King's Road**, en Chelsea, (casi) siempre fue el cuartel general de McLaren. En 1971, Malcolm y Patrick Casey, su compañero de la academia de arte, tenían un tenderete en la parte trasera del Paradise Garage, la tienda que había ocupado el lugar de Mr Freedom, célebre taller de moda de Tommy Roberts y Trevor Myles que, antes de trasladarse a Kensington, vendía ropa para superestrellas como Elton John, Mick Jagger y Peter Sellers.

«SI MOZART HUBIERA NACIDO EN LONDRES EN 1976 HABRÍA SIDO UN PUNK»

Shirley Manson (Garbage)

Malcolm y Patrick vendían objetos para coleccionistas de rock 'n' roll: vinilos, camisetas, pósters. La idea funcionó y Malcolm lo transformó en Let It Rock, una tienda de verdad. Con la entrada en sociedad de Vivienne Westwood, creadora de moda, amiga y novia de McLaren, cambió la tendencia y comenzó una pequeña producción de prendas de piel. También cambió el nombre, convirtiéndose en Too Fast To Live, Too Young To Die, antes de transformarse (a partir de 1974)

Sex (430 King's Road)

en **Sex**. La enseña, de poliestireno rosa fosforito, de un metro y medio de altura, dominaba la entrada. En el interior, suelo rojo, cortinas de goma, redes metálicas y grafitis feministas en las paredes completaban la obra.

1976-2016: PUNK IN LONDON

40 años de punk

«Punk in London» fue un festival de eventos, desde conciertos en el histórico 100 Club en Oxford Street hasta muestras de recuerdos «Chunk of Punk» en el Barbican Centre, pasando por imágenes inéditas de los Sex Pistols realizadas por PT Madden y presentadas en la Wilkinson Gallery o la exposición fotográfica que, mejor que cualquier otra, encarnó el espíritu y los rostros de cuarenta años de punk. Se celebró en la Richard Young Gallery, en Kensington. El propietario, que fotografió a los Pistols en el famoso *Anarchy Tour*, retrató a la mayor parte de los héroes punk del período. En una de las vitrinas se podía ver uno de los retratos más celebrados, en el que los Pistols firmaron el contrato con A&M delante de Buckingham Palace. Richard Young también es el único que fotografió a los Pistols en un estudio.

«La escena punk se concentraba en Chelsea –recuerda–, los jóvenes salían a pasear el sábado por la tarde luciendo peinados y vestidos nunca vistos antes. Uno de mis lamentos más grandes es no haber fotografiado lo suficiente la moda, de no haber salido más a la calle junto a la gente para inmortalizar aquel cambio social.»

Sex proponía prendas de vestir de látex de cariz fetichista. Pero, después del regreso de McLaren de Nueva York, aquí nacieron la moda punk y las famosas camisetas desgarradas que desafiaban los prejuicios. Y también toda la iconografía de aquella excéntrica aventura: imperdibles, esvásticas invertidas, cowboys gay, eslóganes como «Destroy», banderas británicas desconchadas, retratos irreverentes de la reina Isabel. La tienda sirvió también para hacer realidad el otro sueño de McLaren: crear una banda de rock legendaria. En efecto, en el interior del Sex cobró vida el mito de los Sex Pistols, cuyo nombre tenía que promover justamente la tienda y su extravagante muestrario. En verano de 1975 McLaren vio que rondaba la zona un extraño individuo con una camiseta anaranjada de los Pink Floyd, pero

World's End (430 King's Road)

con la inscripción, a mano, justo sobre la leyenda «Pink Floyd», «I hate» («Yo odio»). Atraído por el tipo, unos días más tarde, en el Roebuck Pub (354 King's Road, que hoy es la Beaufort House, restaurante y sala de eventos), McLaren presentó a aquel tipo, Johnny Rotten, a Paul Cook, Steve Jones y Glen Matlock. Luego se trasladaron al Sex, donde

Thames Television Studios

se produjo la famosa prueba de Rotten, contratado tras imitar el tema «Eighteen» de Alice Cooper, cuyas notas salían del juke-box de la tienda. Pamela Rooke, conocida también como Jordan, era la atractiva dependienta que traía a público y artistas varios: se dice que ella fue la que inspiró a David Bowie el look de Ziggy Stardust. En el Sex también trabajaron, en diferentes tareas, Glen Matlock, Sid Vicious y Chrissie Hynde.
Hoy la tienda se llama **World's End**, y forma parte de las tiendas propiedad de Vivienne Westwood, que desde hace muchos años se ha convertido en diseñadora de moda de fama internacional.

10 de marzo de 1976: los Sex Pistols firman un contrato discográfico frente a Buckingham Palace

La astucia de Malcolm McLaren, la originalidad de la banda de Johnny Rotten y una extraordinaria serie de coincidencias contribuyeron a escribir una de las aventuras más increíbles de la historia del rock. Por desgracia, muchos de los lugares en los que se produjeron las proezas más famosas de los Sex Pistols han desaparecido desde hace tiempo. Como los estudios de **Thames Television** (Euston Road, junto a la Euston Tower, frente a la entrada de la estación de metro de Warren Street), donde, el 1 de diciembre de 1976, Johnny Rotten y amigos fueron invitados del programa «Today», presentado por Bill Grundy. Aquella desgraciada entrevista desembocó en una trifulca por la torpeza del presentador y el lenguaje sucio de los chicos. Al día siguiente, comentando el hecho, el *Daily Mirror* tituló «The filth and the fury» («La suciedad y la furia»), y aquella invitación costó a la banda de McLaren la anulación de varias fechas del Anarchy Tour, especie de festival punk itinerante en el que también estaban previstos los Clash y Damned. Al viejo Grundy le fue peor: programa anulado, él suspendido y, de hecho, fin de una carrera que por otra parte nunca había existido realmente. El edificio donde estaban ubicados los estudios de la Thames Television fue demolido en 1996.

«MI VIDA ARTÍSTICA TUVO LUGAR EN LA INGLATERRA DE MARGARET THATCHER: UN BONITO DESAFÍO PARA NOSOTROS, LOS PISTOLS»

Johnny Rotten

ANARCHY IN THE UK
Sex Pistols - *Never Mind The Bollocks* (1977)
La quintaesencia del punk y de su filosofía: confundiendo el concepto de anarquía con el de violencia, rebelión, rabia y desilusión, Johnny Rotten grita el himno de la nueva generación de londinenses que «odian a Pink Floyd». Revolucionario.

BANDA SONORA

Obviamente lo que sí sigue en pie es **Buckingham Palace**, residencia londinense así como cuartel general y administrativo de la familia real inglesa. Después de cobrar 40.000 libras como anticipo del contrato con EMI (roto por la casa discográfica después del incidente en Thames Television), McLaren y los Pistols triunfaron en otra empresa rocambolesca: un nuevo acuerdo de grabación, esta vez con A&M. Y, para que la cosa no pasara desapercibida, el 10 de marzo de 1976, a las siete de la mañana, McLaren, llegando con la banda al completo a bordo de una limusina, se inventó la firma del contrato en una mesa plegable justo frente a las puertas de Buckingham Palace.

Los Sex Pistols y la famosa barcaza en el Támesis

Seis días más tarde, el contrato ya estaba disuelto; 25.000 copias de «God Save the Queen» fueron destruidas pero, como compensación, otras 75.000 libras terminaron en los bolsillos de McLaren y de la banda. ¿El motivo? Además de la ya conocida mala reputación, los Pistols lograron pelearse con los dirigentes de A&M, insultar a algunos amigos del director general y, además, gracias al insensato comportamiento de Sid Vicious, produjeron varios daños en las oficinas londinenses de la empresa.

Pero el mejor movimiento de marketing lo llevó a cabo Malcolm McLaren pocos meses más tarde, el 7 de junio de 1977, el día de los festejos para el Jubileo de Plata de la reina Isabel. De acuerdo con el nuevo empresario discográfico del grupo (Richard Branson, de Virgin), McLaren organizó una fiesta para el lanzamiento del nuevo sencillo de los Sex Pistols. Se alquiló una barcaza en el Támesis que, a las seis y media de la tarde, zarpó del embarcadero de Charing Cross. Entre el público, muchos periodistas especializados y algunos enviados especiales. Después de unas copas de bienvenida, se desenrolló una banda amarilla con una inscripción en rojo que anunciaba el evento: «Queen Elizabeth (el nombre del barco, NdA): el nuevo sencillo de los Sex Pistols, 'God Save the Queen'». Apenas el barco llegó bajo las Houses

El Leicester Square Theater y el cartel del concierto en Notre Dame Hall

of Parliament, la banda comenzó a tocar «Anarchy in the UK».

A pesar del audio distorsionado y lleno de *feed back*, la actuación (según los presentes), resultó absolutamente excepcional: una cascada irrefrenable de energía en estado puro. Durante la ejecución de «Pretty Vacant» se acercaron a la barcaza dos lanchas de la policía. Luego llegó el turno de «I Wanna Be Me» y finalmente de «No Fun», chillada a grito pelado mientras los policías abordaban la barca para proceder a los arrestos. Según Jon Savage, histórico del punk presente en el acontecimiento, aquello fue «el mejor momento rock de la historia». En conclusión, un gigantesco alboroto: arrestos, fugas, empujones. Los participantes en el crucero terminaron primero en la comisaría de Bow Street para luego encontrar refugio y consuelo en el pub 1984.

Seis meses después de la fiesta en el Támesis, la saga de los Sex Pistols concluyó con el concierto en el Winterland de San Francisco. Al terminar el último espectáculo, Johnny Rotten saludó al público con la irónica broma: «¿Alguna vez habéis sentido que os estaban engañando?» Todo había comenzado el 6 de noviembre de 1975 con un show en el **Saint Martin's College**. En la escuela de arte donde cursaba estudios el primer bajista del grupo, Glen Matlock, los Pistols actuaron como teloneros de los Bazooka Joe, tocando preferentemente versiones. El edificio original sigue ahí, en el 107 de Charing Cross Road, pero desde 2011 la escuela se ha trasladado a King's Cross. La antigua estructura de Charing Cross Road hoy acoge apartamentos de lujo y una librería de la cadena Foyles.

El **Notre Dame Hall** de Leicester Square era el local que fue escenario del primer concierto de los Sex Pistols con Sid Vicious, que había entrado a formar parte de la banda tan sólo tres semanas antes. El show (mantenido en secreto) se celebró el 21 de marzo de 1977. Desde 2011, el local se llama Leicester Square Theater.

En el mismo periodo, los Pistols tocaron en el **Screen On The Garden**, un cine-teatro en Islington (83 Upper Street), presentando oficialmente a Sid Vicious en lugar de Matlock. También en el Screen On The Green (que seguía operando como cine y sala de conciertos y eventos) tuvo lugar el «Midnight Special», velada organizada el 29

«EL PUNK INGLÉS COMENZÓ EN OTOÑO DE 1975 EN EL 430 DE KING'S ROAD: DOS AÑOS MÁS TARDE, MUCHOS OTROS LOCALES CONTROLABAN SU DIFUSIÓN»

Jon Savage

La sede de los estudios Regent es hoy una importante tienda de instrumentos musicales

de agosto de 1976 por Malcolm McLaren con Sex Pistols, Buzzcocks y Clash (en su tercera actuación oficial).

BANDA SONORA

HONG KONG GARDEN

Siouxsie and the Banshees (1978)

A pesar del arreglo «falso oriental», la canción habla de un auténtico restaurante chino en High Street, en Chislehurst, frecuentado por Siouxsie y, por desgracia, también por un grupo de skinheads que aterrorizaba a los propietarios. El tema, en su sentido de frustración, sigue siendo de dramática actualidad en la Londres multiétnica del nuevo milenio. Realista.

Todavía se puede visitar «la casa de los Sex Pistols», en **Denmark Street**. En la posguerra, esta calle, en los límites del West End, era una especie de equivalente del Tin Pan Alley neoyorquino; acogía oficinas de editores musicales y talleres de autores y letristas. En la década de 1960, aquellas oficinas fueron siendo reemplazadas por tiendas de instrumentos musicales y estudios de grabación. Como los Regent Studios (en el 4), que se hicieron legendarios cuando los Rolling Stones, en 1964, grabaron su álbum de debut y uno de los primeros éxitos de la banda, una versión personal del clásico de Buddy Holly «Not Fade Away». Los estudios, que se encontraban sobre las oficinas de Essex Music, agradaban mucho a Andrew Loog Oldham, primer mánager de los Stones («Nos podíamos relajar pero también experimentar y aprender de nuestros propios errores»). Cuando los estudios fueron trasladados a la vecina Tottenham Court Road, en el 4 de Denmark Street sólo quedaron las oficinas. Los editores Box & Cox estaban en el 7, mientras que Southern Music ocupaba el 8, donde también había un estudio en el que se grabó el primer éxito de Donovan, «Catch the Wind». En los estudios de Denmark Street, músicos como Jimmy Page o John Paul Jones (antes de los Led Zeppelin) es-

Grafitis de Johnny Rotten en la casa de los Sex Pistols en Denmark Street

taban en su casa, y también aquí, en 1964, los Kinks, con la ayuda de Jimmy Page a la guitarra y Jon Lord al piano, grabaron «You Really Got Me».

En el 9 había un bar muy popular entre los músicos: se llamaba La Gioconda, y se dice que aquí David Bowie organizó su primera banda (The Lower Third), y que entre aquellas mesas cobraron vida los Small Faces. También Jimi Hendrix pasaba por aquí de vez en cuando.

En el 20, los responsables de Mills Music rechazaron dos temas de un cantautor neoyorquino considerando que eran «poco comerciales»: las piezas eran «Homeward Bound» y «The Sound of Silence», y él se llamaba Paul Simon... En 1970, en estos mismos locales, Bernie Taupin y Elton John compusieron «Your Song». Una mañana, mientras esperaba a Elton, Taupin escribió algunos versos de la canción justo en la azotea del edificio («I sat on the roof and kicked off the moss...»).

«EN AQUELLA ÉPOCA NO ME CONSIDERABA UNA DISEÑADORA DE MODA: CUANDO LLEGUÉ A LONDRES ME SENTÍA UNA ESTÚPIDA, PERO ERA TREMENDAMENTE AMBICIOSA...»

Vivienne Westwood

También en los setenta, Malcolm McLaren restauró un sótano (**6 Denmark Street**) que había adquirido de la banda de rock galesa Badfinger. El local se convirtió en la sala de ensayos de los Sex Pistols, pero también en su «casa». Allí grabaron las primeras demos de «God Save the Queen» y «Anarchy in the UK», y aún hoy, en las paredes están los grafitis dibujados

SNIFFIN' GLUE

Accesorio punk esencial

En 1976, Mark Perry era un chaval de poco más de veinte años, empleado de banca de Deptford, al sureste de Londres. Fascinado por el punk, Perry decidió publicar un periódico que encarnara el mismo espíritu que la música y la cultura que le gustaban. Y así nació *Sniffin' Glue* (nombre inspirado en un tema de los Ramones), un fanzine mensual, fotocopiado, con un grafismo que recordaba el imaginario punk, un amplio uso de collage de imágenes y –más que artículos o reflexiones– impresiones emotivas y de estricta actualidad. Del primer número (julio de 1976) se imprimieron 50 copias, del último (agosto de 1977), 15.000. Cuando Perry cesó su actividad, hizo música con los Alternative TV y fundó una etiqueta discográfica. Hoy es un abuelo feliz en Cornwall.

En 2000 reimprimió los 12 números de su fanzine (que marcó una época) en un libro titulado *Sniffin' Glue*: The Essential Punk Accessory.

por Johnny Rotten que representan a Malcolm McLaren, Sid Vicious y su novia Nancy Spungen.

Los años ochenta registraron el declive de Denmark Street, la llegada de locales de dudosa fama y la presencia de la criminalidad organizada. El 14 de agosto de 1980, tras una trifulca, un gángster de poca monta, un tal John Thompson, abrió fuego contra un local, The Spanish Rooms, provocando la muerte de 32 personas.

Tiendas de instrumentos musicales hoy en Denmark Street

En la década de 2000 se comenzó a hablar de reestructuración de la zona; había un peligro real de que algunos edificios históricos pudieran quedar destruidos. Por fortuna, gracias en parte a las manifestaciones de protesta por parte de personalidades del rock londinense, en 2015 muchos de estos viejos edificios entraron a formar parte del registro de edificios históricos (como «la casa de los Sex Pistols», en el 6) y se fijaron varias «placas azules» para recordar la importancia de lo que había sucedido en aquella calle legendaria.

Por desgracia, en 2015 cerró el 12 Bar Club (en el 26), minúsculo club de música en directo, abierto a principios de la década de 1990, que lanzó, entre otros, las carreras de Adele, Damien Rice, Joanna Newsom o Libertines.

LA GRAN ESTAFA

del rock 'n' roll

Estudiante de cinematografía en Cambridge a principios de la década de 1970, Julien Temple quedó fascinado por los trabajos del director anárquico Jean Vigo y por la naciente escena punk. Amigo de los Sex Pistols, comenzó a recoger material de vídeo y a filmar entrevistas. En 1980, con la ayuda de Malcolm McLaren lo ensambló todo produciendo junto a Don Boyd y Jeremy Thomas *The Great Rock and Roll Swindle* («La gran estafa del rock 'n' roll»), un documental que narra de modo novelado la historia de los Sex Pistols desde el punto de vista de McLaren, pintado como un auténtico deus ex machina. La película lanzó la carrera de Temple, que pronto se convirtió en uno de los directores más afamados de videoclips musicales, entre otras cosas. Por ejemplo, fue él quien dirigió *Absolute Beginners* (1986), antes de dedicarse de nuevo a documentales rock, como el célebre *The Filth and the Fury*, que narra de nuevo la historia de los Pistols, pero esta vez desde el punto de vista de la banda. También son de Julien Temple los estupendos *Joe Strummer – The Future Is Unwritten*, de 2007, o *London, The Modern Babylon*, de 2012.

También Jeff Buckley, antes del debut de *Grace*, realizó allí un memorable show improvisado.

Hoy, en Denmark Street, se encuentran algunas de las mejores tiendas de instrumentos musicales (especialmente guitarras) de todo Londres. En el 10, en lo que había sido las oficinas de Southern Music, ahora se encuentra **Rose Morris**, el primer importador de Rickenbaker en Inglaterra.

Regent Sound Studio (en el 4, justo en los locales de los legendarios estudios de grabación) se ha especializado en guitarras Fender y Gretsch, mientras que **Macaris** (en el 25) comercializa las Gibson.

En el número 6, en la «casa de los Sex Pistols», está **No. Tom**, que tiene una fantástica colección de acústicas de 6 y 12 cuerdas. En la esquina con Charing Cross Street se encuentran **Chris Bryant's Musical Instruments** y **Denmark Street Guitars**, que declara tener en stock más de tres mil instrumentos y, en consecuencia, ser el lugar con la mayor selección de guitarras del Reino Unido.

En 1974, cuando McLaren y Westwood comenzaban la aventura de Sex, también en King's Road, y no lejos del 430, había un mercado interior, The Aquarius, con algunos puestos en los que se vendían antigüedades. Un par de ellas proponían camisetas de colores y prendas

«A MENUDO SE OLVIDA LO QUE HIZO EL PUNK PARA LAS MUJERES. LAS CONVENCIÓ DE QUE TOCARAN LA GUITARRA EN LUGAR DE SER TAN SÓLO CANTANTES, Y LES PERMITIÓ SER AGRESIVAS»

Siouxsie Sioux (Siouxsie and the Banshees)

de vestir rock: eran la de Bernard Rhodes (ex ayudante de McLaren y luego mánager de los Clash) y la de John Krivine. Esta última se amplió al cabo de poco gracias a la habilidad de Don Letts, un chico de origen jamaicano al que Krivine había contratado como responsable de aquella tienda bautizada **Acme Attractions**. Letts y su novia Jeannette Lee transformaron el Acme, de simple tienda de ropa a punto de encuentro propiamente dicho.

«Era el lugar más cool del momento –recuerda Letts-, vendíamos *zoot suit* de color azul eléctrico y poníamos música reggae a todo volumen». En realidad, en Acme también había chaquetas de pelo de colores, tops de plástico transparente, cami-

Acme Attractions

setas negras con cremalleras, todo de poliéster. En suma un surtido realmente excéntrico y transgresor. Dos semanas después de la inauguración, fuera de Acme había cola, para satisfacción de John Krivine y de su socio Steph Raynor, que decidieron trasladarse a una sala de mayor tamaño en el trastero del Aquarius, en parte porque el volumen de la música de Letts era tan fuerte que los vecinos comenzaban a quejarse.

En poco tiempo, el Acme se había convertido en una referencia para la escena musical londinense: por la tarde se podía encontrar a Chrissie Hynde, los Clash, los Pistols y, cuando estaban en Londres, también a Patti Smith y Deborah Harry. Don Letts, en parte en virtud de sus orígenes jamaicanos, fue uno de los promotores más activos y eficaces del reggae en Londres. Después del legendario concierto de Bob Marley en julio de 1975 en el Lyceum (21 Wellington Street), Letts entró en contacto con Marley y se hizo amigo suyo. De este modo, «el profeta del reggae» se presentaba en el Acme, incrementando la fama del lugar.

Tras la explosión del fenómeno punk (y del consiguiente mercado para la nueva moda), Krivine y Raynor decidieron cerrar el Acme y lanzar la marca Boy London. Al principio, Don Letts participó en la iniciativa pero luego se apartó: su actividad y sus intereses se habían desplazado decididamente al campo artístico.

Andre Czekowsky, responsable administrativo del Acme, viendo el éxito del negocio decidió trasladar su espíritu a un local que conocía en

JOSEPH CORRÈ

El agente provocador

Para algunos es «el hijo del punk». De hecho, a pesar de que su apellido (que proviene de su abuela materna) pueda confundir, Joseph (Joe) Corrè es el fruto de la historia de amor entre Malcolm McLaren y Vivienne Westwood. Nacido diez años antes que los Sex Pistols, Corrè tiene una relación complicada con sus padres. De todos modos, aunque a su manera, ha seguido sus huellas. En 1994, junto a su entonces mujer Serena Rees, abrió una tienda de lencería en Broadwick Street, en el Soho. Decepcionados por las prendas de las marcas que vendían, ambos inventaron una nueva línea, sexy y de lujo, bautizada como su tienda: Agent Provocateur. La aventura fue un éxito mundial. Después del divorcio entre Joe y Serena, la empresa se vendió por 75 millones de euros, y hoy cuenta con unas 60 tiendas en una quincena de países. En 2007, Corrè fue nombrado baronet, pero rechazó el honor como protesta contra la política exterior de Tony Blair. En efecto, porque Joe es un tipo excéntrico, un auténtico punk. Lo demuestra el hecho de que en 2008 fundara «A Child of the Jago» (76-78 Charing Cross Road, en Londres), una boutique en la que se venden prendas de vestir similares a las que sus padres hicieron legendarias. En 2010, durante la enfermedad de su padre, Corrè se reconcilió con él; fue él quien quiso que en el ataúd de McLaren escribieran «Too fast to live, too young to die», el nombre de la primera tienda de McLaren. Y en 2016, para protestar contra las celebraciones de «Punk London», Corrè declaró que quería quemar su colección de recuerdos punk, de un valor de siete millones de euros.

El mítico Roxy en 1977. Su sede (41 Neal Street), hoy es una tienda de trajes de baño.

Covent Garden (41-43 Neal Street), que antaño había sido una frutería y verdulería pero que, en 1970, se había convertido en un night club, el Charaguamas, gestionado por Tony Ashfield, productor de una de las primeras estrellas del reggae, John Holt. Junto a un par de amigos, Czekowsky, en invierno de 1976, se hizo cargo del lugar y lo llamó **The Roxy**, con la idea de que se convirtiera en el primer club punk de Londres. La entrada se hallaba a la altura de la calle, pero la sala de conciertos con el escenario estaba en el semisótano. Como dj residente, Czekowsky llamó a Don Letts y comenzó a promover los primeros conciertos de bandas como Generation X, The Heartbreakers y Siouxsie and the Banshees. Pero el directo que hizo época fue el de los Clash, la noche de fin de año de 1977, que fue la inauguración de gala del Roxy. Filmada por las cámaras de televisión de Julien Temple, la película no vio la luz hasta 2015, transmitida por la BBC como *The Clash: New Year's Day '77*.

Dado que en aquellos días había poquísimos discos de punk rock en circulación, antes de los conciertos y en el curso de las otras veladas Don Letts tocaba temas reggae repitiendo el esquema usado en el Acme y creando la extravagante interacción entre música jamaicana y punk que llevó a los híbridos blancos de los Clash primero y de los Police después.

En sus primeros cien días, el Roxy acogió lo mejor del punk rock. Muchos de los conciertos fueron grabados o filmados por el propio Don Letts, y utilizados para su documental *The Punk Rock Movie*. Cerrados en abril de 1978, los locales del Roxy acogen hoy una tienda de trajes de baño.

El punk, música y cultura rebelde, antagonista y revolucionaria, fue la expresión de una clase social pobre y necesitada. Se puede observar a través de las viviendas de los protagonistas de este movimiento. Por ejemplo, los Clash, la banda más políticamente comprometida de todas. Mick Jones declaró varias veces que nunca había vivido en un apartamento más abajo del piso diecisiete, con lo cual pretendía ilustrar que los grandes edificios de hormigón eran una especie de símbolo del origen obrero del punk. En la década de 1970, Jones vivía en el **Warwick**

BANDA SONORA ★★★

LONDON CALLING

The Clash - *London Calling* (1979)

Para Joe Strummer y Mick Jones, Londres se convierte en una metáfora de los males de Occidente, desde los accidentes nucleares hasta la violencia del poder, pasando por el uso ya indiscriminado de las drogas. «Londres se está ahogando y yo vivo en la orilla del río», cantaba Strummer. Concienciado.

Westway Highway y la carátula de los Jam, *This is the Modern World*

Estate (111 Wilmcote House, Woodchester Square); el edificio daba a la línea ferroviaria hacia Paddington, y a la **Westway**. Esta autopista simbolizó la velocidad y la adrenalina del punk, hasta el punto de que los primeros álbumes de los Clash se etiquetaron con como «Sound of Westway», como el nombre de un fanzine de la época. En el tema «London's Burning», Strummer y sus compañeros cantan que para combatir el tedio conducían durante horas por esta autopista. La foto de la carátula de *This Is the Modern World* (1977) de The Jam se hizo a la sombra de los carriles del Westway cerca de Latimer Road. Durante años, Joe Strummer vivió habitualmente en algunas casas ocupadas (las denominadas squat), como en el **101 de Walterton Road**, donde nacieron sus 101ers. Enfrente, en Maida Hill, se encontraba el **Chippenham Hotel**, en cuyos pisos superiores un pub acogió los primeros conciertos de 101ers y Sex Pistols.

Fue justamente en un squat (**22 Davis Road**) donde, en verano de 1976, nació la banda llamada The Clash. Joe Strummer entendió su nueva dirección artística después de una actuación de los Sex Pistols en el Nashville Rooms (**171 North End Road**, hoy es el pub The Famous Three Kings), cuando la banda de Johnny Rotten abrió el concierto de los 101ers. Trastornado por su show, Joe decidió en aquel momento que aquella era la música que quería

Los Clash frente a la casa de Davis Road donde nació la banda. A la derecha: 22 Davis Road hoy

Los Stables de Camden: la «sala de pruebas» de los Clash

hacer. Los otros 101ers no estaban de acuerdo y, de esta manera, Strummer, siguiendo el consejo de Bernie Rhodes, se fue a Davis Road para encontrar a un par de músicos. «Había amplificadores e instrumentos, así que comenzamos inmediatamente a probar y seguimos tocando hasta el día siguiente», recuerda Strummer. Impresionado por lo que estaba viendo, Rhodes sugirió a Joe Strummer que se uniera a aquellos dos –Mick Jones y Paul Simonon– y formara una banda.
Al cabo de poco tiempo, siempre por indicación de Rhodes, los Clash trasladaron su cuartel general a **Camden**.

Wessex Sound Studios

En un depósito ferroviario en desuso habían instalado su local de ensayos –**Reharsal Reharsals**–, y justamente allí, el 13 de agosto de 1976, dieron su primer concierto como The Clash. En realidad se trató de una especie de showcase, porque Rhodes invitó a periodistas, empleados, empresarios y productores. En la sala, el mánager había mandado instalar una jukebox con temas de culto, mientras que los miembros de la banda (Paul Simonon en particular) habían pintado el local con baldazos multicolores, eslóganes revolucionarios y algunos morales.
Reharsal Reharsals se encontraba en el interior de lo que hoy se llaman **The Stables** (15 Chalk Farm Road), es decir, la zona que acoge el mercadillo de Camden, uno de los más bonitos y populares de la ciudad. Entrando por la entrada principal del mercado, una vez avistada la Gin House, a la derecha hay una enorme puerta roja. Allí dentro estaba el local de los Clash. También allí, en 1978, los Clash fueron arrestados cuando se estaban divirtiendo en la azotea del edificio con rifles de aire comprimido en un discutible tiro al pichón. La policía temía que fueran terroristas que estaban preparando un ataque a la vecina comisaría de policía ferroviaria. El episodio aparece citado en el tema «Guns on the Roof».

Hope & Anchor Pub en Islington

Después de haber dejado la sala de Camden por una serie de desacuerdos con Rhodes, los Clash encontraron una alternativa alquilando la sala de pruebas de los **Vanilla Studios**, en Pimlico (36 Causton Street), el edificio fue demolido en 1984). En aquellos estudios sobre el Támesis, cerca del Vauxhall Bridge, los Clash compusieron los temas de *London Calling*, que grabaron como demo sobre cintas que misteriosamente se perdieron. La banda se trasladó luego a Islington, a los **Wessex Sound Studios** de New Highbury Park, en el complejo gótico de la iglesia de St. Augustine, un área convertida en estudio de grabación ya en la década de 1960. En 1965, el estudio fue adquirido por George Martin, y diez años más tarde por la Chrysalis Records (que propuso al propio Martin que ejerciera de director artístico). Aquí, los Pistols grabaron *Never Mind the Bollocks* y los Clash la versión definitiva de *London Calling*.

En 2003, el complejo fue reestructurado, y ahora es un centro residencial de lujo llamado The Recording Studio.

La tradición de los pubs londinenses se fundió con el rock en la primera mitad de la década de 1970. En aquel período, la música en vivo permitía atraer (incluso en tiempos de crisis económica) a los jóvenes y hacerles consumir cerveza. La música muy básica que se tocaba en aquellos locales y que, posteriormente se definió como pub rock, nació como respuesta sucia, fea y mala al glam rock, todo lentejuelas y purpurina, o al demasiado complicado rock progresivo. De alguna manera, fue una especie de antecesor del punk.

El **Hope & Anchor** de Islington (abierto en 207 Upper Street desde 1880) fue uno de los primeros pubs que siguió esta nueva moda. Una vez se hubo hecho un nombre (los Stranglers grabaron aquí un álbum en directo, y la foto del local apareció en una de las cubiertas del Melody Maker), el Hope & Anchor acogió conciertos de grandes bandas como Clash, Jam, Ramones y Police. . Aún hoy, en la zona oscura y llena de humo del escenario, sigue la tradición.

Una vez cerrado el Roxy, en verano de 1977 abrió otro local dedicado al punk: el **Vortex**. Había nacido sobre las cenizas de una discoteca, pero inauguró la actividad en directo con un concierto de los Buzzcocks, para luego proponer una programación de conciertos punk cada lunes por la noche. Fue un éxito, y el club del 201 de Wardour Street (cerca de Tottenham Court Road) comenzó a celebrar veladas de este tipo en diferentes días de la semana. Entre otros, en el Vortex tocaron también los Police. Una vez terminada la revolución punk, el Vortex se convirtió durante un breve período en un local mod con el nombre de Vespers. Luego, a partir de 1992, volvió a ser una discoteca. Desde 2015 es la sede de un local de lap dance, el Peter Stringfellow's Angels. Otro signo de los tiempos...

THE STREETS OF LONDON

Una vez superada la borrachera de los Sixties, Londres mantuvo sólidamente el trono de capital de la música. En las décadas de 1970 y 1980, sus calles vieron la ascensión y el declive de nuevos personajes, géneros, modos, estilos de vida. Pero también la afirmación planetaria de estrellas que nacieron y crecieron en el Támesis y que, aún hoy, se encuentran entre las más queridas por los aficionados. Otras dejaron la vida en aquellas mismas calles...

Heddon Street es una calleja cerca de Regent Street, en el corazón de Londres, a dos pasos de Piccadilly Circus.

Allí, una noche fría y lluviosa de enero de 1972, David Bowie y el fotógrafo Brian Ward encontraron el ambiente adecuado para la foto de carátula del nuevo álbum del artista londinense, *The Rise and Fall of Ziggy Stardust and the Spiders From Mars.*

«Hacía mucho frío –contó Bowie años más tarde–, recuerdo que, tras la sesión en la calle subimos al estudio de Ward, donde hicimos las fotos para el interior de la carátula. Allí nació el look a la Ziggy Stardust, un término medio entre el de Malcolm McDowell en *La naranja mecánica* (el ojo muy maquillado)

La carátula de *Ziggy Stardust* y *Heddon Street* hoy, desde la misma perspectiva que la foto realizada por Brian Ward

y *Los chicos salvajes* de William S. Burroughs, novela publicada un año antes pero que nos había impactado profundamente.»

A pesar del frío, Ward logró convencer a Bowie de que se quedara en la calle para una sesión que, inicialmente, se hizo en película en blanco y negro. Los colores se añadieron más tarde, en posproducción, dando vida a una de las cubiertas más célebres de la historia del rock: una auténtica obra de arte pop capaz de sintetizar de modo ejemplar la imagen del alien caído en la tierra que se convierte en una estrella del rock para salvar al mundo de la destrucción total.

En 2010, la cubierta de *Ziggy Stardust* fue una de las diez elegidas por el servicio británico de correos para inmortalizarla en un sello.

BANDA SONORA

THE STREETS OF LONDON
Ralph McTell - *Spiral Staircase* (1969)

La miseria de los primeros años después de la Segunda Guerra Mundial, historias de drogas, amor y redención. La canción londinense más grabada de todos los tiempos tenía que titularse «Streets of Paris», porque McTell la compuso en la Ciudad Luz. Luego, como metáfora de los males del mundo, eligió Londres. Conmovedor.

La enseña «K.West» iluminada sobre la cabeza de Ziggy dio pie a innumerables conjeturas. Años más tarde, Bowie explicó: «Hay quien pensó si era un código para

Heddon Street hoy

'quest', búsqueda, como dando a entender que todos estamos en busca de algo. En realidad, era simplemente el cartel de una peletería...».

Ward sólo hizo diecisiete fotos frente al número **23 de Heddon Street**, incluidas las del interior de la cabina telefónica, utilizadas en la contracubierta.

Hoy, la enseña «K.West» ya no está; en su lugar, en marzo de 2012, se fijó una placa conmemorativa. La cabina original, situada en la esquina del pasaje que une Heddon con Regent Street, fue sustituida por un teléfono público azul, más moderno, a su vez reemplazado, en 1997, por una réplica de las antiguas cabinas londinenses rojas (las de la serie K), para gozo de fans y turistas deseosos de retratarse como su ídolo. La oficina de correos que se veía al fondo había sido la sede de uno de los night clubs más viejos de Londres, The Cave of the Golden Calf. Hoy, allí (3-9 Heddon) está Heddon Street Kitchen, uno de los locales del famoso chef Gordon Ramsay. En toda la calle hay multitud de atractivos restaurantes.

David Robert Jones había nacido en Brixton, en la parte meridional de Londres (**40 Stansfield Road**), el 8 de enero de 1947, bajo el signo de Capricornio. Su madre, Peggy, de orígenes irlandeses, ejercía de camarera, mientras que su padre trabajaba para Barnardo's, una organización benéfica para niños necesitados.

El 8 de enero de 2016, día de la muerte de Bowie, en la acera frente a su casa natal, fans y admiradores depositaron ramos de flores y mensajes afectuosos. Como también lo hicieron, asimismo en Brixton, frente al **mural** pintado por el artista callejero James Cochran que se puede admirar a un lado del gran almacén Morleys (472-488 Brixton Road).

El futuro Bowie tenía seis años cuando la familia Jones se trasladó a Bromely. La música cada vez estaba más presente en la vida del pequeño David o, como lo llamaban los amigos, Davey, en aquellos días rebelde y pendenciero. David asombraba a los maestros de la **Stockwell Primary School** (en Stockwell Road) por sus dotes artísticas: cantaba bastante mejor que

«LONDRES ES UNA MODERNA BABILONIA»

Benjamin Disraeli

la media, bailaba de modo original y creativo, tocaba muy bien la flauta. En casa devoraba los discos de su padre, apasionado por el rock 'n' roll de Elvis, Fats Domino y Little Richard. Después de escuchar «Tutti Frutti» confesó: «He oído la voz de Dios». Cuando luego vio a una prima bailando desenfrenada con

Casa natal de Bowie en Brixton con flores. A la derecha, el mural de Brixton Road

«Hound Dog», comprendió definitivamente el poder del rock.

A finales de la década de 1960, David vivía en el **39 de Manchester Street** con su primer mánager, Ken Pitt. En aquella época descubrió el **Pollock's Toy Museum** (1 Scala Street), cuya colección de viejos juegos de mesa, marionetas, payasos, estampas de la época victoriana y muñecas antiguas encendió su fantasía

MÚSICA EN LOS «BLACK CAB»

Junto a sus «colegas» *double decker* (los célebres autobuses de dos pisos), están considerados los dueños de las calles de Londres. Son los míticos taxis londinenses, auténtica institución que data de 1662. En aquel año se concedió en efecto la primera licencia para los *hackney carriage*, las carrozas de caballos que se alquilaban a quien lo deseara. Aquel nombre, «carriage», perduró incluso cuando, en el siglo xx, llegó la motorización. Nacieron entonces nuevos apelativos cariñosos: de «bersey» (del nombre del primer constructor) a «hummingbird» (colibrí, a causa del sonido producido por el motor). Construidos desde 1899 por la London Taxi Company, se han hecho famosos como «black cab», a causa del color con que están pintados y por su forma, que permite acomodar a cuatro pasajeros detrás o incluso una silla de ruedas. Su particular diseño ha suscitado que sea un vehículo muy querido por algunos personajes de la jet set que, por capricho, han querido poseer uno.

En 2007, un joven director, Jono Stevens, realizó un formato original distribuido en Internet. Las *Black Cab Sessions* son grabaciones de temas musicales acústicos efectuadas justamente a bordo de taxis normales. De Richard Thompson a St. Vincent, pasando por Ryan Adams y Rufus Wainwright, nombres viejos y nuevos de la escena musical siguen tocando música en los taxis de Londres.

creativa. Otro museo que tuvo un impacto similar en su mente brillante y siempre sedienta de novedades fue la **Wallace Collection** (Hertford House, Manchester Square), 25 galerías de obras francesas del siglo XVIII, pinturas, esculturas, muebles y porcelanas.

Los primeros trabajos discográficos de David Bowie se grabaron en los míticos **Trident Studios** del Soho (17 St. Anne's Court), construidos en 1967 por los hermanos Barry y Norman Sheffield, este último batería de los Hunters. A partir de la producción de *My Name is Jack*, de los Manfred Mann (1968), el estudio comenzó a ganar una reputación. Gracias a nuevos aparatos como el Dolby System y un sistema de grabación a ocho pistas, los Trident comenzaron a atraer también a las

BANDA SONORA

PARASITE

Nick Drake - *Pink Moon* (1971)

Era un Londres diferente, el que vivió Nick Drake, solitario en una pequeña habitación de Belsize Park, donde hoy están las casas de los Gallagher, de Chris Martin y Gwyneth Paltrow, de Jude Law y Kate Moss. La canción muestra hasta qué punto Londres también puede ser triste y angustioso. Crepuscular.

WEMBLEY

Templo del fútbol... y del rock

Cuando se inauguró, el 28 de abril de 1923, se llamaba Empire Stadium, pero muy pronto, para todos los aficionados al fútbol, se hizo famoso como **estadio de Wembley**. Las dos torres gemelas que dibujaban la silueta de la entrada, los treinta y nueve escalones que llevaban a los jugadores a la tribuna para retirar las copas y medallas, y el césped espléndido que vio cómo triunfaba la selección inglesa, por primera y única vez, en una final de los Campeonatos del Mundo (en 1966), pasaron a ser tan legendarios como el propio estadio.

El rock hizo su aparición por primera vez en 1972 gracias al London Rock and Roll Show, con grandes protagonistas de la música de la década de 1950 como Chuck Berry, Jerry Lee Lewis, Bill Haley y Bo Diddley. A partir de aquel momento, Wembley acogió conciertos históricos, como los de Crosby Stills Nash & Young con Joni Mitchell, The Band y Jesse Colin Young (1974), Michael Jackson (15 veces, para un total de más de un millón de espectadores), Madonna (9 veces) y todas las grandes bandas de rock: U2, Rolling Stones, Queen, Who, Pink Floyd, etc. Wembley quedará en la historia por haber sido la sede del Live Aid y de los conciertos-tributo a Nelson Mandela y Freddie Mercury. Cerrado en el año 2000, el estadio fue demolido en 2003. En 2007 se reconstruyó un nuevo estadio en la vieja sede.

El viejo Wembley y el palco del Live Aid

grandes estrellas. Los Beatles grabaron aquí *Hey Jude*, primer sencillo para la recién nacida Apple Records, que usó los mismos estudios para el álbum de debut de su primer artista no relacionado con los Beatles, James Taylor. Posteriormente, en los Trident se escribieron páginas importantes de la historia del rock: de George Harrison (*All Things Must Pass*) a Carly Simon (*You're So Vain*), pasando por los Rolling Stones (*Let it Bleed*) o Police (*Outlandos D'Amour*). David Bowie grabó en los estudios del Soho sus primeros cinco álbumes.

Trident Studios

Los Trident cesaron su actividad en 1981. Después de varias peripecias, en 1993, en la misma dirección, abrió Trident Sound Studios, una compañía de posproducción de audio para cine y televisión que no tiene ninguna relación con la antigua propiedad. Simplemente, por respeto a la historia del lugar, se ha querido mantener la marca Trident. El estudio ocupa la planta baja y el sótano, mientras que los viejos Trident copaban las cinco plantas del edificio.

A principios de la década de 1970, en St. Anne's Court comenzaba también el mito de los Queen. Justo en los Trident se creó la relación con Norman Sheffield como mánager y la artística con Roy Thomas Baker, productor de los primeros álbumes de la banda de Freddie Mercury. Todo ello desembocó en el lanzamiento y en el consiguiente éxito del grupo.

En aquellos primerísimos tiempos, Freddie, Brian, Roger y John vivían en un apartamento de Kensington (**36 Sinclair Road**). La convivencia en aquel pisito, además de cimentar su amistad, permitió centrar una visión artística común. Muchas ideas musicales, que contribuirían a la formación del sonido característico del grupo, nacerían en el interior de las paredes de Sinclair Road y serían fundamentales para el futuro de los Queen. También en la misma calle (en el 45-53) estaba el Nomis Studio, que servía de local de ensayos. El mismo lugar fue utilizado por Brian May en 1992 para las pruebas de su tour solista *Back to the Light*.

«SI ALGUIEN ESTÁ CANSADO DE LONDRES SIGNIFICA QUE ESTÁ CANSADO DE LA VIDA»

Samuel Johnson

En realidad, el origen de la aventura de los Queen debe buscarse en el interior del **Ealing College**, hoy University of West London, en St. Mary's Road. Allí, Freddie Mercury conoció a Tim Staffel, dio su primer concierto y, como algunos sostienen, aprendió las armonías vocales en los baños de la escuela. El bar interior fue rebautizado como «Freddie's» en su honor mientras que, frente a la entrada de la universidad, todavía está el

University of West London

pub **The Castle Inn**, que Mercury frecuentaba asiduamente.

En 1970, Mary Austin, de diecinueve años, trabajaba en el servicio de clientes de Biba Kensington Store. Allí conoció a Brian May, que le presentó a Freddie Mercury. Austin y Mercury se gustaron en seguida y se hicieron amantes. Su relación sentimental duró seis años y transcurrió principalmente en un apartamento en el **100 de Holland Road**, lejos de ojos indiscretos. Aquella casa ejercería un papel relevante en la historia de los Queen, porque justamente allí tuvieron lugar las sesiones fotográficas realizadas por Doug Puddifoot, algunas de las cuales se utilizaron para el primer álbum del grupo. Cuando Freddie comenzó a tener compañeros masculinos, no dejó de frecuentar y de seguir queriendo a Mary, que recibió como herencia la más famosa entre las viviendas londinenses de Mercury, **Garden Lodge**. Era la casa en la que Freddie pasó el mayor número de años, donde transcurrió momentos sociales muy agradables entre cenas, fiestas y encuentros «oficiales», así como jornadas de relax en un ambiente protegido. También fue el lugar en el que eligió dejar esta vida.

BANDA SONORA ★★★

STARMAN
David Bowie - *The Rise and Fall of Ziggy Stardust and the Spiders From Mars* (1972)
La canción más famosa del álbum más importante (y más londinense) de la carrera de Bowie. El Hombre de las Estrellas mira ahora Londres desde lo alto... Estelar.

La casa (1 Logan Place) se encuentra en una callejuela residencial de Kensington, cerca de Earl's Court Road. Desde el 24 de noviembre de 1991, día de la muerte de Freddie, en las paredes de Garden Lodge aparecieron grafitis, inscripciones y mensajes afectuosos por parte de sus fans. Mary Austin, que sigue viviendo allí (inicialmente con el hijo y con los gatos de Mercury), se encargó de eliminarlos y de repintar las paredes con una sustancia especial antigrafitis. A los fans no les gustó. Además, aunque no por culpa suya, en verano de 2002 un

Garden Lodge, casa de Freddie Mercury

empleado de la empresa a la que Mary había confiado el mantenimiento del estanque de Garden Lodge que contenía la preciosa colección de peces japoneses tan querida por Freddie, se olvidó de comprobar el funcionamiento de la bomba de agua, lo cual causó la muerte de los estimados pececillos. Por desgracia ya no existe el Ken-

Hard Rock Cafe de Londres (1971 y hoy)

sington Pub (54 Russell Gardens), uno de los lugares de encuentro entre los miembros de Queen, pero también el lugar en el que Freddie conoció a Brian y a Roger y vio a Mary Austin por primera vez. Sí sigue más activo que nunca el **Heaven Club** en los sótanos de la estación de Charing Cross. El local es uno de los night clubs londinenses más famosos, así como *gay place* por excelencia. Frecuentado por la jet set pero también por el mundo de la música, es conocido no sólo porque Mercury fuera un cliente habitual, sino sobre todo porque aquí conoció a Jim Hutton, su último gran amor. Entre los muchos recuerdos de Freddie, trajes de escena, manuscritos, etc., hay una vieja silla que le perteneció y que hoy domina el Hard Rock Cafe (150 Old Park Lane). El **Hard Rock Cafe** de Piccadilly fue el primer y originario local de lo que hoy es una cadena internacional de casi 220 cafeterías, restaurantes, hoteles y casinos, presente en 60 países. Todo comenzó en 1971 gracias a dos jóvenes estadounidenses, Peter Morton e Isaac Tigrett, que tuvieron la idea de abrir un puesto en el que se pudieran comer hamburguesas y comida norteamericana, como en los Estados Unidos. Así que alquilaron el local de un antiguo concesionario de Rolls Royce en Piccadilly y dieron vida a la nueva aventura: el 14 de junio de 1971, el primer Hard Rock Cafe abrió sus puertas.

El padre de Tigrett era, a su manera, un tipo genial. Amigo de Isaac Hayes y Al Gore, John Tigrett adquirió a finales de la década de 1950 los derechos

ABSOLUTE BEGINNERS

Londres, 1958. Un joven fotógrafo se enamora de una diseñadora de moda, pero ella sólo parece interesada en su carrera. Para aguantar el tipo, también él intenta tomarse las cosas a la ligera. De fondo, un Londres todavía no «swinging» y las tensiones sociales que llevarían a las revueltas de Notting Hill. La historia se basa en la novela homónima de Colin Mcinness, que en 1986 Julien Temple decidió llevar a escena en su *Absolute Beginners*. La película suscitó enormes expectativas en el público y en el mundo rock en particular. Además del director, se implicaron estrellas del calibre de David Bowie, Sade y Patsy Kensit. Rechazada por la crítica, la película fue, por desgracia, un fracaso comercial. Ahí queda la bonita banda sonora, enriquecida por la canción homónima de Bowie, por un par de piezas de Ray Davies y Sade y por las músicas del gran Gil Evans.

de la Glub-Glub Duck, una pequeña oca de plástico que, frente a un vaso, se movía arriba y abajo como si estuviera bebiendo. Una vez comercializado el producto, Tigrett logró vender 22 millones de piezas... El logo del Hard Rock Cafe, hoy tan famoso, se encargó al ilustrador Alan Aldridge, que había diseñado cubiertas de libros para Penguin, trabajado con los Beatles y que, en 1975, realizó la carátula de *Captain Fantastic and the Brown Dirt Cowboy* de Elton John.

Hard Rock Cafe: "The Vault"

En aquellos primeros días, para promover el local, Morton y Tigrett decidieron esponsorizar un equipo de fútbol. Y de este modo regalaron la equipación, en la que se podía ver el logo diseñado por Aldridge. Al no conocer bien las reglas de aquel deporte tan poco americano, los

dos hicieron estampar un centenar de camisetas, muchas de las cuales les fueron devueltas porque sobraron. Entonces, para mimar a los clientes más fieles, ambos decidieron donar aquellas camisetas que, al cabo de poco tiempo, hicieron furor. Y así, junto a la caja, en el Hard Rock Cafe comenzó una venta de camisetas que nunca se detuvo. De esta manera nacieron las Hard Rock Stores, hoy tan famosas como los restaurantes.

En poco tiempo, el local de Piccadilly comenzó a ser frecuentado también por personajes de la música y del espectáculo, como Ringo Starr o Eric Clapton que, un día, regaló una de sus guitarras Fender, rogando a Isaac y Peter que la colgaran en la pared, «así estaré seguro de tener siempre mesa reservada». Una semana más tarde, Pete Townshend mandó una de sus guitarras a los dos propietarios del Hard Rock Cafe con un mensaje que decía: «La mía no es menos que la de Eric». A partir de aquel momento comenzó la extraordinaria colección de instrumentos y recuerdos rock (de largo la más importante del mundo) que, en este momento, cuenta con cerca de ochenta mil piezas. Además de las generosas donaciones de instrumentos, objetos personales, vestidos, manuscritos, etc., que hoy en día prosiguen, el amor de los músicos por el Hard Rock Cafe aparece testimoniado en la canción homónima que Carole King quiso dedicar a la aventura de Morton y Tigrett, contenida en el álbum *Simple Things* (1977).

A partir de diciembre de 2006, por una cifra cercana a los mil millones de dólares, la tribu de nativos estadounidenses Seminola adquirió la cadena Hard Rock Cafe, manteniendo el espíritu original creado por Morton y Tigrett.

El local de Londres es un perfecto testimonio de ello, conservado de manera extraordinaria a medio siglo de distancia, con la guitarra donada por Clapton en 1971 siempre en su lugar.

En el pequeño museo del interior está el objeto más valioso de toda la colección: la Gibson Flying V de 1969 que perteneció a Jimi Hendrix y que tocó en su último gran concierto en el festival de la isla de Wight, en 1970. También en el museo de Old Park Lane se halla uno de los fantasiosos vestidos de Elton John, negro y adornado con estrellitas de plata, que usó en el *Tour de Force 1986*.

También Elton, que a menudo ha subastado para la beneficencia algunos de sus valiosos recuerdos (prendas de vestir, zapatos, gafas, etc.), fue un cliente asiduo de los Trident Studios, ya que grabó allí todos sus álbumes, desde su segundo trabajo, de 1070 (*Elton John*), hasta *Rock the Westies*, de 1975, pasando por *Goodbye Yellow Brick Road* (1973), que contenía la versión original de «Candle in the Wind», dedicada a Marilyn Monroe. La reedición del tema, interpretada de forma conmovedora por Elton en el curso del funeral de Lady Diana en la Abadía de Westminster, se grabó poco después en los Townhouse Studios de Shepherd's Bush, cerrados en 2008 y hoy convertidos en un edificio de apartamentos. Se vendieron 35

«ZIGGY STARDUST SÓLO PODRÍA HABER NACIDO EN LONDRES»

David Bowie

POESÍA EN LAS CALLES DE LONDRES

Es uno de los hoteles más elegante y famosos de la capital, residencia preferida de políticos (Churchill, Truman), actores (Marlon Brando, Marlene Dietrich, Marilyn Monroe), pintores (Claude Monet), escritores (Bernard Shaw) y de legiones de músicos, de Frank Sinatra a los Led Zeppelin. Pero para muchos, el **Hotel Savoy** (The Strand) está asociado a Bob Dylan, que se alojó en sus habitaciones durante la gira inglesa de 1965, registrada por las cámaras de D.A. Pennebaker en *Dont Look Back*. En la calleja situada detrás del hotel (hoy famosa como «Savoy Steps»), Dylan se inventó uno de los clips más famosos de la historia del rock. Con la música de «Subterranean Homesick Blues», Dylan, mirando fijamente a la cámara, iba pasando carteles que presentaban palabras o frases relacionadas con el prolijo texto de la canción. Los carteles los había escrito el propio Dylan con la ayuda de Donovan, de Bob Neuwirth y del poeta beat Allen Ginsberg. En la filmación, Neuwirth y Ginsberg se pueden ver detrás de Dylan en la callejuela del Savoy.

Usado por Pennebaker como obertura de su *Dont Look Back*, el vídeo se ha copiado, citado y satirizado miles de veces.

millones de copias del sencillo, convirtiéndose en el segundo disco más vendido de la historia, superado tan sólo por «White Christmas», de Bing Crosby. Después de cantarla en el funeral de Diana, Elton nunca volvió a cantar en público la versión revisada y corregida de «Candle in the Wind»; sólo lo hará si se lo piden los hijos de Diana.

Sir Elton John y su esposo David Furnish tienen casas por todo el mundo, desde Niza hasta Atlanta, pasando por Los Angeles. En Londres tienen un apartamento cerca de Holland Park (**4 Queensdale Place**), donde cuentan con una preciosa colección de muebles alemanes Biedermeier de madera clara que, al parecer, la sugirió inconscientemente Freddie Mercury a Elton, un día en que el cantante de Queen fue a verlo a su apartamento de Holland Park. «Freddie me habló de una cómoda de abedul tan bonita que parecía una piedra preciosa», recuerda Elton.

Sin embargo, la histórica residencia inglesa de Elton John se encuentra en **Woodside** (Old Windsor, en el Berkshire), confinando con el Great Park. El cantante la llama «The Hub» (el punto principal de las actividades), y desde el lejano 1975 vive en esta gran propiedad rural, en la magnífica mansión estilo reina Ana.

«Dentro hay de todo –explica Elton-, es como la caverna de Aladino.»

Casa de Elton John en Woodside, Old Windsor

El piano de Elton John en la estación de St. Pancras

Pero hace años, el cantante inglés decidió vaciar los ocho dormitorios, los cinco salones, la sala de billar y el campo de squash, donde se amontonaban centenares de recuerdos, viejas juke-box y máquinas de millón

«DE LONDRES ME GUSTA TODO, INCLUSO EL METRO»

Elton John

que ya no funcionaban, y lo donó todo a Sotheby's, en una subasta gigantesca. Hoy Elton está reestructurando el invernadero del siglo XX que se encuentra al margen de su propiedad.

Es una especie de refugio donde no hay teléfonos, televisores ni música pop: sólo discos de música clásica. Pero hay una pequeña capilla donde va a rezar por las personas queridas que han desaparecido: su abuela, sus amigos Gianni Versace y Lady Diana. Para proceder a su remodelación y diseño, Elton llamó de nuevo a sus arquitectos preferidos, Adrian Cooper-Grigg y Andrew Protheroe, los mismos que renovaron el edificio principal de Woodside.

El 4 de febrero de 2016, Elton John sorprendió de nuevo a su querido Londres. En la estación de **St.**

39 Stanhope Gardens, la casa de los Pink Floyd

Pancras (Euston Road), el músico donó uno de sus dos pianos. Aquel día actuó durante unos minutos frente a una multitud asombrada y luego dejó un mensaje: «Disfrutad de este piano; es un regalo para vosotros. Con afecto, Elton John». Ciertamente, lejos están los tiempos en los que Elton, conocido entonces por su verdadero nombre, Reginald Dwight, vivía en la parte noroeste de Londres con sus abuelos, en el **55 de Pinner Hill Road** (la casa se vendió en 2015 por medio millón de libras esterlinas) o cuando, a los 15 años, debutaba tocando por 25 libras a la semana en el **Northwood Hills Pub** (66 Joel Street). Hoy, en lugar del pub hay un local indio, el Namaste Lounge.

Las calles de Londres vieron el nacimiento, el ascenso, el éxito y el declive de una de las bandas de rock más célebres y queridas de la historia, los Pink Floyd. Su historia es la de tres estudiantes de arquitectura, Roger Waters, Nick Mason y Richard Wright, aficionados a la música, que se encontraron en 1963 en las aulas del **London Polytechnic** (300 Regent Street, hoy University of Westminster). En septiembre de aquel año, los tres decidieron ir a vivir juntos en un apartamento en el **39 de Stanhope Gardens**, en Highgate, en la zona norte de Londres. La casa, más bien amplia, con siete dormitorios, se vendió recientemente por tres millones de libras. Al año siguiente, un amigo de infancia de Waters, Syd Barrett, se unió a los chicos de Stanhope Gardens. Después de varias peripecias, cambios de formación y diferentes marcas identificativas, a finales de 1965 la banda se había convertido en un cuarteto y había elegido el nombre de Pink Floyd Sound, inspirado por

All Saints Church, Powis Garden

los nombres de pila de dos bluesmen de Piedmont que gustaban a Barrett (Pink Anderson y Floyd Council). El repertorio de la época se basaba todavía en el rhythm and blues que tanto gustaba a los jóvenes grupos del Swinging London.

La banda se exhibía con regularidad en el **Countdown Club**, en el trastero de 1 Palace Gate, cerca de Kensington High Street. Pero el auténtico debut con el nombre Pink Floyd se produjo el 14 de octubre de 1966 en Notting Hill. En el **All Saints Church Hall**, John «Hoppy» Hopkins (fundador de la London Free School) organizaba eventos musicales y contraculturales. Y justamente allí, en **Powis Gardens**, corazón hippie de Londres, los Pink Floyd experimentaron sus primeros espectáculos de música psicodélica y light show, según el estilo de los californianos.

Los conciertos en All Saints Church tuvieron un tal éxito que «Hoppy», junto al productor estadounidense Joe Boyd, decidió encontrar un lugar con mayor capacidad para su grupo preferido. Y así, ambos transformaron una sala de baile irlandesa, el Blarney Club en el trastero del Gala Berkeley Cinema, en el 31 de Tottenham Court Road, en el **UFO Club**, uno de los locales más legendarios de la historia del rock. En efecto, a pesar de que permaneciera abierto poco más de un año (el 23 de diciembre de 1966 se inauguró con un concierto de Pink Floyd y Soft Machine), el UFO dejó una marca indeleble: Londres había captado las buenas vibraciones procedentes de California y se hizo suya la nueva cultura psicodélica. Los Pink Floyd aplicaron la nueva fórmula musical que les valió el primer contrato discográfico y una plena consciencia artística, pese a que Joe Boyd fue apartado definitivamente. Un año más tarde, el 22 de diciembre de 1967, en un espacio expositivo de la década de 1930 (**Olympia London**, Hammersmith Road), Syd Barrett actuó en su último concierto junto a los Pink Floyd, bajo los efectos de sustancias psicotrópicas y afectado por alucinaciones caleidoscópicas. La entrada de David Gilmour dio inicio al nuevo curso de los Pink Floyd. Uno de los lugares de Gilmour es **Astoria**, la casa flotante que el guitarrista adquirió a principios de la década de 1980 después de haberla visto en un número de la revista Country Life, mientras estaba en la sala de espera de su dentista. «Astoria fue construida en 1911 por el empresario teatral Fred Karno –recuerda Gilmour–, me parecía bellísima y costaba poco. No dudé ni un momento, la compré en seguida. Hasta más tarde no pensé en transformarla en un estudio de grabación. He pasado muchos años de mi vida en el interior de estudios sin ventanas o en sótanos: quería uno con luz, agua y naturaleza alrededor».

La houseboat, situada en el Támesis (en Hampton), es de caoba, con muchísimas ventanas, embellecidas con hierro forjado, balaustradas trabajadas y una plataforma realizada para acoger a una orquesta de 90 elementos. Aquí, en 1987, Gilmour y los Pink Floyd grabaron *A Momentary Lapse of Reason*, luego *The Division Bell* (1994) y *The Endless River* (2014), así como algunos trabajos como solista de David.

A finales de los años setenta, Roger Waters vivía en **Clapham Common**, un gran parque urbano al sur de Londres. Casi cada día pasaba frente a la central de Battersea, un enorme edificio de ladrillos rojos que

Olympia London

Astoria, houseboat de David Gilmour

Battersea Power Station y la carátula de *Animals*

causaba un acierta impresión. No es casual que la **Battersea Power Station** (188 Kirtling Street) la filmaran grandes directores (comenzando por Alfred Hitchcock) y la inmortalizara una serie de televisión como *Doctor Who*. Aparecería también en numerosas obras cinematográficas futuras, desde *Children of Men* (2006) a *Batman – El caballero oscuro* (2008).

En 1976, los Pink Floyd estaban trabajando en su décimo álbum, *Animals*, grabado en los estudios del **35 de Britannia Row**, Islington, que la banda había hecho construir poco antes y que se inauguraron justamente con estas grabaciones. Entre otras cosas, en estos mismos estudios, los Pink Floyd grabaron parte de *The Wall*, incluyendo el famoso coro de niños para «Another Brick in the Wall».

Animals era una especie de álbum conceptual vagamente inspirado en *Rebelión en la granja* de George Orwell, punzante crítica al capitalismo occidental. Storm Thorgerson y sus colegas de Hipgnosis habían presentado tres pruebas de carátula, todas similares, con niños que entraban en los dormitorios de sus padres mientras estos últimos «estaban copulando como animales». Roger Waters tuvo otra visión: hacer volar un cerdo gigantesco sobre la Battersea Power Station.

A comienzos de diciembre de 1976, una vez que la compañía alemana (la misma que construía los dirigibles Zeppelin) había entregado el cerdo volante, comenzaron las tomas. Pero la jornada no era precisamente muy propicia, y el fuerte viento terminó rompiendo los seguros que mantenían anclado al cerdo al suelo. Con lo cual, libre, se puso a volar, creando problemas a los controladores de vuelo en Heathrow, antes de que lo recuperaran en una fábrica en Kent. A pesar de ello, las fotos no fueron eficaces y se precisó una doble exposición para dar vida a la carátula final, que popularizó todavía más la central de Battersea.

Adquirida en 2012 por un consorcio malayo, la Battersea Power Station se halla en el centro de un plan de desarrollo diseñado por el aclamado arquitecto canadiense Frank Gehry.

Las calles de Londres fueron testimonio de diferentes y célebres «muertos rock». Por ejemplo, **Queens Ride** (parte de la B306, cerca de Gipsy Lane, en Barnes, en la zona suroeste de la ciudad) evoca desgraciadamente el trágico y prematuro final de Marc Bolan, líder de los T.Rex. La noche del

BANDA SONORA

ACROSS THE RIVER THAMES

Elton John - *The Captain & The Kid* (2006)

Un nuevo clásico de Elton John, que describe de manera eficaz los cambios sociopolíticos de su ciudad a través de la música: la disco cede el paso al punk que, a su vez, pasa el relevo a los new romantics. En realidad, no cambia nada. Desencantado.

16 de septiembre de 1977, dos semanas antes de su trigésimo cumpleaños, Bolan conducía a bordo del Mini violeta de su novia, Gloria Jones, madre del pequeño Rolan (de dos años, hijo de la pareja). Los jóvenes, después de haber cenado en Mortons, en Berkeley Square, estaban volviendo a casa de Marc, a una distancia de menos de una milla (**142 Upper Richmond Road West**, East Sheen). Conducía Gloria, porque a Marc le gustaban los coches pero tenía miedo a conducir. De repente, Jones perdió el control del coche: había chocado accidentalmente con la cadena de acero de una valla, derrapó espantosamente y terminó su trayecto cerca de un sicomoro. Ninguno de los ocupantes del Mini llevaba el cinturón de seguridad abrochado. Marc, probablemente golpeado por la valla, fue proyectado al asiento trasero y murió al acto.

A partir de aquel día, el sicomoro de Queen's se convirtió en el «árbol de Bolan». En 2007, con ocasión del trigésimo aniversario de la muerte de la estrella rock inglesa, junto al árbol se realizó un pequeño relicario del que se ocupa el T.Rex Action Group y que visitan fans que depositan ramos de flores, mensajes y recuerdos personales.

Barnes: el árbol contra el que murió Marc Bolan

Donde no hay placas ni relicarios es frente al **67 de Overhill Road**, barrio residencial de East Dulwich, a unos veinte minutos del centro de Londres. En la noche del 19 de febrero de 1980, justamente aquí, en el asiento del pasajero de un Renault 5 moría Bon Scott, de 33 años, cantante de los AC/DC.

Lo había dejado allí un tal Alistair Kinnear, el amigo con el que había pasado una velada de alto contenido alcohólico en un bar de Camden, el Music Machine (1A Camden High Street, hoy el local se llama **Koko**). Los dos amigos, en un estado más que alterado, volvieron a casa en el Renault de Kinnear. Entretanto, Scott se había dormido y de este modo Alistair decidió dejarlo donde lo había cogido, es decir, en la zona de Victoria, en Morpeth Terrace. Pero el apartamento del **15 de Ashley Court** donde vivía Scott estaba cerrado con llave y nadie respondía al timbre. Bon no se despertaba, Kinnear encontró las llaves de su casa en el bolsillo de Scott pero no sabía qué hacer: telefoneó a la amiga común que les había pedido que invitara a Bon Scott aquella noche y le pidió consejo. «A menudo se duerme después de una velada bien regada», dijo ella. Y de este modo Kinnear pensó llevarlo a su casa, en

East Dulwich. Pero cuando llegaron allí, Bon no se despertaba. Pesaba demasiado, y entonces Kinnear decidió reclinar el asiento, cubrirlo con una manta para que no tuviera frío y lo dejó en el coche. Al día siguiente Kinnear descubrió que Bon Scott seguía dentro del Renault 5 pero ya no respiraba: de nada sirvió la carrera hacia el King's College Hospital. Diecisiete años antes, en una autopista inglesa del Greater London, murió otra estrella del rock 'n' roll apreciada por Bon Scott.

El lugar de la muerte de Bon Scott y su tumba

Se llamaba Eddie Cochran, tenía 22 años y era un icono del rockabilly: «C'mon Everybody» y «Summertime Blues» lo habían popularizado entre los jóvenes de todo el mundo. La noche del 17 de abril de 1960, Cochran iba en un taxi junto a su novia Sharon Sheeley y su amigo y colega Gene Vincent, rockero puro y duro, autor e intérprete de «Be Bop A Lula». Conducía el taxi George Martin, de 19 años. Mientras estaba recorriendo la A4, la **Great West Road** (cerca de Chippenham, en Wiltshire), el Ford Consul de Martin comenzó a dar bandazos por motivos desconocidos, antes de estrellarse contra una farola. El taxista llevaba el cinturón de seguridad, pero los tres chicos no: Vincent sufrió una contusión en el cuello y algunas vértebras fracturadas, Sharon se rompió la pelvis, mientras que Cochran, expulsado del asiento trasero, chocó con el parabrisas de cabeza. Inmediatamente se vio que era gravísimo: murió apenas un día más tarde, sin haber recobrado el conocimiento. Porque, como cantaban los Pogues («Dark Streets of London»), las calles de Londres pueden ser cálidas y acogedoras, pero también frías, tristes y melancólicas. Justamente como las notas que todavía hoy brotan de las aguas del Támesis.

El lugar de la muerte de Eddie Cochran

IRISH HEARTBEAT

La llaman «The Emerald Island», la Isla Esmeralda. Y justamente aquí se oculta al parecer el mítico Tír Na N'Og, el lugar paradisíaco de la eterna juventud. No es casual: la cultura irlandesa es una de las más antiguas del mundo, pero parece no envejecer nunca, siempre dispuesta a volver a la actualidad. Como su música, que late al mismo ritmo que el corazón de la nación, que tiene un alma sintonizada en la melodía y un espíritu forjado en torno al sonido.
Hace cuarenta años, la música irlandesa, una de las más ricas, variadas e interesantes del planeta, se revolucionó a manos de un cuarteto de estudiantes. Y desde aquel momento, Dublín, capital de Irlanda, se convirtió también en capital de la nueva música.

Clontarf, suburbio de la costa noroccidental de **Dublín**, es famoso por la batalla de 1014, en la que Brian Boru, legendario rey de Irlanda, derrotó a los vikingos, poniendo fin de esta manera a los conflictos entre ambos pueblos. Pero aquel lugar, que en lengua gaélica significa «pradera del toro», se asocia a otro episodio, en cierto modo no menos importante. El 25 de septiembre de 1976, en el tablón de anuncios de la **Mount Temple Comprehensive School** de Malahide Road (la primera escuela no confesional irlandesa) apareció un anuncio fijado por un estudiante de quince años que buscaba a alguien que hubiera «tirado tiempo y dinero en una guitarra», como él había hecho con una batería.

Mount Temple School, el instituto de los U2.

El chico se llamaba Larry Mullen, vivía en Artane, no lejos de Mount Temple, y estaba harto de golpear los tambores de la Post Office Band: su sueño era formar un grupo de rock. A aquel anuncio en el tablón respondieron en primer lugar dos hermanos, Dave y Richard (llamado «Dik») Evans, ambos estudiantes en Mount Temple. Habían nacido en Londres, de padres galeses, se habían trasladado a Dublín desde pequeños, y vivían en Malahide, barrio limítrofe en Clontarf. En Malahide también se encontraba Adam Clayton, hijo de un ex piloto de la RAF; también él había respondido al anuncio de Mullen, como también lo había hecho Paul Hewson. Paul, de carácter extravagante y rebelde, venía de Ballymun (también en la parte norte de Dublín); sus padres lo habían inscrito en la Mount Temple esperando que allí cultivaran finalmente su actitud artística.
Hewson era uno de los Lypton Village, un grupo de artistas del que también formaban parte su mejor amigo, Guggi, y Gavin Friday (los cuales, posteriormente, junto a Richard «Dik» Evans, dieron vida a la banda post-punk de los Virgin Prunes).
Los miembros de Lypton Village tenían todos un apodo. Se dice que fue Gavin Friday quien inventó el de

«CUANDO MUERA, LA PALABRA 'DUBLÍN' ESTARÁ ESCRITA EN MI CORAZÓN»

James Joyce

Paul Hewson. Una noche, él y otros jóvenes estaban paseando a lo largo de O'Connell Street. Una vez hubieron girado a la derecha, vieron una tienda de aparatos acústicos cuya enseña rezaba «Bona Vox» (buena voz, en latín). El nombre de aquella tienda, que se encuentra todavía en el mismo punto (**9 Earl Street North**)

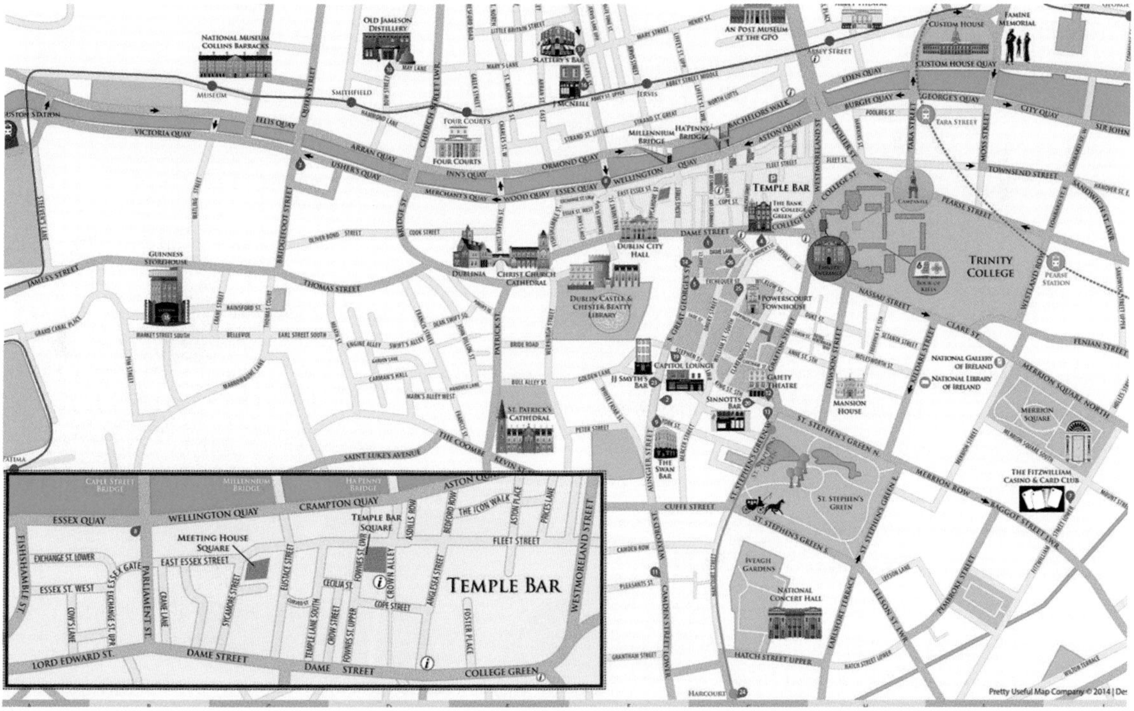

La tienda Bona Vox en Dublín

le pareció perfecto a Gavin para su amigo Paul. El seudónimo, modificado en Bono Vox, no le gustaba inicialmente a Hewson, pero una vez acortado en Bono, se convirtió a todos los efectos en su nombre artístico. Los chicos que habían respondido al anuncio de Larry se convirtieron muy pronto en una banda; se hacían llamar Feedback, ensayaban en la cocina de la **casa de Larry Mullen** (60 Rosemount Avenue) y tocaban y cantaban preferentemente versiones de Beatles, Rolling Stones y Beach Boys. Que no les salían muy bien y, así, en parte por este motivo, los componentes de la banda comenzaron a escribir canciones originales. Entretanto, Richard «Dik» Evans había abandonado el proyecto Feedback para unirse a los Virgin Prunes de Guggi y Gavin Friday. Los otros cuatro cambiaron de nombre y se llamaron, primeramente, The Hype, y luego U2. El resto es historia.

Los U2 transformaron Dublín en una capital del rock y, todavía hoy,

EL PAPA

y las estrellas del rock irlandesas

El 29 de septiembre de 1979, Juan Pablo II llegó a Dublín: era la primera vez que un pontífice visitaba la muy católica Irlanda. Justo desembarcar, se arrodilló y besó el suelo. Luego fue al Phoenix Park para celebrar una misa ante un millón y medio de personas. Antes de la ceremonia, habían actuado los Chieftains, los embajadores del sonido irlandés en el mundo. Dublineses como sus amigos Dubliners, históricos precursores de la tradición céltica, los Chieftains llevaron a cabo en su época varios proyectos en los que el idioma folk de Irlanda se fundió con otros mundos sonoros; además, dieron vida a extraordinarios duetos con las mayores estrellas del rock del planeta. Los Chieftains encantaron a Wojtyla, que decidió invitarlos al Vaticano: «Fue entonces cuando descubrió que Su Santidad usaba nuestra música como banda sonora para sus ejercicios físicos», recordó Paddy Moloney, de los Chieftains, glosando que «ser la banda preferida del Papa fue para nosotros motivo de orgullo».

Más de diez años más tarde, Juan Pablo II coincidió de nuevo con una estrella de Dublín, esta vez de manera indirecta y bastante menos divertida. El 1 de octubre de 1992, frente a las cámaras de *Saturday Night Live*, *Sinéad O'Connor* cantó una sugestiva versión a *cappella* de «War», un clásico de Bob Marley. Al final del tema, mientras pronunciaba la palabra «Evil» (mal), mostró a las cámaras una foto de Wojtyla, la desgarró y cerró su actuación con la frase «Combatid al auténtico enemigo». El gesto de Sinéad pretendía denunciar al Vaticano, que cubría el escándalo de los abusos sexuales sobre menores llevados a cabo por algunos sacerdotes estadounidenses. Juan Pablo II sí tuvo una relación excelente con otras estrellas del rock dublinesas, como Bob Geldof o Bono. Fue legendaria la llamada telefónica papal que interrumpió una sesión de grabación de los U2, así como el encuentro entre el pontífice y Bono (en su papel de defensor de la anulación de la deuda de los países africanos más pobres) para el Jubileo de 2000, ocasión en la que Wojtyla se puso las gafas del líder de U2. «Ha sido el primer papa funky de la historia», dijo Bono de él.

una serie de hitos vinculados con la banda de Bono y sus compañeros forman un recorrido obligatorio para cualquier fan digno de este nombre.

Un viaje que no puede más que comenzar en el barrio de **Ballymun**, y más en concreto en **Cedarwood**

10 Cedarwood Road, la casa en la que creció Bono

Road. En el número 10 está la casa donde creció Bono; en esa misma calle los Lypton Village afilaban sus armas. Como cantaba Bono en el tema homónimo («Cedarwood Road», del álbum *Songs of Innocence*, de 2014), en el Dublín de los años sesenta y setenta, «si una puerta está abierta no significa que haya un ladrón» y «cuando tienes un amigo, es un amigo para siempre». Pero el Dublín del adolescente Paul Hewson y de sus amigos estaba hecho de violencia y miedo. «La pasión por el rock fue lo que cambió nuestras vidas», declaró recientemente el cantante de los U2, que ha mantenido un vínculo muy fuerte con su ciudad, del mismo modo que ha cultivado la relación con los compañeros musicales de una vida.

La nueva canción de los U2 aumentó el flujo de curiosos hacia la casa de la infancia de Bono, ocupada hoy por un cierto Tom Ryan, que amablemente acoge a todos los fans.

A partir de 2004, en Ballymun, las Siete Torres (los famosos Ballymun Flat, cada uno de los cuales lleva el nombre de un rebelde de la Revolución de Pascua de 1916) han sido arrasadas casi en su totalidad, y el panorama del barrio ha cambiado, pero la parte norte de Dublín sigue estando particularmente ligada a Bono. Él ya no vive allí desde finales de la década de 1970, pero los U2 han actuado muchas veces en el **Croke Park** (Jones Road), estadio de 82.000 plazas, recientemente renovado, hasta el punto de que se considera uno de los más bonitos y modernos del mundo. Y sobre todo, en la vecina zona de **Raheny**, el 30 de septiembre de 1982, Bono se casó con su novia de los tiempos de Mount Temple, Ali Stewart, con la

BANDA SONORA ★★★

SUNDAY BLOODY SUNDAY
U2 - *WAR* (1983)

El tema que abre el tercer álbum de los U2 es uno de los grandes himnos de la banda de Bono. El incidente en Derry, en aquel «domingo maldito y sangriento» de 1972, se convierte en pretexto para denunciar al mundo lo absurdo de los conflictos entre «hermanos» o las todavía más irracionales guerras de religión. Enfático.

All Saints Church, lugar del matrimonio de Bono y Ali

que ha vivido una de las historias más sólidas, longevas y románticas de la historia del rock. Bono y Ali (que tienen cuatro hijos) celebraron su matrimonio en la **All Saints Church** de Raheny (403 Howth Road).
Temple Bar es hoy la zona más vital, artística y cultural de Dublín. Pero no siempre ha sido así: centro de la prostitución a finales del siglo XIX, comenzó a declinar en el siglo siguiente. En la década de 1960, el barrio que se extiende junto a la orilla sur del río Liffey estaba en estado de abandono. Es más, a finales de la década de 1970, la compañía pública de transportes decidió apropiarse el área, destruir los edificios en mal estado y crear una enorme estación de autobuses. Apenas se difundió la noticia, los alquileres disminuyeron drásticamente, atrayendo al barrio a artistas y artesanos. Y, desde la década de 1990, la zona es una de las más famosas y frecuentadas de la ciudad.
La **Meeting House Square** es el cuartel general de la cultura de Temple Bar: aquí tienen su sede el National Photographic Archive, la Gallery of Photography y el Irish Film Institute. La plaza también es el escenario de preestrenos de películas y de mercados coloristas y muy

Temple Bar, el barrio más famoso de Dublín

BANDA SONORA ★★★

CEDARWOOD ROAD
U2 – *Songs Of Innocence* (2014)
Bono canta a su infancia y adolescencia en la calle donde él y su banda (Lypton Village) «afilaban las armas».
La música y la pasión por el rock, en particular, salvaron sus vidas.
Salvífico.

perfumados, como el food market dominical (en una de las esquinas está el Temple Bar Book Market). Y sí, para escuchar música folk irlandesa, no hay nada mejor que el pub **Oliver St. John Gogarty** (58 Fleet Street), la mejor cerveza sigue siendo la de **Porterhouse** (16-18

«ME ENCANTA IRLANDA, Y DUBLÍN EN PARTICULAR: CUANDO LLEGO ME ENCUENTRO INMERSO EN LA MÚSICA»

Ron Wood

Parliament Street), legendaria cadena de cervecerías nacida precisamente en Dublín.
Temple Bar es otro de los lugares queridos para U2: aquí, en el **Project Arts Center**, el 25 de mayo de 1978 el periodista Bill Graham, de Hot Press, presentó a la banda a un joven apasionado y emprendedor, Paul McGuinness. Aquella noche, encantado por la actuación de los U2, y convencido de las potencialidades comerciales de Bono y sus socios, McGuinness decidió convertirse en mánager, así como en uno de los principales motores de la empresa U2.
El Center, a pesar de que la fachada ha cambiado respecto a la de su época dorada, sigue funcionando, en la misma dirección (39 Essex Street). El edificio se levanta frente a la calle adoquinada del legendario **Clarence**

THE COMMITMENTS

Blues Brothers en Dublín

Inspirada en la novela homónima de Roddy Doyle, la película de Alan Parker cuenta la historia de un joven dublinés, muy aficionado a la música, que sueña con convertirse en el mánager de la mayor banda irlandesa de soul y rhythm and blues. Decepcionado por las primeras y desastrosas audiciones, decide confiarse a sus amigos y, a partir de un cantante de talento (interpretado por la revelación Andrew Strong), forma un grupo formidable que sueña con hacer un dúo con el gran Wilson Pickett.
La película, de culto para todos los amantes de la música, fue un éxito de público y crítica. Rodada casi enteramente en Dublín, *The Commitments* presenta muchos lugares musicales de la ciudad. El barrio septentrional de Kilbarrack, en el que originariamente Doyle ambientó la historia y que pasa a llamarse Barrytown, manteniendo el espíritu del lugar. Desde la escena inicial, rodada en Sheriff Street, ante la iglesia de St. Laurence O'Toole, la película tiene el aroma de Dublín. La música es arrolladora: gracias a esta, los Commitments se convirtieron en una auténtica banda en gira por todo el mundo.

Hotel (6-8 Wellington Quay) que, desde 1992, es propiedad de Bono y The Edge. Se dice que los músicos siempre han sentido especial predilección por este hotel porque, cuando todavía eran menores de edad, al parecer era el único lugar del centro en que les servían bebidas alcohólicas. El 25 de septiembre de 2000, en la azotea del Clarence, los U2 actuaron para una edición especial de Top of the Pops, remedando la legendaria actuación de los Beatles en la azotea de su casa discográfica en Savile Row, en 1969 y provocando, justamente como los Fab Four en Londres, la curiosidad de los paseantes y un gigantesco atasco.
A partir de 2013, Bono y The Edge se retiraron del consejo de administración del Clarence, hotel de cinco estrellas con 49 habitaciones distribuidas en seis plantas, pero la propiedad sigue sólidamente en sus manos. Junto al hotel estaba The Kitchen, templo de la electrónica así como uno de los lugares preferidos por los U2 (que, evidentemente, deben tener siempre una «cocina» cruzándose en su destino). Después de interrumpir su actividad en 2002 y volver a abrir posteriormente, The Kitchen ha vuelto a cerrar sus puertas recientemente. Sigue en activo, en cambio, el **Garage Bar**, en Essex Street East, un club de rock 'n' roll instalado en un garaje en desuso y amueblado con objetos de arte moderno norteamericano, antiguos surtidores de gasolina e iconografía años cincuenta.
En el 20 de Temple Lane South, una gran pared roja, **The Wall of Fame** acoge las imágenes de las estrellas del rock irlandés más legendarias, como

The Clarence Hotel

The Wall of Fame

U2, Thin Lizzy, Van Morrison, Cranberries o Damien Rice. Inaugurada en 2003, la pared presenta pantallas de led que permiten introducir nuevas celebridades con mayor facilidad y eficacia. También en Temple Lane se hallan los estudios de grabación homónimos, utilizados por varios artistas internacionales y, allí cerca, la **Button Factory** de Curved Street, uno de los clubs de rock más activos y vivos de la capital.

Sin dejar Temple Bar encontramos el **Hard Rock Cafe** de Dublín (12 Fleet Street), que conserva algunos recuerdos de los U2, entre ellos un viejo Trabant del *Zoo TV Tour* colgado en el techo, el par de gafas azules de Bulgari usadas por Bono en el vídeo de «Beatiful Day» y el manuscrito del texto de «Please».

Si los artistas callejeros que entretienen a los paseantes son parte de la escenografía de Temple Bar, también lo es el **Liffey Bridge**, conocido por los dublineses como Half A Penny (o Ha'penny) Bridge, porque antaño, atravesarlo costaba medio penique por persona. Aquí, los U2 hicieron su primera sesión fotográfica y, también aquí cerca (en Liffey Street) está el Grand Social, bar de dos pisos con excelente música en directo.

La música de los U2 se grabó en varios estudios. Por ejemplo, el 1 de noviembre de 1978 en los **Keystone Studios** de Harcourt Street se grabaron las primeras tres piezas con el nombre U2 («Street Mission», «Shadows and Tall Trees» y «The Fool»): en la tabla de mezclas estaba el bajista de los Horseslips, así como destacado director de videoclips Barry Devlin. Pero los U2 realizaron sus grabaciones más legendarias en los

«¿COMO SE SIENTE UNO CUANDO ES AL MISMO TIEMPO NEGRO Y DE DUBLÍN? COMO UNA PINTA DE GUINNESS»

Phil Lynott (Thin Lizzy)

estudios de **Windmill Lane**, en los Docklands dublineses. Anteriormente, los estudios fundados en 1978 por Brian Masterson habían sido utilizados sobre todo por grupos folk como los Planxty. Bajo la dirección de

Ha'penny Bridge y U2 en su primera sesión fotográfica

Windmill Lane Studios y pared de grafitis de los fans de U2

BANDA SONORA

ON RAGLAN ROAD
VAN MORRISON & THE CHIEFTAINS - *IRISH HEARTBEAT* (1988)

Un norirlandés trasplantado a California y los «embajadores del sonido de Irlanda» juntos para un proyecto que les valió premios y reconocimientos prestigiosos. Grabado en los Windmill Studios, el tema (delicioso) lo escribió Patrick Kavanagh y se ambienta en el Ballsbridge. Dublinés.

Steve Lillywhite, de marzo a septiembre de 1980, los U2 grabaron aquí su álbum de debut, *Boy*. Se dice que Lillywhite había decidido grabar las baterías del disco en la zona de recepción, hechizado por aquel «maravilloso sonido rechinante» que provenía del exterior. Lástima que, para hacerlo, se tuviera que esperar a los horarios de cierre y, sobre todo, a que los teléfonos dejaran de sonar.

Después de los U2, que también grabaron aquí *The Joshua Tree*, el rock irlandés, obligado hasta entonces a emigrar a Londres para grabar sus álbumes, encontró su casa en Windmill Lane: Sinéad O'Connor, Van Morrison y Clannad fueron tan sólo algunos de los que produjeron sus álbumes en estos estudios.

En la década de 1980 los estudios fueron ampliados bajo la dirección de Andy Munro, de Munro Acoustics: la mayor parte de las obras se hicieron justamente para favorecer la producción de *The Joshua Tree*.

El edificio original de Windmill Lane comprendía también los Windmill Lane Pictures para posproducciones de vídeo, el estudio 4 para posproducciones de audio, los Trend Studio para el mastering y otras salas. Además de los álbumes, en Windmill Lane se grabaron las músicas de películas importantes como *Una habitación con vistas*, *El sastre de Panamáà* y *La máscara*. El estudio 1 era el único en Irlanda que podía acoger una orquesta de ocho elementos; el piano de cola Steinway (posicionado en un rincón de la sala) lo tocaron, entre otros, Brian Eno y Michael Nyman.

El 3 de abril de 2015, los viejos edificios originales fueron demolidos, pero la pared con los grafitis de los numerosísimos fans del grupo irlandés (que llegaron aquí

Los nuevos estudios Windmill Lane

en peregrinación de todas partes del mundo) se ha salvado a la espera de una nueva ubicación.

A partir de 1989, los nuevos Windmill Lane Recording Studios habían sido trasladados al **20 de Ringsend Road**, no lejos de su localización original. Todavía funcionan perfectamente y acogen tres salas de grabación. Entre las posibles áreas en las que colocar la pared con los grafiti de los fans se había hablado también del vestíbulo de los estudios de Ringsend Road. Por cierto, hay quien sostiene que desde hace un tiempo, el propietario de la estructura es Van Morrison.

Por desgracia, lo cierto es que en 2004 cerró el Docker's Pub (4-6 Sir John Rogerson Quay) que, al estar muy cerca de Windmill Lane, era el preferido de los U2, que pasaron en aquellas paredes muchas pausas entre una grabación y otra. En las paredes del local se pueden ver colgados varios discos de oro de la banda. También en las inmediaciones, en el **Grand Canal Docks**, se obtuvo la foto de la carátula de *October*, segundo álbum del grupo.

Grand Canal Docks, ubicación de la foto de carátula de *October*

GUINNESS

La cerveza más famosa del mundo

Nació en 1759 en la St. James Gate Brewery de Dublín gracias a Arthur Guinness, cuyo padre, se decía, había robado la receta a su padrino, Arthur Price. Diez años más tarde, la cereza oscura y fuerte que había adoptado el nombre de su inventor comenzó a exportarse a Inglaterra. En 1862, un descendiente de Arthur Guinness, Benjamin, estaba buscando un logo, y decidió adoptar el arpa céltica, cuyos modelos originales se conservan en el Trinity College. En efecto, desde siempre, el arpa es un símbolo de Irlanda. Al cabo de pocos años, la Guinness se convirtió en el producto irlandés más exportado y conocido en el mundo. Pero también es muy amada (y bebida) en la isla, donde sólo allí, factura más de dos mil millones de euros cada año.

Los Hanover Quay Studios y el nuevo U2 Wall

Entre 1994 y 1995, los U2 trasladaron su cuartel general a los **Hanover Quay Studios**. La sala principal se encontraba sobre el garaje, en el edificio a la derecha con acceso para coches. El edificio de los estudios y los adyacentes (propiedad de Harry Crosbie, importante hombre de negocios y amigo de los U2, hasta el punto de verse implicado en la reestructuración del Clarence Hotel) fueron durante largo tiempo los únicos que permanecieron en pie. Luego, en 2004, la ciudad de Dublín los adquirió para un plan de renovación del área que debía prever la construcción de la U2 Tower, un rascacielos de 180 metros (el más alto de Irlanda) en el que habría nuevos estudios de grabación y las oficinas de Principle Management, la compañía que se ocupaba de los intereses del grupo. Pero el proyecto, inicialmente aprobado, se interrumpió poco después coincidiendo con la crisis económica mundial, y nunca se llegó a realizar. Y de esta manera, después de haber pagado un millón de libras esterlinas por los dos viejos edificios, en marzo de 2015, el ayuntamiento de Dublín revendió a los U2 el histórico inmueble que contenía los estudios, con una especie de nuevo **U2 Wall** anexo, lleno de grafitis de los fans.

Hay muchos otros lugares de Dublín asociados a los U2 que ya no están: el Dandelion Market, por ejemplo, en el que en verano de 1979 Bono y sus compañeros tocaban para protestar contra la ley que impedía la entrada en los clubs de los menores de edad. Los conciertos de los U2 en el Dandelion se celebraban el sábado y los frecuentaban mucho los jóvenes menores de dieciocho años. Hoy, en su lugar, está el St. Stephen Green Shopping Center pero, por fortuna, una placa recuerda la historia musical del Dandelion.

BANDA SONORA

ROCKY ROAD TO DUBLIN
CHRISTY MOORE - *TRAVELLER* (1999)

Uno de los temas de viaje más queridos de la historia de Irlanda, interpretado por voz y bocharan (el tambor céltico) por el gran Christy Moore, dublinés orgulloso y políticamente incorrecto. Evocador.

Tampoco está el Baggot Inn (cerca del St. Stephen's Green), uno de los locales más de moda en la década de 1980. Aquí, los U2 dieron muchísimos conciertos. Hoy, en el 143 de Lower Baggot Street hay un restaurante mexicano, el Xico.

Han cerrado asimismo otros locales como el Nude y el restaurante Tosca, propiedad de Norman Hewson, hermano de Bono. El Tosca (en Suffolk Street) fue uno de los restaurantes más famosos de Dublín, frecuentado por las estrellas del cine, la moda y la música, de Bruce Springsteen a Bob Dylan, pasando por Helena Christensen y Naomi Campbell.

«PAUL MCGUINNES Y LOS U2 CREARON LA INDUSTRIA DE LA MÚSICA EN IRLANDA: EN LA PRÁCTICA ANTES DE ELLOS NO EXISTÍA NADA»

Van Morrison

En cambio, el **Lillies Bordello** (2 Adam Street, en el comienzo de Grafton Street) ha cambiado de propietario. Cuando la frecuentaban Bono y la élite artística y musical de Dublín era casi imposible entrar en esta discoteca instalada en los locales de una antigua casa de citas. Hoy el local sigue ahí, pero la clientela ha cambiado y Bono ya no la visita.

O'Donoghues Pub, uno de los más antiguos y queridos por los músicos

Si bien, desde hace unos años, su mansión preferida es la villa de Eze, en la Costa Azul, quizás es más fácil encontrar a Bono y a los otros U2 en el **O'Donoghues**

La casa de Bono en Vico Road

Pub (15 Merrion Row), el local preferido por los dublineses y uno de los más pubs más antiguos dedicados a la música irlandesa tradicional.

Muchos fans desenfrenados, con tal de coincidir con su ídolo, han adoptado una táctica extrema: apostarse directamente en los alrededores de su casa, en **Killiney**, a media hora al sur de la ciudad. La villa de Bono se encuentra, en efecto, en **Vico Road**, en la colina de Temple. Es una construcción de estilo georgiano que se remonta a 1860 y ofrece un panorama que corta el aliento sobre la Scotsman's Bay. La casa cuenta con tres plantas y tiene una superficie total de 550 metros cuadrados. En 2001, los cónyuges Hewson obtuvieron los permisos para ampliar sus propiedades mientras que, recientemente, Bono y familia han adquirido un pequeño castillo adyacente a su villa. El edificio se llama Lios Beag (en gaélico significa «casa de la hada»). En el gran portal de entrada señorean algunas frases extraídas de las canciones de los U2, mientras que en la pared anexa se puede ver la enésima colección de grafitis de los fans.

A pesar de que el patrimonio personal del cantante esté estimado en más de 500 millones de dólares, cuando Bono está en Dublín se comporta como un ciudadano cualquiera. Como hacen también los otros miembros de U2. The Edge, incluso antes de que Bono adquiriera la casa de Vico Road, había decidido trasladarse a la zona de Killiney. Su propiedad, una casa victoriana pintada de rosa, se llama **Sorrento Cottage**, y también se halla en Vico Road. Después de haber intentado obte-

The Savoy Cinema

ner permisos para ampliarla, el guitarrista y su mujer Morleigh Steinberg han adquirido Fourtlands, una gran mansión victoriana en las inmediaciones. También data de 1860, cuenta con cinco dormitorios y una bonita pista de tenis.

Muchos de los videoclips de los U2, así como fragmentos de sus películas, se grabaron en lugares significativos de Dublín. En el museo de **Kilmainham Gaol** (Inchicare Road) se realizó el vídeo de *A Celebration*. En **Fitwilliam Place**, el 20 de septiembre de 1998, se grabó el clip de «Sweetest Thing», con Bono en carroza junto a sus compañeros, además de cameos de diferentes celebridades dublinesas como los Boyzone, el púgil Steve Collins, los bailarines de Riverdance y el hermano de Bono, Norman Hewson. Y en el **Savoy** (16/17 Upper O'Connell Street), el cine más viejo de Irlanda –aunque también es el que tiene la pantalla más grande- se presentó en 1988 el preestreno mundial de *Rattle and Hum*.

En el Point Depot, hoy **O2**, en North Wall Quay, uno de los escenarios más históricos de la isla, los U2 tocaron en Navidad de 1989 y en fin de año de 1990 un concierto que vieron 300 millones de personas de todo el mundo.

La **Royal Dublin Society** de Ballsbridge (Merrion Road) es la estructura para eventos más grande y más versátil de Irlanda. Posee diferentes salas y un espacio con 30.000 plazas en la que los U2 tocaron en 1982 (*October Tour*) y en 1993 (dos conciertos para el *Zoo TV Tour*). En 1988 se celebró aquí el *Self Aid Concert*, mientras que en Simmonscourt, The Edge hizo una aparición en el show de Bryan Ferry y Bono subió al escenario para hacer un dueto con Bob Dylan.

Para encontrar el lugar en el que se realizó la foto de carátula de *The Unforgettable Fire* (1984) es preciso salir de Dublín y llegarse hasta el condado de Westmeath y, más en concreto, a la ciudad de Athlone. En los alrededores, en **Moydrum**, está el castillo homónimo, que se remonta a los primeros años del siglo XIX. Durante la guerra para la independencia de Irlanda, el castillo, en el que residía un miembro de la House of Lord inglesa, se veía como lugar simbólico de la opresión y, por lo tanto, fue destruido por el Ejército Republicano Irlan-

RDS Dublin

dés en julio de 1921. En 1984, Anton Corbijn lo eligió como escenario para la imagen de carátula del cuarto álbum de los U2. La foto, de hecho, estaba copiada de la cubierta de un libro fotográfico de 1980, *In Ruins: The Once Great Houses of Ireland*, de Simon Marsden. Aparte de la inclusión de los cuatro U2, la fotografía se realizó en el mismo punto, con la misma perspectiva y usando un virado a sepia casi idéntico al del libro. Por este motivo, Corbijn y los U2 se vieron obligados a compensar a Marsden.

En el dorso de la carátula aparece inmortalizado otro castillo delante del cual posaron Bono y sus compañeros: se trata de **Carrickgogunnel**, en el condado de Tipperary. Pero, hablando de U2 o, más en general, de rock irlandés, el castillo más conocido es, sin lugar a dudas, el **Slane Castle**. Situado a unos cincuenta kilómetros de la capital, se encuentra en el condado de Meath, en el valle del río Boyne. La mansión se remonta a los primeros años del siglo XVIII y es propiedad de una familia de condes. Y justamente uno de estos, Henry, conde de Mount Charles, tuvo la idea en 1981 de utilizar el terreno situado en el interior del castillo (una especie de anfiteatro natural que puede contener casi 80.000 personas) para acoger conciertos u otros eventos musicales. Los Slane Concert fueron inaugurados por los Thin Lizzy en 1982, pero el Slane fue internacionalmente conocido en 1984 precisamente gracias a los U2 que, para buscar nueva inspiración, decidieron trasladar sus bártulos hasta allí. Vivieron en el castillo durante un tiempo, componiendo en las habitaciones del Slane las nuevas piezas de *The Unforgettable Fire* y grabándolas en un estudio móvil bajo la hábil producción artística de Brian Eno y Daniel Lanois.

El castillo de Moydrum, en la carátula de *The Unforgettable Fire* y en la del libro *In Ruins: The Once Great Houses of Ireland* de Simon Marsden

«U2, THIN LIZZY, CRANBERRIES Y DAMIEN RICE HACEN ROCK; PERO ENTIENDES DE INMEDIATO QUE SON IRLANDESES»

Andrea Corr (The Corrs)

En 1991, el castillo quedó devastado por un incendio y se necesitaron casi diez años para restaurarlo y volverlo a abrir al público.

Los U2 volvieron aquí muchas otras veces y, en 2001, ofrecieron a los fans una actuación legendaria que se publicó en DVD en 2003 (*U2 Go Home: Live From Slane Castle*).

Los Slane Concert han acogido a superestrellas del calibre de Rolling Stones, Madonna, Queen, David Bowie, Red Hot Chili Peppers, Guns N' Roses o Bruce Springsteen. El rock en Dublín no sólo es U2, aunque la ciudad debe casi todo a la banda

EL SEÑOR DE LA DANZA

Se llama Michael Flatley, nació en Chicago de padres irlandeses y puede jactarse de poseer numerosos talentos. Fue un púgil prometedor, un flautista formidable, pero sobre todo es un bailarín único: a los 17 años fue el primer estadounidense que venció los campeonatos mundiales de danza irlandesa. Porque Flatley tenía un sueño: llevar la música y la danza irlandesa a los escenarios internacionales. Por este motivo se unió a los Chieftains durante la década de 1980, convirtiéndose en su bailarín oficial y embelleciendo sus conciertos. Luego, en 1994, durante el intervalo del espectáculo de Eurovisión, presentó por primera vez Riverdance, un medley de danzas y músicas irlandesas: duraba sólo siete minutos, pero incendió al público. Así, Riverdance se convirtió en un show propiamente dicho, y deslumbró primero en Dublín y luego en los mayores teatros del planeta.
Después de una serie de discrepancias con los productores de *Riverdance*, Flatley dejó el show para lanzar, en 1996, *Lord of the Dance*, un musical con el que logró repetir el éxito del anterior espectáculo.

Michael Flatley, Lord of the Dance

Slane Castle

de Bono. Y sin embargo, los auténticos dublineses no olvidan a algunos precursores como Phil Lynott, bajista y cantante irlandés de color que, frente a los Thin Lizzy, junto al gran Gary Moore, hizo descubrir a Irlanda en el mundo del rock de la década de 1960. Fallecido en 1985 a los 37 años de edad después de una vida de excesos, se conmemoraron los veinte años de su desaparición con una estatua de bronce de tamaño natural colocada en **Harry Street**, cerca de Grafton Street.
A lo largo de los años, la ciudad ha sabido ofrecer talentos pop-rock del calibre de Sinéad O'Connor, bandas juveniles de éxito como los Boyzone de Ronan Keating, personajes como Bob Geldof y sus Boomtown Rats, bandas alternativas como los mismos Virgin Prunes o los My Bloody Valentine, grupos de folk-rock (los Hothouse Flowers, los Moving Hearts), bandas tradicionales (los Chieftains, los Dubliners) y cantautores inspirados como Christy Moore y Damien Rice. En suma, parece como si Dublín y la música irlandesa no necesiten una nueva Tir Na N'Og: por decirlo al estilo de Bob Dylan, serán «forever young»

La estatua de Phil Lynott

BANDA SONORA

ZOMBIE
The Cranberries - *No Need To Argue* (1994)
Escrito con claras referencias a la Rebelión de Pascua de 1916 (que conducirá a la proclamación de la República de Irlanda), la pieza de los nativos de Limerick se transforma en un salmo contra la guerra y la violencia. Pacifista.

En la misma colección:

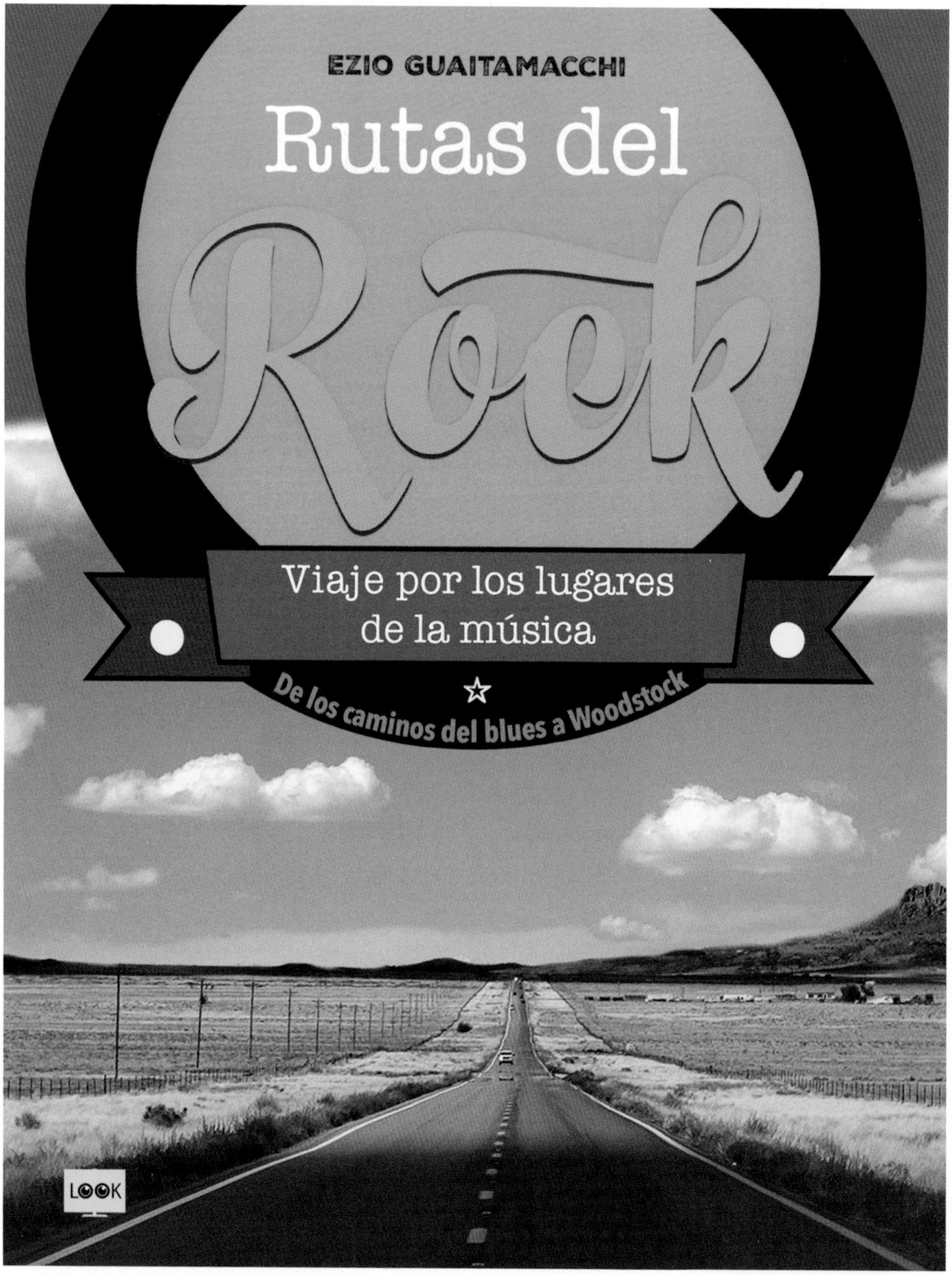

RUTAS DEL ROCK
Ezio Guaitamacchi

Nashville, Nueva Orleans, Memphis, Chicago, Nueva York...

Los lugares en los que se ha escrito la historia del rock, con citas de los protagonistas, centenares de sugerencias de bandas sonoras y un sinfín de curiosidades.

Este libro, a medio camino entre una guía turística y una enciclopedia, es un magnífico relato en clave de viaje musical que estimula la fantasía y la imaginación del lector desvelando curiosidades de todos aquellos lugares –sagrados, famosos o históricos– que el autor ha visitado, y que coinciden siempre con diferentes itinerarios que han marcado la historia de la música.
El excepcional talento narrativo de Ezio Guaitamacchi y la evocación de los lugares míticos del rock hacen de este libro una obra excepcional, un viaje poliédrico a las entrañas de la historia de la música.

• En los caminos del blues: viajando a lo largo de la autopista del blues, la Highway 61, en busca del fantasma de Robert Johnson...

• Memphis: donde «el Rey» comenzó su fábula, donde vivió, creó, amó y donde fue adorado, servido y reverenciado.

• Nueva Orleans, capital de un sonido original, excitante mezcla de rhythm and blues, rock y folk.

• Nueva York: el lugar en el que sucede todo, sus edificios más célebres, los locales desde cuyas paredes siguen saliendo notas y ritmos seductores.

• La fascinación ineludible de Woodstock.

«Son los lugares los que hacen la música. Todo aquel que se dedique a la música étnica lo sabe. Desde el delta del Mississippi hasta las ásperas tierras del Salento, la naturaleza es la que dicta el ritmo (…) Esto es lo que nos cuenta Ezio en su apasionante reconocimiento de tierras musicales.»

Teresa De Sio

Otros títulos publicados en la misma colección LOOK

Cultura popular (música, cine, series, videojuegos, cómics)

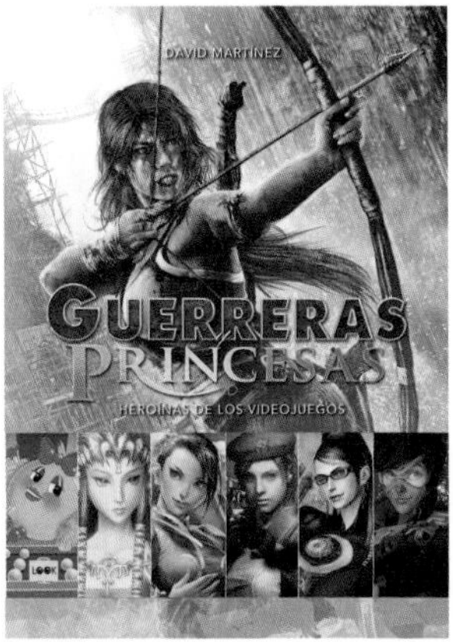

Otros títulos publicados en Ma Non Troppo - Música:

Mujeres del rock - Anabel Vélez

Historia de la música pop - Peter Doggett

Historia de la música pop. El auge - Peter Doggett

Historia del rock - Charlie Gillett

Puro Jazz - Ricard Gili

Deep Purple - José Luis Martín